的绩效预算

结果导向绩效预算将政府投入和产出或效果联系起来，
不仅管理者能够清楚了解其工作的优劣，
而且年度政府绩效报告制度为公众评价和监督政府
提供了一条有效途径，
使公众参与政府预算管理成为可能。

刘寒波等 著

湖南人民出版社

本作品中文简体版权由湖南人民出版社所有。
未经许可,不得翻印。

图书在版编目(CIP)数据

结果导向的绩效预算 / 刘寒波著. —长沙:湖南人民出版社,2014.6(2025.7)
ISBN 978-7-5561-0215-0

Ⅰ.①结⋯　Ⅱ.①刘⋯　Ⅲ.①国家预算—财政改革—研究—中国　Ⅳ.①F812.3

中国版本图书馆CIP数据核字(2014)第130345号

结果导向的绩效预算

编 著 者　刘寒波
责任编辑　洪江水
装帧设计　李　平

出版发行　湖南人民出版社 [http://www.hnpp.com]
地　　址　长沙市营盘东路3号
邮　　编　410005

印　　刷　永清县晔盛亚胶印有限公司
版　　次　2014年6月第1版
　　　　　2025年7月第4次印刷
开　　本　710×1000 1/16
印　　张　12.75
字　　数　206千字
书　　号　ISBN 978-7-5561-0215-0
定　　价　37.50元

营销电话:0731-82683348　　(如发现印装质量问题请与出版社调换)

导 言

1 结果导向绩效预算与预算理性主义 / 001
2 结果导向绩效预算：公共管理学的解释 / 003
　（1）韦伯的"官僚理论"及其面临的困境 / 003
　（2）市场化取向的政府改革运动的兴起 / 006
3 结果导向绩效预算：经济学的解释 / 008
　（1）公共选择理论与政府改革运动 / 008
　（2）新制度经济学与预算制度 / 009

第1章
结果导向的绩效与绩效预算

1.1 结果导向的绩效 / 012
　1.1.1 绩效的本质 / 012
　1.1.2 绩效的主、客观性 / 013
　1.1.3 结果导向的绩效 / 014
1.2 结果导向的绩效预算 / 016
　1.2.1 预算过程与预算决策 / 017
　1.2.2 绩效与绩效预算 / 019
　1.2.3 绩效预算与分项预算 / 021
　小结 / 023

第 2 章
结果导向绩效预算体系与结构

2.1 传统预算模式到结果导向绩效预算模式 / 026
  2.1.1 早期的实践 / 026
  2.1.2 结果导向绩效预算模式 / 027
2.2 结果导向绩效预算对政府财政治理结构的影响 / 029
  2.2.1 财政权力的配置关系发生变化 / 030
  2.2.2 绩效的法律责任得到强化 / 031
  2.2.3 引起预算体系的适应性改革 / 031
2.3 结果导向绩效预算的支出分类 / 032
  2.3.1 支出分类概述 / 033
  2.3.2 结果导向绩效预算的支出分类 / 034
2.4 结果导向绩效预算的年度预算与中期预算 / 035
  2.4.1 年度预算 / 035
  2.4.2 中期预算 / 036
  2.4.3 年度预算与中期预算的关系 / 039
2.5 结果导向绩效预算的预算程序 / 040
  2.5.1 从"自下而上"到"自上而下" / 040
  2.5.2 政府、议会、支出部门在预算程序中的角色转变 / 041

第 3 章
结果导向绩效预算过程

3.1 结果导向绩效预算的类型与基础工作 / 042
  3.1.1 结果导向绩效预算的基本类型 / 042
  3.1.2 结果导向绩效预算的基础工作——国际经验 / 043
3.2 编制结果导向绩效预算的基础与步骤 / 044
  3.2.1 结果导向绩效预算编制的基本步骤 / 045
  3.2.2 支出总额控制 / 045
  3.2.3 资金筹措及财政风险控制 / 046
3.3 编制结果导向的复式绩效预算 / 050
  3.3.1 结果导向的经常性绩效预算 / 051

3.3.2 结果导向的资本绩效预算 / 055
3.4 编制结果导向的部门绩效预算 / 059
　3.4.1 部门预算编制的基本问题 / 059
　3.4.2 结果导向绩效预算对部门预算编制的影响 / 062
　3.4.3 将绩效管理引入部门预算编制：以中国为例的流程优化 / 064
3.5 结果导向绩效预算的审查与批准 / 068
　3.5.1 宪法和法律中预算权力配置 / 068
　3.5.2 结果导向绩效预算审查批准中的预算管理机构 / 068
　3.5.3 结果导向绩效预算审查批准中的政府行政与议会 / 070
3.6 结果导向绩效预算执行 / 072
　3.6.1 预算执行的基本环节 / 072
　3.6.2 结果导向绩效预算执行分析框架——"合约"理论 / 074
　3.6.3 结果导向预算执行与投入预算的比较 / 076
　小结 / 077
3.7 结果导向绩效预算的审计与评估 / 078
　3.7.1 绩效审计与结果导向绩效预算审计 / 078
　3.7.2 结果导向绩效预算对审计与评估的新要求 / 078
　3.7.3 结果导向绩效预算审计与评估中的数据问题 / 079

第 4 章
结果导向的绩效指标与绩效信息

4.1 支出结果与结果导向绩效指标 / 082
　4.1.1 支出结果及其衡量 / 082
　4.1.2 结果导向绩效指标设计的理论框架 / 083
　4.1.3 结果导向的绩效指标体系 / 084
4.2 结果导向绩效指标设计方法 / 086
　4.2.1 基于 MBO 的绩效指标体系设计 / 087
　4.2.2 基于 KPI 的绩效指标体系设计 / 088
　4.2.3 基于 BSC 的绩效指标体系设计 / 088
　4.2.4 指标体系设计方法的比较 / 089
4.3 结果导向绩效指标的分解 / 089

  4.3.1 指标分解的一般方法 / 089
  4.3.2 基于BSC的绩效指标分解——战略目标转化为关键绩效指标 / 090
 4.4 结果导向绩效指标设计的实践 / 091
  4.4.1 美国与澳大利亚结果导向绩效指标体系比较 / 091
  4.4.2 主要发达国家不同层次指标设计上的差异比较 / 094
  4.4.3 影响指标设计的因素分析 / 095
 4.5 结果导向绩效信息的收集与管理 / 096
  4.5.1 结果导向绩效信息收集的作用 / 096
  4.5.2 结果导向绩效信息收集原则与方法 / 096
  4.5.3 建设结果导向绩效信息管理系统 / 097

第5章
结果导向的财政责任与财务信息

 5.1 财政责任与结果导向财务信息 / 099
  5.1.1 结果导向绩效预算与财政责任的新变化 / 099
  5.1.2 财政责任对结果导向财务信息的要求 / 100
 5.2 结果导向财务核算体系 / 101
  5.2.1 按照结果导向财务核算体系的要求选择政府会计主体 / 101
  5.2.2 按照结果导向财务核算体系的要求改革政府会计核算基础 / 105
  5.2.3 将公允价值计量引入结果导向财务核算体系 / 106
  5.2.4 构建以政府成本会计为基础的结果导向财务核算体系 / 109
 5.3 构建结果导向的政府财务管理控制系统 / 111
  5.3.1 政府财务管理相关理论 / 111
  5.3.2 系统的组织安排：基于公共契约理论 / 112
  5.3.3 系统的功能路径：基于系统控制理论 / 114
  5.3.4 系统的理念工具：基于结果导向 / 115
  5.3.5 总结和展望 / 116
 5.4 建立结果导向的政府财务报告系统 / 116

5.4.1　结果导向绩效管理对政府会计系统及报告提出了新的要求 / 116

　　　5.4.2　目前的预算会计报告制度明显滞后于结果导向绩效管理改革 / 118

　　　5.4.3　建立结果导向绩效管理框架下的政府财务报告制 / 121

　5.5　结果导向的财务信息系统 / 124

　　　5.5.1　政府财务管理信息系统发展和应用 / 124

　　　5.5.2　新型政府财务管理信息系统：设计构想 / 126

　　　5.5.3　系统的构建路径和实现模块 / 128

第6章
结果导向绩效预算方法

　6.1　结果导向的绩效预算方法及比较 / 131

　　　6.1.1　由支出估计各种结果的预算分析方法 / 132

　　　6.1.2　经济评估的预算分析方法 / 134

　　　6.1.3　效率衡量的预算分析方法 / 136

　　　6.1.4　常用评价方法的比较 / 139

　　　小结 / 140

　6.2　数据挖掘技术及其在结果导向的绩效预算中的应用 / 141

　　　6.2.1　数据挖掘技术概述 / 142

　　　6.2.2　数据挖掘技术在政府绩效预算中的应用 / 143

　6.3　实例：公共事业单位预算绩效评价 / 147

　　　6.3.1　在公共事业单位引入预算绩效评价的现实分析 / 148

　　　6.3.2　在公共事业单位实施预算绩效评价的基本步骤 / 150

第7章
结果导向绩效预算在我国的实践：与国外的比较

　　7.1　环境动因 / 155

　　7.2　控制模式 / 157

　　7.3　实现路径 / 158

　　7.4　制度框架 / 161

　　7.5　绩效信息 / 162

小结 / 164

第 8 章
结果导向绩效分析的难题与策略

8.1 OPA 概述 / 166
8.2 公共服务、利益相关者与 OPA / 167
  8.2.1 公共服务的利益相关者 / 167
  8.2.2 利益相关者达成一致的可能性 / 168
  8.2.3 利益相关者、绩效改进方案或目标与 OPA / 169
  8.2.4 促使利益相关者达成一致的策略 / 169
8.3 结果测量、利益相关者与 OPA / 170
  8.3.1 "行为"测量与"成果"测量 / 170
  8.3.2 以个体为基础的测量与以组织为基础的测量 / 171
  8.3.3 克服的办法 / 172
8.4 结果的敏感性、可控性、可比性与 OPA / 173
  8.4.1 结果的敏感性与 OPA / 173
  8.4.2 结果的可控性与 OPA / 174
  8.4.3 结果的可比性与 OPA / 174
小结 / 175

第 9 章
成效与展望

成效 / 176
展望 / 178

参考文献 / 182
后　　记 / 191

插图索引

图 2.1　传统预算向绩效预算的演变 ················· 028
图 3.1　产出和结果 ································· 075
图 4.1　绩效标准与等级 ····························· 084
图 5.1　政府财务管理控制信息系统实现模块 ········· 130
图 6.1　DEA 流程图 ································· 139
图 6.2　数据挖掘过程图 ····························· 142
图 6.3　运用数据挖掘进行绩效评估的技术路线 ······· 143
图 6.4　预算绩效评价框架示意图 ····················· 150

附表索引

表 2.1　部分 OECD 国家中期预算实践的比较 ……………………… 037
表 3.1　政府债务风险预警指标 …………………………………… 049
表 4.1　战略目标转化为关键绩效指标：某政府的战略成功因素的
　　　　选择 …………………………………………………………… 090
表 4.2　澳大利亚消防服务绩效评估的指标体系 ………………… 093
表 6.1　区域犯罪控制方案的成本—收益分析 …………………… 135
表 6.2　2008 年湖南省教育事业预算管理绩效指标统计数据 …… 145
表 6.3　教育事业预算管理绩效指标离散分析表 ………………… 145
表 8.1　公共服务的利益相关者矩阵示意图 ……………………… 168
表 8.2　经过改进的测量方案 ……………………………………… 172

导 言

随着20世纪80年代新公共管理运动的兴起,结果导向的一系列财政预算管理改革已成为西方各国政府增强责任感、透明度和持续运营能力的有效途径,代表了当今国际上公共管理改革的主流方向。西方国家经过多年的努力实践,构建了面向结果的绩效预算管理框架体系、管理规范和系统程序,并在实践中不断修正、完善,不断赋予其新的涵义和元素,从而对现代公共预算管理实践产生了积极和深远的影响。

1 结果导向绩效预算与预算理性主义

①结果导向绩效预算的基本特征

较之于传统预算,结果导向绩效预算至少具有以下三个基本特征:

第一,结果导向绩效预算遵循的是"目标→结果→产出→预算"的逻辑关系。具体地说,就是政府事先确定好需要达到的具体的公共利益目标,然后明确衡量该目标实现所需的若干量化的公共服务结果,再检验公共服务结果是否实现所要求的提供该项目服务的政府部门完成的若干公共服务产出,最后计算实现既定公共服务产出所需的公共资金数量(支出预算)。传统预算招致的最主要的批评是预算支出缺乏明确的目标与结果指标,这被认为是其导致公共资金使用效益低下的主要原因。结果导向绩效预算将明确各项预算支出的绩效目标作为预算编制的起点,从而有利于提高公共资金的使用效益。由此可见,结果导向绩效预算既满足了传统预算所要描述的"花了多少钱"、"钱花在何处"的要求,又解决了公众或纳税人最为关心的问题——"政府花钱所产生的结果如何"。

第二,结果导向绩效预算是以"成本"作为预算分配、评价与考核的基础的,从而与以"支出"作为预算分配、评价与考核基础的传统预算管理存在根本区别。从会计核算角度讲,"成本"属于权责发生制下的会计信息,"支出"属于现金收付制下的会计信息。"成本"信息是按照权利—责任关系通过成本归集、成本分配(包括支出资本化与摊销、折旧等)等一系列程序而生成的,有利于界定实现评价与考核对象所耗费的代价,从而也有利于分清政府、公共项目以及政府提供的公共服务(产品)的绩效。"支出"信息则只能按照时间顺序反映出政府支出的现金流量,因而有利于预算执行控制,但不能满足绩效考核评价某一部门单位或某一具体项目与服务绩效时对会计信息的要求。

第三,结果导向绩效预算是结果预算。结果导向绩效预算既不同于投入预算,也不同于产出预算。结果预算、产出预算与投入型预算的最大差异在于预算管理的关注点不同。投入预算的关注重点是预算支出(投入),它要求预算单位管理者按照法律、法规以及预算的要求加强预算支出(投入)管理、控制,但不重视对预算产出或结果管理。尽管产出预算与结果预算都不再继续管理、控制预算投入,但结果预算的关注重点是支出的结果,要求预算单位管理者按照绩效合同对支出结果负责,产出预算的关注重点是支出产生的产出,要求部门单位管理者按照预算要求对产出负责。

②结果导向绩效预算是理性主义预算改革的新进展

以美国为代表的这一轮结果导向绩效预算改革运动,已经在 OECD 国家中逐步形成了一个被称之为结果导向的绩效预算模式,即将预算建立在可衡量的绩效基础之上,通过把理性因素融入财政管理中,形成了一整套宏观性、战略性和结果导向的管理思路和模式,促进了政府再造目标的实现。但预算本身不是财政工具,而是一个包括各种财政工具的机制——诸如政府支出、贷款和税收等,因此,预算提供了衡量这些财政工具丰富的财政指标[1]。

在预算理论上,政府预算作为一种机制,在如何设计上历来存在渐进主义与理性主义之争。预算渐进主义者(Incremental Budgeting Theory)对理性主义预算理论历来都表示怀疑。Aaron Wildavsky 认为,预算改革本质上是资源控制权的重新分配。要改善预算分配,必然就会有部分人从中受益,一部分人的利益从中受损[2]。因而,预算改革最为核心的问

---

[1] C·B·维萨,P·W·艾瑞斯莫斯. 公共财政管理学. 经济学科出版社,2002.
[2] Aaron Wildavsky, A. Political Implications of Budgetary Reform [A]. Hyde, A. C. Government Budgeting: Theory, Process, Politics [C]. Belmont, CA: Brooks/Cole Publishing Company, 1992. 39—42.

题不是怎样计算成本与利益，而是确定谁会从中受益，谁会因此而受到损失。不先解决这一问题，简单的量化的绩效数据是不可能成为预算决策的唯一参考的①。因而理性预算理论并不可行。另一方面，由于能力与资源的限制，也不可能使决策者能够收集绝对完整的信息，也就是说，针对某一政策目标，决策者不可能列举出所有的可能方案，并准确无误地衡量出每个方案的利弊，因此，要在现实实践中应用理性预算制度难度巨大。就各国政府的实践而言，预算决策过程并不是按部就班的理性计算的过程，决策者大都会以已有的预算基数为决策的出发点，采用简单策略，对预算申请做边际修正来进行决策。这样，既大大减轻了计算的负担，又缩小了预算争论的范围，不但能使预算编制在法定期限内得以完成，而且在决策过程中也容易达成一致②。

理性主义者则不同。梅尔斯（Meyers，1996）认为，理性主义预算理论植根于经济效率，特别是微观经济学中的效用最大化概念③。它是以经济效率的概念作为价值判断的基础。尽管结果导向绩效预算将预算评价的重点由投入控制转向结果评定，预算决策的基础仍然遵循了经济效用最大化的价值标准。因此，结果导向绩效预算的理论基础是理性预算理论。它主张政府在预算决策过程中，应当通过理性计算，考虑各个方案的效率和效果，做出理性选择，从而最有效地配置资源。理性预算理论主导世界各国政府相继推出了各种理性预算制度，如计划项目预算、零基预算、目标管理以及结果导向绩效预算。

正是因为如此，从理性主义角度来看，较之于以前的理性主义改革实践，结果导向绩效预算改革提出了一些革新性的理念，因而体现了预算理性主义理论的新进展。

2 结果导向绩效预算：公共管理学的解释

（1）韦伯的"官僚理论"及其面临的困境

与资本主义早期相对简单的社会公共管理事务相适应，古典经济学家

---

① Pitsvada, B & Lostracco, F. Performance Budgeting—The Next Budgetary Answer, But What Is the Question? [J]. Journal of Public Budgeting, Accounting and Financial Management, 2002. 14: 53—74.
② Aaron Wildavsky. 预算与治理. 上海财经大学出版社，2010.
③ Meyers, R. T. Is There a Key to the Normative Budgeting Lock? [J]. Policy Sciences, 1996. 29: 171—188.

倡导的"自由放任"与"守夜政府"思想一直被视为政府管理与政府职能配置的基本原则。直到19世纪中晚期的第二次工业革命，随着社会生产力迅速提高，市场失灵日益凸显，"有限政府"模式与消极的国家职能理论在实践中遭遇严峻挑战。社会空前复杂与行政事务空前增加，引发政府规模的扩张；政治上对分权制衡的过度热衷而往往忽略了行政管理，导致西方政府行政管理的低效和混乱；面对政党分赃制带来的周期性震荡、结构性腐败、人员素质低下等问题而兴起的文官制度建设，缺乏一套系统完整的理论指导体系。在这样一种经济政治背景下，加上当时哲学思潮中居统治地位的机械自然观的渗透①，催生了"官僚理论"的产生，以期通过理性官僚制来指导政府治理结构的转变，科学处理繁杂的行政事务，提高行政管理的效率。

"官僚理论（Bureaucracy）"是20世纪20年代由马克斯·韦伯和伍得罗·威尔逊等人，在批判上述西方行政管理理论和实践中存在的诸多缺陷的基础上，通过吸收泰罗的科学管理主义思想所概括提炼出的基本思想和架构，它是以法理权威为基础，以科层等级结构、非人格化、连续性和专业分工为基本特征的政府行政管理体制。韦伯"官僚理论"，在凯恩斯主义的长期实践中得到应用，构成了传统政府管理的理论基础，形成了传统"官僚制"基本框架：（1）构建科层等级的政府架构，按照政府职能逐级分解的需要，通过建立政府管理层次并设立相应的行政机构，实现自上而下的命令与监控。（2）设立稳定的公务员制度，推行公务员的"永业制"和"公文主义"。在"永业制"下，除非公务员的工作失职或自动辞职，不存在解聘风险。"公文主义"则强调非人格化特征，要求公务员不得夹杂政党或个人的私利，限制政府官员的利己主义倾向。（3）建立现代政府预算制度。政府预算拨款由财政管理部门统一供给，以预算资金投入的合法性审查为重点，限制政府行政权力的扩张以及预算规模的无序增长。

韦伯构建的官僚体制凭借准确性、稳定性、连续性和可靠性的特征，以其技术和效率优势横扫一切传统体制并在全球范围内蔓延开来，并曾一度限制了公共行政领域中的以权谋私等腐败现象，提高了行政效率，成为现代政府的典型特征。韦伯曾乐观地认为："官僚组织完全可以适用于若

---

① 这种观念里，人类社会被严重地物化和自然化了，甚至于人与机器没有什么区别，他不过是大自然所造的最精密的机器罢了。在18世纪法国哲学家拉美特利所著《人是机器》书中，不仅自由，连人本身的价值和尊严都成了问题。自然主义和机械唯物论联手，取消了人的价值。

干不同的环境……经验普遍证明行政的纯粹官僚形式……从纯粹技术角度看，能够取得最高的效率，在这个意义上它是人所共知的，它是完成对人的指令控制的最理性的方式。"① 相对于旧的政府体制而言，官僚制是高效率的。但随着资本主义国家的进一步发展，西方国家逐渐从工业社会进入信息社会，官僚制下的行政体制愈发难以适应现代社会公共管理的需要，其弊端也日益显露，官僚制反而成为低效率的源泉，导致20世纪70年代财政危机与信任危机的产生，从此"官僚理论"陷入了始未预料的困境。概括起来，官僚理论构建的政府治理结构至少存在三大难以自身克服的缺陷：政府自我膨胀；个人积极性和创新动力缺乏；政府的低效率。

第一，政府自我膨胀。按照韦伯的理想官僚制模型建立起来的政府行政管理体制，其职能几乎介入社会生活的各个领域，公共服务几乎由政府垄断。服务范围过宽，政府任务过多，政府机构臃肿，部门层次复杂，政府自我迅速膨胀，在公共产品难以测度和代议机构信息缺乏的情况下很难对官僚行政机构实施有效控制。官僚制组织是以层级节制式的组织形式来维护组织的权威性，以组织的规模和等级来体现官僚组织的优越性，正如韦伯所说的："早晚有一天，世界上充满了齿轮和螺丝式的芸芸众生，他们会紧紧抓住职位，处心积虑，不顾一切地沿着官僚化的等级层次阶梯向上爬。……官僚体制统治的顶峰不可避免地有一种至少是不纯粹官僚体制的因素。"官僚组织因其刻板，缺乏灵活性，越来越不能适应迅速发展变化的信息社会的需要，从而表现出整体的无效率。

第二，个人积极性和创新动力缺乏。韦伯的官僚组织是规章的体制，而不是个人的体制，具有典型的非人格化特征。按组织分工与层级分化原则建立起来政府管理组织，就像一台冷冰冰的机器，每个人就是机器的一个零件，按照既定的规则运转，任何灵活机动行为都是不允许的。在管理技术上，官僚体制着重依赖的是对规则的服从，对程序的严格要求和对文字传输信息的严重依赖，致使官僚体制走向因循守旧，墨守成规，对新生事物和复杂环境缺乏应变，导致僵化保守和整齐划一。另一方面，劳动和报酬的分离、终身任职的人事机制使得官员缺乏追求效率的内在驱动力和创新意识。

第三，政府的低效率。官僚体制效率的取得在组织结构上是通过层级

---

① ［美］罗伯特·丹哈特著：《公共组织理论教程》．项龙，刘俊生译．北京：华夏出版社，2002年第一版．23．

结构,即通过上级对下级的监控而减少"搭便车"和偷懒的现象,通过职责和权限的规定使公务得以分级办理,在管理上则是通过对规则的服从来减少武断,用文字的传输来实现精确的。但是,通过等级结构、专业化管理和对规则的服从所带来的组织管理效率还是一种机械效率,而机械效率是一种相当有限的效率,推到了极端则只能是局部效率甚至是无效率。等级链条拉长往往带来信息沟通的困难,使决策失误可能性大大提高。同时,条块分割式的专业化分工的发展,会导致部门的无休止扩大,出现部门与部门的交叉与重叠,由此出现的沟通障碍和协调困难,必然会带来整体效率的降低。

依据韦伯的"官僚理论"所构建的政府治理结构并没有取得像韦伯所认为的以及人们所期望的效率,我们所看到的却是由官僚体制所带来的机构臃肿、浪费严重和效率低下等一系列问题。正如奥斯本和盖不勒所言:"我们相信,工业时代的官僚机构既庞大又集权化,提供的服务千篇一律地标准化又不看对象,因而不足以迎接迅速变化的信息社会和以知识为基础的经济的挑战。"人们在对"官僚理论"以及官僚体制进行深刻反思的同时,希望寻求新的理论来重构政府治理结构。

(2) 市场化取向的政府改革运动的兴起

自20世纪70年代以来,在传统官僚体制的失效以及经济全球化和信息技术革命的推动下,西方世界兴起了一场旨在建立一个"廉价"、"高效"的政府组织的市场化政府改革运动。在这场声势浩大的"政府再造"运动中,以奥斯本等人为代表的新公共管理理论成为了主要的理论基石,他们将模拟或引入市场机制作为克服韦伯"官僚理论"导致的政府治理结构缺陷的有效途径,通过建立企业家政府治理范式来解决传统范式存在的种种弊端。

①新公共管理理论与政府改革运动

20世纪50年代后,伴随着经济发展的迟滞、政府债务的居高不下以及政府效率的低下,倡导通过引入市场机制改革政府、提高政府效率的新公共管理理论(New Public Management,NPM)应运而生。以戴维·奥斯本、特德·盖布勒等人提出的新公共管理理论为基础,从20世纪80年代开始,英、美、欧洲大陆国家以及澳大利亚、新西兰、日本等发达国家相继掀起了政府改革的浪潮,随后改革浪潮也逐渐波及许多转轨国家、新兴工业国家和大部分发展中国家。在新公共管理理论看来,公共部门绩不佳源于公共部门官僚制组织结构的内在弊端,公共部门特定的权力结构难以充分发挥管理者的管理才能。新公共管理理论将政府官员与社会公众之间的关系,类比"管理人员"与"顾客"之间的关系,以此对政府与社会做出重新定位。英国著名公共管理学家、曾任伦敦经济学院院长的胡德(C. Hood)教授特别将新公共管理的特质归纳为:(1)在公共部门中实施专业化管理,让公共管理者自己管理并且承担责任;(2)确立明确的目标,设定绩效测量标准并且进行严格的绩效测量;(3)特别强调产出控制,对实际成果的重视甚于对过程或程序的关注;(4)打破公共部门中的本位主义,对部门进行撤分与重组,破除单位与单位之间的藩篱;(5)在公共部门中引入竞争机制,降低管理成本,提高服务质量;(6)强调对私营部门管理方法和风格的吸收和运用;(7)强调对资源的有效利用和开发。① 在新公共管理模式下,政府应通过竞争机制将私人部门吸纳到公共产品与服务的供给中来,树立顾客导向与以满足社会公众需要为目标,从只关心投入转向对产出与成果的高度重视。因此,该理论主张放松严格的行政规制,以绩效目标来实现控制。新公共管理理论的思想广泛地渗透于政府预算管理,促成了预算制度向结构导向绩效预算制度的发展,成为绩效预算从20世纪五六十年代强调组织架构的早期绩效预算向20世纪90年代以后以产出、服务和公民满意为重点的结果导向绩效预算转变的重要推动力,将绩效预算推到预算改革的前沿。与此同时,新公共管理主张的建立在科学设计绩效考评指标基础上的"分权管理"和"合同外包"客观上促进了预算绩效考评制度的发展。

②政府改革运动目标:构建企业家政府治理范式

新公共管理理论推崇管理自由化与市场化的理念,试图把企业管理的精髓移植于政府,运用企业家精神重塑政府,达到改变官僚政府内部的管理机制和内部驱动力的目标,也就是构建企业家政府治理范式。基于此,奥斯本提出了改革传统政府官僚体制应当遵循的十项原则,归纳起来,依据这些原则所构建的企业家政府治理范式,主要有如下几个方面的基本特征。

目标管理:政府角色是"掌舵者"而非"划桨者",政府的主要任务是明确应实现什么目标而非怎样实现目标;

---

① 转引自丁煌. 当代西方公共行政理论的新发展:从新公共管理到新公共服务.《广东行政学院学报》, 2005, (06).

参与管理：政府应是"顾客驱动"型而非"官僚驱动"型，通过分散公共行政机构的权力，简化其内部结构上的等级，鼓励公众参与管理，满足公众的需要；

注重绩效：以市场为依托，引入竞争机制，增强绩效意识，提高政府运转效能；

结果导向：政府对各部门业绩的衡量重在成果而非投入多少。

综上所述，我们不难发现，西方国家市场化改革运动，主要围绕两条主线展开：一是在政府角色的定位以及政府与市场关系的处理上，突破了非此即彼的政府—市场二元分析法，在承认政府失效的基础上通过二者的有机配置，提高政府功能的输出效率，更好地满足公众需求，具体体现为政府角色定位的市场化；二是在政府体制及其运行方式的选择上，充分利用市场机制的竞争效率，以引入市场机制的手段提高政府的输出能力，具体体现为政府服务输出市场化[①]。企业化政府治理范式建立，要求一种内在精神相一致的政府预算模式与其相适应。

3 结果导向绩效预算：经济学的解释

（1）公共选择理论与政府改革运动

以美国经济学家詹姆斯·布坎南为代表的公共选择学派认为，个人不会因为个人活动领域的角色转换而改变作为"经济人"的本质，政治领域同样适合新古典经济分析的"经济人"假设前提，运用经济学的分析方法分析政治决策行为成为可能，为市场机制在政治决策分析中的模拟创造了条件。从公共选择理论的视角，对韦伯"官僚理论"面临的困境可以做出如下的解释：（1）官僚作为追求个人效用最大化的理性经济人，在以预算最大化以及权力垄断的追求中，导致政府规模的扩张；（2）政府产出的非市场性，一方面会由于政府官僚出于个人利益的计算而使政府行为短期化；另一方面会由于竞争的缺乏而丧失降低成本的动力，导致政府行为的低效率或无效率；（3）韦伯官僚体制下对"命令—服从"机制的过分强调，政府机构内部的激励机制严重缺乏，扼杀了个人的创新动力。在公共选择理论看来，摆脱"官僚理论"困境的有效途径，就是要改变政府—市场二元分析范式，在统一分析前提与方法的基础上，模拟市场机制对政府

[①] Jon Pierre. The Marketization of the State：Citizens, Consumers, and Emergence of Public Market，M. C. Gill—Queens Press，1994. 55.

公共产品与服务进行考量，在公共部门与私人部门之间引入竞争机制，给予公众对公共服务进行选择的机会，从而解决政府面临的效率危机与信任危机。

公共选择理论提出了在政治市场中达成公共产品供给有效决策的宪政制度改革主张：一是分权以降低官僚的权力，主要是将部分公共产品的生产承包给私人生产者，从而促进生产成本的降低和公共部门效率的提高；二是改变激励，通过在公共部门建立起竞争机制，以提高政府的行政管理效率；三是在最高官僚决策层恢复发挥个人积极性的制度，以"目标导向"、"自主权下移"和"对结果负责"为特征的绩效预算改革正是秉承了公共选择理论的政策理念，两者的产生和发展有着内在的逻辑关系和历史渊源。

(2) 新制度经济学与预算制度

①预算制度基本问题："共用地悲剧"

根据尼斯坎南（Niskanen，1971）的理论，官僚的效用是工资、福利、声誉、权力、产出、易变通、易管理等变量的函数，官僚同样作为追求效用最大化的经济人，除了易变通、易管理两个变量外，对其他变量的追求都能给官僚带来效用的增加，这通常能够通过对预算最大化的追求来实现自身的效用最大化目标。在传统的政府管理体制下，政府部门是公共产品和服务的唯一提供者，纳税人作为公共产品和服务的需求者，在双方效用函数不一致，即激励不相容以及信息不对称的情况下，官僚作为拥有信息优势的一方便会对预算资源进行一种争夺，这种掠夺通常是双向的，对上（立法机关、预算资金管理部门）或对下（纳税人或工众）都存在夸大公共产品和服务的成本以及某种公共产品或服务的重要性的倾向，因为除官僚以外的其他主体缺乏这种信息。其结果就是机会主义的蔓延，公共产品与服务通常以高于最优水平被提供出来。

在机会主义行为下，各预算部门便展开了对预算资源的争夺大战，一方面，预算资金作为共有资源，每个部门都有权参与争夺，无法实现有效的排他；另一方面，预算资金作为有限的资源又存在竞争性，一个部门预算的增加意味着其他部门预算的减少，极大地诱惑部门对预算资源的过度使用，由此而产生"公共资源悲剧"：其必然结果是预算不断膨胀、使用效率低下、赤字危机加深。在新制度经济学看来，解决"公共资源悲剧"问题的有效途径有二：一是通过公共资源的私有化来消除非排他性；二是在保持共有资源性质不变的情况下对使用权加以约束。前者显然很难使用于处理预算领域的问题，后者作为新制度经济学的主张为我们提供了一条思路：制订一种预算资源分配的"游戏规则"，"游戏规则"签订各方均必须遵守合同或契约。因此，预算制度的设计和安排无法回避的一个共同出发点，就是要通过一种契约安排来解决由于机会主义行为所带来的"公共资源悲剧"问题，尽管不同的预算制度，因方式、手段、程序、过程以及侧重点的差异而带来效果上的差异，但作为一个共同的基本任务是不容置疑的。

②投入预算向结果导向绩效预算的转变：基于契约理论的解释

政府预算可以理解为一份政府受公民委托，配置其让渡的经济资源，并向其提供"一揽子"公共商品或服务的契约。预算资源的有限性决定了我们对预算资金运用效率的不懈追求。这一目标实现，关键在于有效的契约制度设计。契约的有效性取决于约束的效力，而约束的效力又测度履约程度的成本大小，也就是说，契约的有效性是履约测度成本的反相关函数；履约的测度成本越高，投机行为会越严重，产生激励的不相容，违约风险越高，反之，投机行为会大大降低，契约越能得到更好的履行，违约风险越低。在契约理论中，有两种类型的契约：一是以结果为基础的契约；二是以行为为基础的契约。前者依据结果的考量来降低机会主义行为，通过降低目标冲突实现激励相容，强调的是一种授权和激励；后者依据对行为过程信息的获取来约束机会主义行为的发生，强调的是一种监督与控制。按照这一划分，结果导向绩效预算属于以结果为基础的契约，而投入型传统预算则属于以行为为基础的契约。

传统投入预算契约本身无法解决由机会主义引致的"公共资源悲剧"问题。解决投入预算基本契约规则是不得突破总预算的"盘子"，强调的是以投入为导向的控制和服从，关心的是投入过程的合法性与合规性，确保预算安排的拨款按预定的使用计划和用途进行执行。这样一种基于行为基础的契约，首先是否能得到有效的监督，关键取决于立法或其他监督部门所能获取的信息强度。显而易见，由于预算资金执行涉及许多不同的部门以及单位，资金的使用用途千差万别，无疑要完整获取这些信息，成本相当高昂，特别是信息通常容易被执行者所掩盖的情况下更是如此，由于监督契约执行的高成本，大大削弱了监督的有效性。其次，由于过度强调控制，严重扼杀预算部门和单位的主动性、积极性与创新性。最后，这种模式下的资源分配是通过"自下而上"的总额控制,争夺预算资源的冲动并没有消失,契约的达成要经历一个漫长的"讨价还价"过程,甚至以牺牲政策目标为代价,签订契约的成本同样高昂。因此,可以说,对预算最大化的追求以及机会主义行为在实施投入规模控制、缺乏有效考核机制、实施"自下而上"决策的投入预算模式框架内本质上是很难得以合理有效地解决的,"倒逼机制"内生于其中,签订契约与监控契约的交易成本却起了阻碍作用。

结果导向绩效预算作为以结果为基础的契约形式,在加强管理责任的基础上在制度的设计中嵌入了多种诱因,通过使目标趋进来减少机会主义的发生程度[1]:(1)扩大预算弹性的加强结果的目标绩效责任,如加拿大允许预算结余的保留;赋予投入的更大自主权和自由裁量权;在符合总体战略目标下的具体计划的自由选择权和资金调剂权。(2)建立追求绩效的诱因机制,以提高创新力与政府效能,如澳大利亚制定跨年度(carry-overs)条款允许各部门将经济预算的6%在不同年度重新安排,对各部门经营成本有明显降低的可以得到"效率分红(efficiency dividend)";丹麦政府允许将提高生产力的结余用作其他用途,甚至公务员可以从中获得额外的奖励。(3)建立包括绩效目标、绩效指标、绩效报告、绩效考核、绩效审计在内的一套完整的绩效契约。(4)实行以总额控制和目标管理的"自上而下"预算程序,减少部门夸大预算的冲动和可能。通过结果导向绩效预算的契约安排,在很大程度上可以解决机会主义所引致的"公共资源悲剧"问题,但它并不可能是一个完全的契约,其效力的发挥程度受制于绩效信息的获取、多重目标冲突的解决、预算透明度的提高等因素,这正是绩效预算改革的重点与努力的方向。

总而言之,根据新制度经济学的观点,结果导向绩效预算是对投入预算内在缺陷的一种弥补,是一种必然的契约选择。

---

[1] 徐仁辉. 当代预算改革的成效——新制度经济学的观点. http://eppm.shu.edu.tw/file/hsu/a0601.doc.

第 1 章　结果导向的绩效与绩效预算

1.1　结果导向的绩效

1.1.1　绩效的本质

绩效（Performance）在语义上包括各不相同的含义，诸如"成就"、"收获"、"实现"和"完成"等。由此，关于绩效的内涵与外延产生了不同的认识。Campell（1970）认为绩效是与目标相关的动作，而不是行动的后果或结果，并且这些与目标相关的动作是在个体控制之下完成的。与之相反，Otley（1999）和陆庆平（2003）等人认为，绩效与行为的结果有关，是指工作的过程及其达到的结果，或是一项活动实施的结果，且这种结果既包括实施这一活动的投入与取得效果的对比关系，也包括对投入是否合理和结果是否有效的评价。Mwita（2000）和普雷姆詹德（2002）认为绩效应是一个综合的概念，包含行为和结果两层含义。体现了效率、产品与服务的数量与质量、机构所做的贡献及其质量，包含行为、产出和结果三个因素，是节约、效益和效率的统一体。

关注政府提供的公共服务的绩效，本质上是将公共权力运行由建立在委托—代理关系基础上的管理模式调整为以目标管理为基础的管理模式的结果。自20世纪60年代开始，公共服务的绩效在西方国家逐渐成为考核政府的有效手段，甚至是决定选票流向的重要"标杆"。作为一种管理工具，经过近半个世纪的探索与发展，公共服务的绩效无论是在理论上还是在技术方法上发展十分迅速，取得了长足的进步。

20世纪60年代后期以来，改革公共管理体系，提高公共部门的效率，一直是社会各界关注和争论的焦点。迫于公众的压力以及随着政府扩张而产生的日益增多的"政府失灵""政府在干什么"成为公众和学界共同关注的焦点。在罗尔斯的社会正义理论、布坎南的公共选择理论以及哈耶克的新自由主义等理论的导向下，评价政府无疑成为了解和约束"政府在干什么"的有效路径。直到20世纪80年代，在新公共管理理论的推动下，许多人认为重构公共管理的价值体系是解决政府"积重难返"的各种问题，提高政府效率的最佳途径。这一新的价值体系就是所谓"重新定位政府职能，按企业家精神重塑一个企业化政府"①。在这一思潮下，政府的绩效被修正为所谓"结果导向"，并认为只有追求在公众广泛参与基础上的以结果为导向的绩效，才能打造出责任政府，才能谋求到一个有使命感的政府。

正如詹姆斯·Q·威尔逊所指出的，追求结果导向的政府绩效意味着这样一种制度设计，在该制度框架下以取得的结果而不是以投入要素作为判断政府公共部门的标准。但是，"政府真的可以像麦当劳一样经营吗"? 这是以提倡公众参与和政府"退出制高点"著称的新公共服务理论对打造企业化政府提出的质疑②。因为，从本质上讲，与私人部门不同，政府"不是挣钱的，而是花钱的"，它肩负着许多社会责任，维护和体现社会公正，而这些是很难用"利润"这样的指标去计量的③。因此，衡量公共服务的绩效是相当困难和复杂的。

无论是新公共管理理论，还是新公共服务理论，均基于一个共同的逻辑，在很大程度上，评价政府提供的公共服务的绩效与其说是抑制"政府失灵"的现实手段，不如说是为选票提供"标杆"，它已经成为现代民主政治的内在要件。因此，公共服务绩效已经成为现代政府预算决策的重要基础，是现代政府预算的重要特征之一。

1.1.2 绩效的主、客观性

关于公共服务绩效，人们习惯上将其解释为一种客观效果，且通常将其与私人部门的可计量绩效评价标准（如利润等）进行类比。事实上，公共服务的"绩效"不但与公共服务活动的客观效果有关，如犯罪率或发案率降低了多少等，而且也与作为组织，特别是个人行为结果而感受到的主

---

① 戴维·奥斯本，特德·盖布勒. 改革政府——企业精神如何改革公营部门 [M]. 上海译文出版社（中文），1996.
② 罗伯特·B·登哈特. 公共组织理论（第三版）[M]. 北京：中国人民大学出版社，2003.
③ 朱火弟，蒲勇健. 政府绩效评估研究 [J]. 改革，2003 (6). 18.

观满足有关，如公众对公共安全部门工作努力成效的评价等①。因此，公共服务的"绩效"不能简单地与客观效果画等号，更不能与精确计量等同。因为主观满足感不但极难衡量，而且还会遇到几乎无法对其加总的难题。

公共服务的绩效具有一定的主观性，是将绩效引入预算管理的理论研究、制度设计和实务操作过程中必须认真把握的一个重要特征。因为，除了其主观性会导致公共服务绩效衡量上的统计难题外，对于某一特定的公共服务项目，不同的利益相关者的评价是各不相同的，按照统计学的方法得到的所谓客观、可计量的绩效结果，能否得到利益相关者的认同是值得怀疑的。对于公共服务的绩效，不但难以做到利益相关者之间在评价目标、价值判断与如何量化等方面达成完全一致，而且如果结果不能满足利益相关者的要求，利益相关者很有可能从自身的价值判断出发找出许多的理由拒绝接受已经得到的绩效结果。

正是因为公共服务绩效具有一定的主观性这一特征，将使得得到的公共服务绩效结果在政府预算决策中的作用要打折扣。但这并非对将绩效引入预算管理改革的否定，更不是对公共服务绩效分析的否定，而是说明了在政府预算决策过程中，除了绩效信息外，其他信息也将对政府预算决策产生重要的影响。因此，绩效信息在政府预算决策中作用的大小，固然与绩效信息的客观、真实密切相关，但参与政府预算决策的相关利益各方对公共服务绩效信息的认同或接受可能在许多情况下显得更为重要。

1.1.3 结果导向的绩效

如果考虑到许多公共服务的绩效本身也只能是一种主观评价，与公共服务"绩效"更匹配的名词很可能是"结果"。因为"结果"一词不但包含了政府提供公共服务所产生的客观效果，还包含了政府部门单位为提供公共服务所做出的努力。但这只是"绩效"一词中的应有之义，而非"结果导向的绩效"。

从目前有关讨论公共服务绩效的文献来看，结果导向的绩效往往与投入、业务、产量（Output）和结果（Outcome）等联系在一起。投入是指公共部门提供公共服务过程中消耗的资源；业务是在公共部门管理范围内执行或完成的工作；产量说的是公共部门直接业务产生的效果；结果是公

---

① 亚洲开发银行. 政府支出管理［M］. 人民出版社，2001.

共部门的业务和产量达到预定目标的程度（目标指的是公共部门的广义目标）。对于结果导向的绩效与绩效之间的区别，人们通常是按照产量和结果这两个概念来划分的，即所谓结果导向的绩效是由按照产量评定绩效改为按照结果来评定绩效。然而，要获得一个完整的公共服务的绩效信息，应该是包括了上述四个方面，换言之，绩效应该是由上述四个要素组成的。因为一定的投入，才有一定的公共服务的产量；一定的产量才能产生一定的公共服务效果；一定的效果才能发挥出公共服务在社会经济发展中应有的作用[1]。正是因为政府提供的每一项公共服务都是一个由许多环节组成的过程，而且每个环节之间还存在着逻辑上与事实上的递进关系，即产量是投入的结果，效果是产量的结果，公共服务作用的大小是其效果的更广义的结果。因此，构成公共服务绩效的四个要素是一个相互联系、相互影响的整体。这也就是说，公共服务的绩效是相对的，或者说，将结果导向的绩效理解为公共服务的最终结果显然是不全面和不完整的。也只有从这一角度来理解或解释公共服务的绩效，才能系统地对公共服务的绩效做出全面的评价，将绩效引入预算管理才能落到实处。

区分绩效与结果导向的绩效的另一个重要标准，是从什么角度来评定公共服务的绩效。按照 Philip G. Joyce 的表述，结果导向的绩效就是公共服务的绩效应由"关注内部评定"转换成"重视外部评定"[2]。对于一项公共服务而言，对其作用结果的表述包括三层含义，即能提供多大规模的公共服务、提供了多大规模的服务和这些服务对社会经济发展发挥了多大的作用。它们既可以从内部进行评价，也可以从外部进行评价。对于第一、二两个层次的含义，都属于一种客观事实的陈述，因而，从内部还是从外部进行评价，并没有多大的区别。区别的关键集中体现在第三层次含义的评价。产生这种区别的原因是对公共服务在社会经济发展中作用的评价很难像第一、二层次的含义那样，可以很直观地观测到，虽然可以通过许多计量分析工具来检验公共服务在社会经济发展中所发挥的作用，但对于往往是非专业人员的决策者来说，其作用有限。这一方面是因为其分析过于复杂，对于分析结果一时难以理解；另一方面其通常是一种事后的检验而缺乏事前预测的功能，至少是其事前的预测功能有限。产生这种区别的另

---

[1] 亚洲开发银行. 政府支出管理 [M]. 人民出版社，2001.
[2] 罗伊·T·梅耶斯等. 公共预算经典——面向绩效的新发展 [M]. 上海财经大学出版社，2005.

一重要原因是作用的评判往往带有明显的主观色彩,不同的利益相关者的看法往往存在巨大的差异。从美国绩效预算改革的实践来看,产生这种区别的第三个原因是公众支持改进公共服务绩效的项目大都是建立在这样一个假定的基础之上——高绩效能够以更低的税收负担维持或改善原来的服务①。

对于结果导向的绩效,由"关注内部评定"转换成"重视外部评定"不能简单地理解为由"生产者"评定改为由"消费者"评定。目前,在用什么来说明结果导向的公共服务绩效问题上,一种非常明显的倾向是试图用公众或"消费者"对公共服务的满意度来予以评价。为此,一项旨在将私人部门用来测量其产品或服务的顾客满意度的方法引入到对公共服务绩效测量的努力得到了发展和应用②。但是,公众对政府最关心的是否是其提供的公共服务的绩效,具有很大的不确定性。没有证据表明人们对高绩效机构提供服务的满意度和对其政府的信心比低绩效机构更高③。少量尝试性研究表明,公众满意度和政府绩效之间的相关性不普遍④。这些都表明,公众满意度与公共服务绩效之间的关系可能与人们的想象完全不同。

1.2 结果导向的绩效预算

自 1949 年美国胡佛委员会提出将公共支出的绩效引入预算管理以来,在理性主义引领下,以美国为代表的西方国家掀起了一浪高过一浪的政府预算改革浪潮。在这一过程中,绩效预算(Performance Budgeting)一词也得到广泛的使用。时至今日,虽然绩效预算一词使用了 60 多年,但无论是理论还是实际工作部门,对绩效预算一词还没有一个得到普遍认可或广泛接受的定义。正如 OECD 预算与公共支出局副局长乔·布隆迪所指出的,"基本上我们对于绩效预算没有一个标准的定义,不同的国家有不同的概念"⑤。以至于有的将其理解为一种预算管理的辅助工具,认为绩效预

---

① Albert Gore. From Red Tape to Results Creating a Government That Works Better and Costs Less: Report of the National Performance Review (Washington, DC: U. S. Government Printing Office, 1993).

② Claes Fornell, 刘金兰. 顾客满意与 ACSI. 天津大学出版社, 2006.

③ Laurence E. Lynn, Jr., Carolyn J. Heinrich, and Carolyn J. Hill, "Studying Governance and Public Management: Challenges and Prospects". Journal of Public Administration Research and Theory 10 (2000): 233—61.

④ David Swindell and Janet M. Kelly. "Linking Citizen Satisfaction Data to Performance Measures: A Preliminary Evaluation". Public Productivity and Management Review 24 (2000): 30—52.

⑤ 公共预算经典——面向绩效的新发展, 罗伊·T·梅耶斯等著, 上海财经大学出版社, 2005.

算应当包含有关实际与估计效果的信息的预算;有的将其理解为一种决策规则,认为绩效预算是一种把资源的增量(配置)与绩效好坏挂钩的预算。在我国,对西方国家推行的绩效预算的普遍关注始于 20 世纪 90 年代。可能是受我国传统预算观念的影响①,国内对绩效预算的把握与理解大都集中在绩效预算采取的不同于传统预算的分配财政资金的方式或方法和对预算执行效果的关注上,以至于人们在对绩效预算这一预算管理模式的发展演变过程进行总结概括时,对 60 年前的将绩效引入预算管理运动与 20 世纪 80 年代后期以来推行的对预算体系全面改革,用所谓新绩效预算与传统绩效预算来简单地加以区分,而且往往将绩效预算与绩效评价混为一谈。如果将绩效预算这一名词作为政府编制和管理预算的一种新的理念或新的方法,绩效预算的内涵与外延必定在预算改革的过程中不断丰富和完善。

1.2.1 预算过程与预算决策

从现象上看,政府预算表现为一系列反映政府财政收支的表格或文件,以及在此基础上进行的,由一系列相互联系与制约的操作程序组成的过程。然而,人们往往看重的是这一程序的运行过程,而忽视程序运行过程本质上是一个决策过程,因为这一过程实际上完成的是政府财政资源在不同利益集团之间的配置。因此,评价政府预算改革与发展的标准不能简单地以预算操作程序的变更与调整为标准,应该是这种操作程序的变更与调整是否形成了一种新的决策机制;否则,这种评价是不充分和不完整的。

从决策者的角度来看,不同时期和不同国家的决策者都会面临一个同样的问题——即财政资源有限的约束。这样,相对于预算申请者来说,财政资源的获取也同样具有竞争性;相对于决策者来说,这种竞争性财政资源的分配是一个在不同利益团体之间实现利益平衡的过程。由于政府预算是在一个不同于市场的环境中完成的一个计划过程,其所要完成的任务是在什么基础上决定拨款给项目 A 而非项目 B(V. O. Key,1940)②③。因此,人们关注的焦点就集中在决策的基础和决策的评价标准上。从在不同

---

① 我国传统的观念是受马克思等对政府预算的经典论述所影响,强调政府预算的反映政府行为的功能、分配和监督财政资源的功能。

② V. O. Key, "The Lack of a Budgetary Theory". American Political Science Review 34 (1940). 11—37.

③ 1940 年,政治科学家 V. O. Key 提出一个预算问题:"将 X 元分配给活动 A 而不是 B 的决策基础是什么?"这一命题被称之为政府预算管理的"原问题"。

利益团体之间实现利益平衡的基础上讲，决策是"在什么基础上"做出的可概括为两个方面。一是竞争性财政资源在不同的利益团体之间的分配是在一个什么样的制度架构或者说基本的"游戏规则"下完成的；二是决策者在不同的利益团体之间完成竞争性财政资源分配的依据是什么。从决策评价标准上讲，一是竞争性财政资源分配是否公平，二是竞争性财政资源分配是否有效率。因此，如何兼顾公平和效率是困扰预算决策者的一大难题。

从"游戏规则"来讲，预算决策的基本"游戏规则"由决策机构的基本"游戏规则"和决策机构制定的基本预算制度框架两部分组成。对于前者，人类社会先后运用了两种不同的机制来解决这一问题。一个是由国王或君主为代表的少数团体来完成财政资源的集权式分配；另一个是人类社会"发明"的由议会和对议会负责的政府行政系统组成的制度体系来进行分权型分配。由于财政资源是由全社会提供的，财政资源的配置是否公平、是否有效率，原则上讲，评判者应当是财政资源的提供者。按照这一原则，通过由议会和对议会负责的政府行政系统组成的制度体系来分配有限的财政资源，至少是迄今为止被认为最为公平的途径，而且因议会所具有的广泛代表性产生的监督作用，也能够从总体上满足竞争性财政资源分配所需的最基本的效率要求。这也是为什么会出现政府财政资源配置的决策机制（预算管理模式）更替的根本所在。对于后者，现代政府预算的基本范式是：政府预算是一个由决策、决策的执行及其结果的报告组成的系统，且决策机构审定的预算必须按照分项列表的形式呈报。因为只有这样，决策机构才能既控制住政府的开支规模，又能了解政府每一分钱的去向。现代政府预算制度发展的历史表明，这一范式已经成为世界各国决策机构在制定本国基本预算制度框架时所遵循的一条公理。

自从绩效引入预算管理60多年以来，虽然由此引发的政府预算管理改革方兴未艾，但无论是20世纪50年代胡佛委员发起的将绩效引入预算管理而引发的绩效预算改革运动，还是随后旨在将绩效有效地嵌入预算管理体系而发展出来的、在20世纪60年代兴起的PPBS（计划项目预算系统）、20世纪70年代出现的MBO（目标管理）和ZBB（零基预算）及20世纪80年代后期再次兴起的所谓"新绩效预算"浪潮，改进的无一不是预算编制的方法与预算草案形成过程中的操作程序，或者说，这些改进都属于技术层面，而非预算决策的体制机制。正是因为都没有涉及改变或修改政府预算决策的基本"游戏规则",可以说,60多年来因绩效的引入所发生的预算改革都是在既定的政治制度架构、预算系统和分项预算模式下开展的。

从决策依据上讲,无论是集权式分配,还是分权型分配,其依据要么是按照自身的利益要求来分配财政资源,要么是依据财政拨款项目的效率来决策。前者取决于决策者个人的偏好,或者说,项目A或项目B是否对自己有利;后者取决于项目本身的绩效,即项目A或项目B哪项的效率更高。两者在很多情况下是一致的,很多情况下又是不一致的。因此,决策依据的选择对决策结果往往有决定性影响,尤其是在分权型财政资源分配模式下,决策依据的选择尤为重要。因为如果预算决策是由一个人或极少数人做出的,很少发生决策依据之间的矛盾或不一致,即使出现,也很容易达成一致。但是,在现代代议制民主制度下,不但由财政资源的提供者组成的议会成员在决策过程中有个人偏好或利益,而且每个参与的决策者都是某一利益团体的代表。因而决策依据之间的不一致或矛盾是经常发生的。如果再考虑到这些参与者在决策过程中对每一项财政资源分配方案给自己所代表的群体的损益往往难以进行准确的判断,这种不一致将更为普遍。

按照公共选择理论的逻辑,当出现个人或利益团体的偏好或利益要求与项目本身的绩效不一致时,预算决策的结果必定是个人或利益团体偏好(利益要求)的集合。这时,项目的绩效往往被决策者忽略掉。正是因为引入绩效意味着改变了预算决策的依据,这一改变对预算管理模式产生的影响,无可置疑地是政府预算管理的革命。另一方面,也正是因为绩效的引入改变或冲击了传统的预算决策,进而干扰和冲击了现代预算决策"游戏规则"下的既得利益,将绩效引入预算管理的改革才步履艰难。

1.2.2 绩效与绩效预算

绩效预算就是将绩效与预算一体化后的一种预算管理模式。其目的是实现绩效与预算决策的统一,强调的是预算决策要以绩效为导向[1]。这样,如何理解绩效就是把握绩效预算本质的关键所在。将绩效引入预算管理的最近一次努力始于20世纪的90年代。尽管这次的努力不但产生了广泛而深远的影响,而且取得了明显的成效,但关于如何测量绩效的讨论却贯穿

---

[1] 美国政府绩效评价体系. 经济管理出版社, 2004.

于将绩效引入预算管理的 60 多年的预算改革与发展的历程中。

如果将绩效理解为预算管理的业绩或效果，那么，早期以控制为重心的预算管理（在 20 世纪早期执行预算的行为）和随后被 Brownlow 委员会与 Hoover Commission（胡佛委员会）推荐为典范的以管理为重心的预算管理（20 世纪 30 年代后期到 50 年代），因其也是将政府支出作为管理的目标，由此产生的业绩或效果当然可以称之为预算管理的绩效，只不过其关注的是"控制"或"管理"的绩效。很显然，现代政府预算管理中所说的绩效并非如此，指的是政府财政资金使用产生的业绩或效果。为了将两者区别开来，人们开始将关注"控制"或"管理"绩效的预算称之为投入型预算，将关注支出使用绩效的预算称之为产出型预算。由于要实现"控制"或"管理"的目标，就必须了解政府部门运行和办事所支付的费用项目，如人员经费、办公经费、设备购置费等，并且要求尽量细化费用项目以便预算的执行与考核，许多人据此将这种投入型预算概括为所谓"费用论"。由于政府财政支出使用的最终结果就向公众提供的公共服务，考核这一目标是否实现就需要了解政府提供的公共服务的结果、这些结果的质量和这些公共服务的单位成本，许多人据此将这种产出型预算概括为所谓"购买论"。

虽然使用投入型预算和产出型预算这一组概念可以区别两类不同意义的绩效，且投入型预算的说法有利于说明，仅仅控制预算资金的使用，往往无法避免陷入一种"花钱等于办事"，无法掌握"钱花了事办得怎样"的"陷阱"，产出型预算的说法包含了明确的成本—效益思想和确定的政府提供的公共服务必须"价廉物美"的价值取向，有利于提高预算资金的使用效益。但是，产出和绩效是两个名词，产出预算一词还不足以说明绩效引入预算以来政府预算改革与发展的全部。这不仅仅是因为产出一词容易使人误解为投入所生产的产量，更重要的是自政府预算由强调"控制"和"管理"转向重视支出使用效果以来，财政支出绩效包含的内容尚处于不断拓展之中。早期关于财政支出绩效的评价有两个显著特点，一是只是强调投入和产量；二是效果评价是在内部完成的，即政府或机构范围内的效果。随着新公共管理理论的兴起，关于政府支出绩效评价的内容在上述两方面都发生了根本的变化，即由只强调投入和产量进一步拓展到结果（与政府政策或计划相联系的广义外部效果）；由关注内部评价转换成重视外部评价①。

既然绩效预算中的绩效指的是财政支出产生的业绩与效果,那么,将绩效引入预算管理以来的政府预算改革实际上都是建立在投入—产出和成本—效益分析的基础之上的,将绩效引入预算管理是这些改革措施的思想"灵魂"。比较早期的绩效预算与上世纪80年代后期兴起的、建立在新公共管理理论基础上的绩效预算,它们之间的区别在于最近兴起的绩效预算改革是以多种新发展起来的技术手段做支持的,但是,两者之间在概念上并没有本质的差异,最终的落脚点都集中在对政府各职能部门、单位的预算执行情况进行绩效考核。同属于更为简化的和可操作性更强的预算管理方式;是一种以追求效益为目的的公共支出管理(预算管理)方式;都是为了解决有限资源约束下如何按照效益要求更为科学地通过将财政资源在政府职能部门单位或支出项目之间的合理分配,以达到在不同利益团体之间实现利益平衡的目的。可以说,绩效预算无论是在技术手段还是具体操作方法上,尚处于一个不断发展完善的过程之中,目前流行的所谓结果导向的绩效评价与预算管理体系,实际上还是绩效预算发展到现阶段所呈现出的新特征,随着管理科学的发展与应用,更多、更好的新发展起来的技术手段的出现,将会产生更为科学、有效的以绩效为导向预算管理方法。如果将现阶段建立在新公共管理理论基础上的、以新发展起来的技术手段做支持的绩效预算称之为新绩效预算,以区别过去的绩效预算,还不如按照它们已被广泛接受的本质属性与特征来界定绩效预算。因为许多旨在改进与完善绩效预算的方式与方法都还是探索性的。

1.2.3 绩效预算与分项预算

分项预算是政府预算的一种表达方式,政府预算必须按照一定标准将政府财政收入和支出进行分类,并说明每一类财政收入或支出的情况②。由于分项预算,尤其是分项支出预算既必须与行政管理责任具有一致性,又要有利于政府实行有效的内部控制,因而与一个国家的政治体制与行政管理体系是紧密联系在一起的,是一个国家的政府在长期的实践过程中形成的一种治理结构。但绩效导向的预算改革是对传统理念和管理模式的挑战,往往会对传统的体制机制产生冲击和影响。因此,如何处理绩效预算

---

① 许多学者将上世纪80年代后期兴起的这种强调结果和外部评价的绩效预算称之为新绩效预算。
② 财政透明度. 国际货币基金组织. 人民出版社,2001.

与传统的分项预算之间的关系，贯穿了绩效引入预算管理以来政府预算改革与发展的全过程。

在 Hoover Commission（胡佛委员会）大力鼓吹下，美国联邦政府于 1949 年大规模实施了有史以来第一次的绩效预算。美国的这次改革实践，虽然按照实施绩效预算的要求，将重点放在总成本测算、工作量评价和单位成本上，基本做法是政府预算虽然包括了对方案和活动的列示，但该列示是通过预算账户对方案和绩效的叙述性表述来实现的。但改革最终以失败而告终。1956 年，菲律宾政府在放弃了对支出分项详细开列，并将与项目或工程相关联的支出在政府预算中集中列示后，在其 1956 财政年度对其 12 个政府机构采用了绩效预算编制方法，试验也失败了。

改革的失败，促使人们将如何提高支出绩效（质量）的改革重点转移到确保预算（政府）目标与项目及完成这些项目的活动之间实现更好的联结，通过使项目独立于组织机构的方式，把各项目预算并入预算决策整体之中，以克服项目管理权限分割的缺陷。这一设想导致了 1965 年 PPBS（计划—规划预算制度）的产生。虽然美国国防部长期使用这一方法，作为试图突破政府部门职责分割对项目实施带来的不利影响，进而实现政府目标与行为的"无缝对接"的努力，在全球产生了广泛影响，上世纪 70 年代许多发展中国家纷纷采用这一预算管理方法。但是，由于这一方法不但严重脱离了政治现实，按照"目标—项目—活动"思路设计的管理"链"也产生了新的职责不清。到上世纪 80 年代已基本退出历史舞台。

作为传统增量预算"替代品"的 ZBB（零基预算）出现于上世纪 70 年代晚期。它是在多年探索将绩效引入预算管理失败后的特定历史时期出现的。实践表明，因其十分有限的适用范围（对偶然支出的考察有用）和纷繁复杂的工作不可能在每个年度进行一次，很快被搁置一旁。与此同时，以亚洲、拉丁美洲国家为代表的广大发展中国家在上世纪 80 年代开展了以推行项目预算为内容的以绩效为导向的预算改革，续写着 PPBS（计划—规划预算制度）的历史。由于这些国家的政府在组织实施项目预算时没有认真总结、吸取美国等国家改革的经验教训，实践结果与上世纪 60 年代的 PPBS（计划—规划预算制度）的预期目标相距甚远。在改革过程中，虽然有大量的项目被界定出来，但"它既不能在预算决策中发挥作用，又不能用来管理项目基金的使用"（Petrei，1998）[1]。

---

[1] 政府支出管理. 亚洲开发银行. 人民出版社，2001.

上世纪 90 年代以来，以美国为代表的发达国家再次掀起了以绩效为导向的预算改革①。在克林顿和布什两位美国总统的持续推动下，美国的绩效预算改革结出了硕果②。目前，在研究这轮绩效导向的预算改革时，大量文献将关注的焦点集中于新公共管理理论的推动和新的技术手段对实现绩效管理所发挥的关键作用两个方面。这轮改革取得的突破虽不"耀眼"，但最为关键之处在于正确地处理了绩效预算与传统分项预算的关系。即在改革路径选择上，这轮绩效预算改革是以不触动现行政府预算决策"游戏规则"为前提，更确切地讲，就是这轮绩效预算改革是建立在原有的预算管理体系基础之上。因此，新一轮的预算改革并没有以否定原有的、经过长期实践被证明行之有效方法载体的分项预算模式。这才使得将绩效作为政府预算决策的依据嵌入原有的决策体系之中成为了可能。这一选择，一是成功地避免了为满足所谓"项目"跨部门、跨预算年度需要而必须打破原有"游戏规则"所产生的管理上的"混乱"，进而为最终赢得决策机构和行政部门的支持扫清了障碍③。二是将推进绩效预算改革的突破点选择在决策依据的调整上，既抓住了绩效预算的实质，又规避了政治风险；另一方面，将绩效作为决策依据，但并非一定是唯一依据。既能为各方接受，又能发挥绩效信息在决策中的作用。

与过去的绩效预算改革相比较，新一轮的绩效预算改革是在原有的分项预算基础上进行的，而不是分项预算的"替代品"。这是这一轮改革取得成功的关键所在。事实上，传统的分项预算虽然不能提供产出分析等绩效信息，但通过账户表能够揭示出单位成本变化的原因等，并为外部报告和审计提供基础，它们同样也是预算决策所需的重要依据。另一方面，分项预算所发挥的作用也并不阻碍绩效预算的实施。因此，把绩效预算称之为分项预算包含了绩效信息的一个拓展形式可能更为准确。

小结

60 年来，以绩效为导向的预算改革，几乎可以说是一场全球参与的、

---

① 实行绩效预算改革一度成为世界各国政府预算改革的最大热门。据统计，20 世纪 90 年代以来世界上有 50 多个国家已经采用了所谓"新绩效预算"。
② 美国政府绩效预算的理论与实践．张志超著．中国财经出版社，2006．
③ 综观 1993 年克林顿总统的《政府绩效与成果法案》和 2001 年布什总统的《总统管理议程》，两者之间存在明确的连续性和继承性。前者将明确规定联邦政府所有单位要普遍实行绩效考核要制定各自的战略规划、工作目标和相应的工作措施，并提供可衡量的业绩检验标准等，作为其推行绩效预算改革的起点。后者则将部门的预算与绩效挂钩来达到改善政府组织运行质量的目的。

"屡败屡战"并最终取得胜利的运动。这既足以说明将绩效引入预算管理的政府预算改革深得人心和深入人心,又似乎预示着这场改革很有可能还要持续。但在60年的探索实践中,可以得出如下几点认识:

1. 建立在理性主义基础之上的绩效预算,在经过了相当长一段时期的探索和实践后,在最近20年所取得的显著成效,就如同现代预算制度的建立经过了百年的斗争和发展才完成一样,是预算理性主义取得胜利的重要阶段性成果①。虽然基于渐进主义的传统预算形式一直占主导地位,但随着"成本"、"绩效"、"结果"等词汇在政府预算报告中的频繁出现,绩效评价方法的应用,传统预算也在不断地变化和发展。可以预料,随着绩效预算的不断完善和预算改革的不断深化,更复杂、更专业化的政府预算管理技术与方法的出现和应用,将成为考验各国政府在推行绩效预算改革过程中能否取得应有成效的关键。

2. 如果要十分简单、明确地区别于传统预算,绩效预算就是一种以绩效为导向的政府预算。尽管我们还不能肯定目前在美国等发达国家实行的政府预算就是绩效预算的最终形态,但绩效预算改革在绩效与预算一体化、预算决策以绩效为导向和实现绩效与预算决策的统一方面取得了突破性的进展,尤其是在绩效评价上由产出向结果、内部评价向外部评价的转变以及在预算管理过程中的逐步落实,使得现行的政府预算越来越成为以公众为中心而非以政府行政体系为中心的预算;使得现行的政府预算越来越成为注重业绩而不以程序为基本取向的预算;使得现行的政府预算越来越接近公共财政的本质。

3. 最近20年来的绩效预算改革之所以取得显著成效,一条十分重要的经验就是它是在现行的政治体制和政府行政管理架构下进行的。一方面,尽管绩效预算源于政府行政系统提高其管理质量的动机,但任何一个国家的政府治理结构都是政治、经济、社会各方面需求相互竞争和妥协的结果。因而不能忽略政府立法机构(决策机构)的介入或获得立法机构支持的意义。另一方面,如果不考虑政治因素和行政管理系统难以避免的职责交叉及官僚主义,仅仅为了提高财政支出的绩效而轻率地破坏现行政府行政管理系统,势必会使绩效预算改革难以为继。

4. 将绩效预算与其他预算形式或方法割裂开来而看作是一种独立的

---

① 政府预算经济学. 刘寒波. 中南工业大学出版社, 2001.

预算方法是一种误解,这将严重制约或限制绩效预算的发展①。绩效预算不但不是作为传统分项预算"替代品"而出现的,而且传统分项预算的作用是不可替代的。如果将绩效预算改革的重点锁定在决策依据的调整上,理解为绩效信息将成为预算决策的唯一依据,也同样是一种误解。除了传统分项预算所提供的预算决策不可缺少的信息外,绩效预算也同样并不否认上年预算拨款、政府可能支配的财政资源数量、政府的施政纲领和领导个人意志等,都会对预算决策产生重要影响。

---

① 地方政府绩效管理. 珍妮特·M·凯丽等著. 上海财经大学出版社,2007.

第 2 章　结果导向绩效预算体系与结构

经过六十年预算改革的探索，结果导向绩效预算模式得到了各国的广泛认可，并作为改革的一个目标模式，这无论是在理论上还是在实践上看，都存在其产生的逻辑性与必然性。结果导向绩效预算的引入对传统预算体系产生何种影响，其体系与结构如何，将是本章探讨重点。

2.1　传统预算模式到结果导向绩效预算模式

针对"官僚理论"面临的困境以及以此为基础构建的传统政府治理结构缺陷，以公共选择理论尤其是新公共管理理论为指导，OECD国家从20世纪80年代中期开始了大规模的政府市场化政府改革运动，其中一个重要措施就是确立结果导向的绩效预算管理理念，建立以政府支出绩效评价为基础的绩效预算制度。虽然各OECD成员国的改革进程和内容各不相同，但共同的特点便是从以投入为导向的预算管理，转向以结果为导向的绩效预算模式。

2.1.1　早期的实践

二次世界大战以后，西方国家普遍实行以投入为导向的预算已经无法满足复杂的政府预算管理的需要，从20世纪50年代开始，以美国为代表的发达国家开始尝试绩效预算改革。

对于绩效预算，1950年，美国总统预算办公室对绩效预算给出以下定义：绩效预算是这样一种制度，它要求预算单位请求拨款时明确阐述：(1) 所要达到的某种合意的目标；(2) 为实现这种目标而拟定的支出计划需要花费多少；(3) 用哪些可量化的指标来衡量其在实施计划支出的过程中取得的成绩（或工作完成情况）。[1]

---

[1] 张志超. 美国政府绩效预算改革的理论与实践. 中国财政经济出版社，2006. 4.

早期的绩效预算改革尝试始于美国第一届胡佛政府时期。1949年，第一届胡佛委员会提出在联邦政府机构中引入绩效预算（PB）。当时的绩效预算主要着眼于政府部门工作表现与管理成效的预算编制方法，目的在于试图将项目信息和资源信息加以综合考虑。与传统的投入预算相比，人们开始从"对机构的预算资源配置"的关注，转移到"对业务活动的预算"的关注，一是实现了从强调关注机构向关注规划的转折；二是从强调关注投入到强调关注绩效的转折。然而，尽管许多国家对早期的绩效预算付诸了极大的热情和很高的期望，但由于各种因素的制约，改革并未取得预期的效果，绩效预算只取得了有限的进展，并未能全面得以运用。如果说这种早期的绩效预算只是给我们提供了一个"绩效"概念的话，那么，20世纪60年代采用的规划—项目—预算制度（PPBS）改革则意义更加重大，为后来的结果导向预算提供了重要的理论与实践价值，成为了我们分析讨论结果导向绩效预算改革的一个逻辑起点。

PPBS是源于美国的一种预算系统。1960年，美国经济学家道·希奇和麦克森所著的《核时代的国防经济学》一书探讨了国防经济的效率问题，并建议在军事设计上应将各种可行方案的成本与效益做出比较。约翰逊政府1965年决定在政府其他部门也推行这种预算制度。与传统投入预算设计（即什么部门开支和开支被安排用于哪些用途）不同，在计划项目预算制中，支出按方案分类，并把各类方案尽可能和确认的政策目标相靠拢，冲破部门边界进行统一设计，同时把方案的结果和投入相联系，做到提高预算支出的效率。PPBS遵循的原则：(1)要以整个方案规划安排预算；(2)对方案规划的目标要进行成本收益的量化评估；(3)对支出方案的评估需要确定一个适当的时限，一般考虑五年的长度。PPBS的基本思路，首先是确定方案的目标，即该方案所提供公共商品与服务所要达到的效用（规划）；其次提供怎样动用资源的信息（计划）；再次是拟定要达到规划目标和计划的具体项目方案（项目）；最后是对方案与目标的效率进行评估，并对是否纳入预算做出决策（预算）。在PPBS中，预算项目与长期计划有机结合，并重视成本效益的分析。尽管PPBS的实施存在较多的困难，但为后来的结果导向的绩效预算制度改革做出了重要的贡献。

2.1.2 结果导向绩效预算模式

20世纪70年代以来，由"石油危机"引起经济滞胀逐步发展为财政危机，并进一步引发了政府信用危机。基于这一背景，美国推行了旨在提高政府效率的政府改革，其中一项重要改革内容就是推行以结果为导向的绩效预算制度。这新一轮的绩效预算改革表明了美国联邦政府在应对财政压力及公民对改善服务质量的要求的大环境下，推行管理改革的决心，并为绩效预算实施提供了政治上的支持。以新西兰、澳大利亚、加拿大、英国等为代表的 OECD 国家也相继着手进行此项改革，形成了一股新的全球性的政府预算改革浪潮，至今仍方兴未艾。

结果导向绩效预算改革，从理论与实践的动机看，就是要克服官僚体制所带来的缺陷，提高政府运行的整体效率，具体围绕如下三大任务而展开：第一，调动个人的积极性以及加强对个人努力程度的考核。结果导向绩效预算能够帮助项目管理者们明确组织的目标与努力方向，并赋予了个人以更大的主动权。第二，提高资源的配置效率。结果导向的绩效预算能提供更为全面的预算决策信息，绩效信息在资源分配中扮演积极角色，为资源分配提供佐证，对新增项目的考量及对现有项目拨款增减的提供决策信息以及为立法机构的预算决策过程提供有用的参考信息。第三，有效控制支出。结果导向绩效预算将政府投入和产出或效果联系起来，不仅管理者能够清楚了解其工作的优劣，而且年度政府绩效报告制度为公众评价和监督政府提供了一个有效途径，使公众参与政府预算管理成为可能。同时，绩效预算责任关系实现了明晰化，为支出膨胀形成了一种约束机制。这三大任务在很大程度上决定了结果导向预算的设计思路和演变过程。(见图 2.1)。

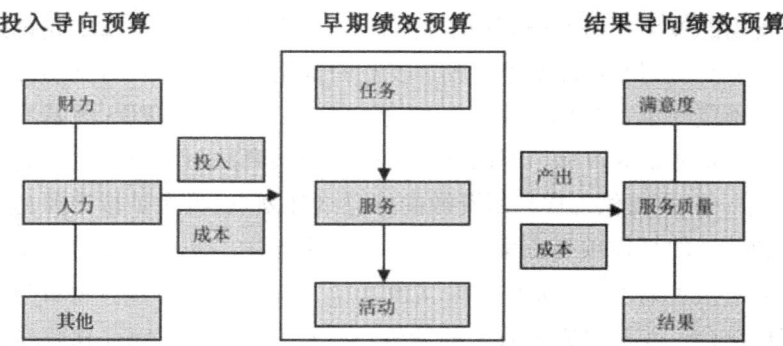

图 2.1 传统预算向绩效预算的演变

引自：邓毅：《绩效预算制度研究》，华中科技大学博士论文，2007

关于结果导向绩效预算模式的表述，目前并没有一个统一的看法。Schick（2003）将结果导向绩效预算宽泛地定义为"任何一种表达'特定政府机构用所得到的拨款做了哪些事情或希望做哪些事'等信息的预算"，严格定义为"明确地将每一项资源的增加与产出/其他成效的增长相联系的预算"①。Willoughby 和 Melkers（2000）将结果导向绩效预算定义为"要求对政府机构的使命、目的和目标进行战略性规划，是一个采用可量化数据，提供项目结果有意义的信息的过程。"②。世界银行专家沙利文认为，结果导向绩效预算是一种以目标为导向，以项目成本为衡量，以业绩评价为核心的一种预算体制，具体来说就是把资源分配的增加与绩效的提高紧密结合的预算系统。③ 张馨认为，结果导向绩效预算是一种以目标为导向，以项目为衡量标准，以业绩评价为核心的一种预算管理方法④。还有学者认为，结果导向绩效预算就是中央政府通过手段要求各级政府及其各部门在预测、战略规划的基础上，确定长、中、短期施政目标，区分经常项目和资本项目，运用权责发生制方法，确定政府所占资源和每项公共活动的成本，通过绩效评价与审计，以及增加社会公众透明度的方法，促使各级政府不断降低成本，改进公共服务。综合考察各种表述，可以总结出对结果导向绩效预算的两种不同的理解：一是将结果导向绩效预算理解为一种根据成本效益比较原则，决定支出项目是否必要及其预算金额大小的预算形式；二是以部门的职能和活动为内容，从战略计划和年度计划开始，把绩效目标、绩效计划、资源投入、结果测评贯穿于年度预算的一种方法。笔者倾向于第二种理解，如果更准确地说，结果导向绩效预算不仅仅是一种预算方法，更是一种预算管理理念和预算制度构建的指导思想，结果导向绩效预算的引入对预算环境的完善与预算体系和结构的改进提出了新的要求，而不是将绩效评价方法的简单嵌入原有预算制度当中。

2.2 结果导向绩效预算对政府财政治理结构的影响

结果导向绩效预算，不能简单地将其作为一种预算技术或方法，而是一种预算管理的理念的集中体现，正如经合组织公共管理委员会所认为的，公共管理的新范式已经出现了，它旨在不太集权的公共部门培养绩效

---

① Schick, Allen. 2003 年. 《绩效现状：时机已经成熟但尚未付诸实践的理念综述》，《OECD 预算编制学报》，3：2，第 71—104 页.
② Willoughby, Katherine G. 和 Julia E. Melkers. 2000 年. 《实施 PBB：对于成功的矛盾看法》，《政府预算编制和财政》.
③ 白景明等. 绩效预算与政府绩效评价体系的要点. 研究报告，2005 第 27 期.
④ 张馨等. 绩效预算的改革探析. 财政研究，2005 第 10 期.

取向的文化。① 20世纪80年代以后，结果导向绩效预算受到各国的普遍重视和推广，西方学术界惊呼，现代"评估国家"正在取代传统的"行政国家"，一种以政府绩效评估为核心的新的治理范式正在形成。虽然结果导向绩效预算的推行并没有产生新的政府财政职能部门或机构，但它对政府财政权力的配置产生的影响却十分深远，它对政府财政治理结构提出了新的要求。这种影响主要体现在如下几个方面：

2.2.1 财政权力的配置关系发生变化

财政治理结构的核心就是依据分权与制衡的原则将财政权力在议会、政府行政、财政预算部门与支出机构之间进行的分配。具有韦伯官僚体制色彩的传统财政治理模式是一种政府主导型的管理过程，政府的决策主要遵循金字塔式的等级结构，受到自上而下的命令链条的约束，官僚往往是以命令的形式推行其执政意图并实现其控制的目的。议会用过立法审批权实现对政府、预算支出部门进行一种控制，这种控制往往基于投入对预算总额以及支出的合法性加以考量。同样，预算管理者对支出机构也同样遵循这一基本思路进行实现其管理和控制的目标。在结果导向绩效预算模式下，实现控制和管理的基础发生了很大的变化。基于一种受托责任，预算安排被认为是预算管理部门与支出部门在平等协商基础上签订的各种预算协议，重心是围绕战略目标的实现以及绩效的改进而展开，通过协议赋予支出部门以更大自主权的同时，也强化了支出部门绩效责任的承担，预算管理部门的工作重心从原来的直接投入控制转向对绩效的考核与评价上来。在议会与政府行政的关系方面，在结果导向绩效预算下，财政资源分配通过战略目标的引导予以实现，政府在总体战略目标的制定中发挥着重要作用，因此反映了政府以一种不同于传统预算的身份在预算权力的配置中具有举足轻重的地位，也意味着议会权力的相对旁落，但并未动摇议会作为最终审批者的身份。此外，在政府与社会之间的关系中，政府不再是凌驾于社会和公民之上的封闭的官僚机构，而是视民为本、服务民众的行为责任主体，直接面对民众，满足民众需求，体现民众导向的治理结构，这无疑对绩效的评价以及预算的透明度提出了更高的要求，尽可能实现政府与民众的激励相容，克服政府、支出部门乃至议会的机会主义行为。所有这些变化，在政府组织结构上的影响将是推动政府纵向组织结构由集权

---

① 戴维·马希尔森. 新公共管理及其批评家[J]. 北京行政学院学报，2001，(1).

式、"金字塔形"的结构形式向分权式、扁平形的结构形式发展；在政府组织内部的权力关系上将由对一般事务的集权管理走向分权管理、对宏观事务的分权管理走向集权管理并存，内部的管理也由重视规则控制到重视绩效控制。

2.2.2 绩效的法律责任得到强化

在传统金字塔形组织结构下，政府被分成若干层次和若干职能部门，每个部分、每个岗位都有相对固定的职责、任务和权限，政府组织更多地通过一种技术手段来实现控制的目的，通常倾向于用不断增加和细化的规则，通过程序来控制政府的运转和各项管理。"最好的工作方式和程序都在详尽全面的手册中加以规定，以供行政人员遵循，严格地遵守这些原则将会为组织运行提供最好的方式。"[①] 在这种"依从性文化"中，规则变得比结果更重要。体现在预算管理中，形成的是投入预算模式，重点关注的是投入的合规性与合法性，其结果如何则往往被忽略，淡化了公共部门的责任承担。由于对专业化和程序化控制的强调，形成条块分割和刻板的办事程式，结果是强化繁文缛节和官僚主义，最终使政府工作陷入一种墨守成规和照章办事的短期行为状态之中。结果导向绩效预算，引入了目标管理的理念和方法，强调上下级之间、组织全体成员之间都是绩效伙伴关系，要求在政府结构治理中有明确的目标分解和责任划分规则，当中，绩效评估成为保证责任明晰的重要保障。[②]

2.2.3 引起预算体系的适应性改革

首先，传统预算下视为基本预算原则的年度预算被突破。任何一个预算的制定，首先应该与宏观经济目标、政府施政目标以及提高政府效能目标相一致。传统的年度预算原则与"控制取向"相一致，但无法满足体现"管理取向"与"计划取向"的结果导向绩效预算的要求，此时预算的重心已不是实现投入的合法性和合规性，而是管理绩效和计划目标的合理性，狭隘的控制会妨碍创新能力的充分发挥、长期和中期战略目标的实现以及对服务成本的合理预测，年度预算原则在结果导向绩效预算下所受到的挑战越来越严峻，突破年度预算原则而着手进行中期预算的编制，成为各国预算制度改革的一个基本取向，尽管各国推出中期预算的时机与背景不一致，如法国1967年6月通过了后来成为德国中期滚动预算指导性法律

---

① 欧文·E·休斯. 新公共管理的现状 [J]. 中国人民大学学报，2002，(6).
② 陈天祥. 论治理范式转型中的政府绩效评估. 广东行政学院学报，2007，(4).

的《促进经济稳定与增长法》，是出于对经济危机的应对；美国1970年国会通过《立法改革法》要求行政主管部门要对将要进行的重大计划的预算和开支进行5年期预测，是基于控制政府支出规模和财政赤字的需要，但总的来说，其中一个共同目的，就是克服年度预算的固有缺陷来更好地服务于新的预算制度要求，同过制定中期预算，可以尽量减少政府行为的盲目性，有利于绩效目标的实现和随后的绩效评估工作的开展。

其次，改进财政支出分类体系。在传统投入预算制度下，要求明确资金的用途和去向，反映资金被"如何开支，去向如何"的问题，以便于"控制导向"下对财政支出合法性审查与监控，从而在支出分类上强调资金的使用用途。依据结果导向绩效预算要求，支出的分类应更好地服务于财政透明度的提高、绩效报告的编制与绩效评估的开展、目标的实现与责任的履行，因此，以基于功能对财政支出的划分是一个基本的要求。随着绩效预算改革中权力下放以及放松对投入控制的趋势日益明显，支出分类被不断细化的趋势有扭转之趋，将原来非常详细的分项式拨款项目，分项合并成详细程度较低的拨款，以赋予支出部门以更大的自主权。澳大利亚在1984年的预算改革白皮书中，主张对每项计划建立评估，强化绩效责任的同时，大量减并支出科目，让各部门的预算使用弹性更大。

最后，预算程序的变化。预算程序从"自下而上"向"自上而下"转化是结果导向绩效预算下的另一个改革倾向，许多国家已在不同程度上采取了"自上而下"的控制措施。这一转变被认为是克服预算中的机会主义行为的有效方式之一。预算的过程充斥着权利的争夺和激烈的竞争，是一个零和博弈，一方的获得意味着另一方的损失。在"自下而上"的程序下，由于首先由支出部门提出预算资金的要求，往往这个数额与实际需要相比被放大，协议的达成是双方反复谈判、妥协的结果，是一种鼓励增加支出、对支出直接施以控制的制度安排。相反，"自上而下"程序通过预先总额的控制，在有效控制支出的同时，能将目标更好地得以贯彻，是与结果导向绩效要求相一致的规则。

在后面我们紧接着对这些制度的改革与变化进行详细介绍，以便较完整地展现结果导向绩效预算的体系与结构。

2.3 结果导向绩效预算的支出分类

增强预算的透明度是结果导向绩效预算的目标的基本要求，而预算支出分类改革是提高财政透明度的基础技术条件,科学的预算收支分类是预算支出绩效考评和绩效预算的前提。为了结果导向绩效预算的评估需要,需要确立合理的支出分类标准,建立一个与其相适应的支出分类体系。

2.3.1 支出分类概述

政府支出分类,就是对政府收入和支出进行类别和层次划分,以全面、准确、清晰地反映政府收支活动。政府收支分类科目是编制政府预决算、组织预算执行以及预算单位进行会计明细核算的重要依据,构成政府行为绩效评估的重要信息来源。一个科学的预算收支分类体系,首先要求收支分类全面准确,能够系统、完整、准确地表达国家预算的内容。其次要按照细化与简化相结合的原则进行分类。再次,预算收支分类体系大体符合国际标准,具有国际可比性。在国际上,最有名的支出分类体系是由联合国设计的"政府职能分类体系"(COFOG)和国际货币基金组织设计的"政府财务统计分类体系"(GFS)。通行的支出分类标准主要有两种:一是按政府支出功能分类,清晰地反映政府职能活动的支出总量、结构与方向。二是按照政府支出经济分类,明细地反映政府各项支出的具体用途,以满足细化预算和强化经济分析的要求。

2007年之前的我国政府收支分类体系因为沿用的是计划经济体制的基本分类框架,存在着涵盖范围偏窄、分类体系混乱、体系设置不全等诸多问题。这些问题的存在,使预算透明度改革受到很大制约,也阻碍了绩效预算的制度改革和制度创新。为进一步深化财政改革、提高预算透明度、强化财政管理和监督,我国于2007年起全面实施了新的政府收支分类体系。新的政府收支分类体系改革了原来收入分类没有统一标准、范围偏窄的问题,将收入按经济性质划分为类、款、项、目四级科目,扩大了收入涵盖的范围,可全面、规范、明细地反映政府各项收入;新的支出分类体系分别按支出的功能和经济性质来设立。按功能分类,政府支出被分为类、款、项三级,主要反映政府活动的不同功能和政策目标。这种功能分类涵盖了所有的政府支出,集中、直观地反映政府职能活动,充分体现预算细化、透明的要求,并且尽量与国际通行做法和国民经济统计分类标准保持一致,便于国际比较,从各个方面满足了科学的收支分类体系的原则要求;支出经济分类是按支出的经济性质和具体用途所做的一种分类,设置类、款两级科目。它与支出功能分类一起,从不同侧面,以不同方式反映政府支出活动,共同构成了一个全面、清晰的,符合国际通行做法的科学的支出分类体系的大体框架。

2.3.2 结果导向绩效预算的支出分类

一般而言，按职能和经济分类尽管能够解释财政资金的去向，但由于项目及成本不透明，不利于考评项目绩效，因而这种分类方式一般适用于传统的线性预算（Line－Item Budget），而按计划和活动分类则是与绩效预算相联系的一种支出分类方式。实行计划和活动分类法的国家按照计划或活动的成本或绩效指标编制预算，旨在设计业绩取向的预算编制方法，使预算能够与绩效、产出管理结合起来。我国的部门预算改革先按部门编制预算，在部门内再将支出分为基本支出和项目支出，其中项目分类就是向按计划和活动分类靠近，因而已经具备计划和活动分类的雏形。如果计划或活动只在一个部门或其下属机构实施，那么项目支出已可满足绩效分析的需要。问题是，如果是跨部门的计划和活动，现有的分类方法则需要进一步完善。可以考虑以附录的形式提供跨部门计划或活动的预算或者再单独按计划编制一份预算。另外，绩效预算与传统预算在处理分类"细"和"粗"的关系上有所区别。绩效管理强调的是给予官僚机构一定的自由裁量权，以提高支出效率。这种预算编制中支出的分类就应该倾向于放松控制，所以一般以总额进行拨款，公共支出分类并不需要非常细化。近年来，在实施绩效预算改革的国家，预算分类已经开始变粗。在芬兰，以前单列的项目，像工资、其他消费和设备购置等已被统一成一个项目。相应地，国会划拨的支出项目的数量也大幅下降，与1989年超过1200个项目（账户）相比，1994年的支出项目（账户）还不足600个。在我国，近年来部门预算还在向"细"的方向发展，这是与传统的投入预算相适应的，它强调的是预算过程的控制，但与产出预算（绩效预算）的要求是南辕北辙的。从这个意义上而言，预算分类"细"和"粗"的关系，就涉及预算管理模式改革的大问题。此外，支出分类的"细"和"粗"的处理还应考虑预算的控制水平。在预算控制水平不高时，应强调投入预算和规则控制，适应这个阶段的预算管理需要，收支分类也应当细化以利于控制。在预算水平提高，但程序化的规则控制已经导致组织效率过低时，应引入绩效预算，强调责任控制，与此相适应收支分类应逐步走向"粗"。我国目前预算管理水平仍然处于前一个阶段，所以细化部门预算、增强预算控制仍然是预算改革的重要内容。但随着预算管理水平的提高，产出预算代替投入预算将是改革的大方向，此时的预算可以编粗，以适应责任控制的需要。现阶段，应在预算管理水平较高的地区和部门积极进行绩效预算试点，对于试点部门和单位在资金管理方面可逐步实行总额控制，在预算资金的使用上打破预算规定的界限，对具体使用方向不做硬性的规定。①

2.4 结果导向绩效预算的年度预算与中期预算

2.4.1 年度预算

在桑德森（Sundelson）的预算原则的分类框架中，将预算的年度性重要原则之一，形成了古典预算原则的重要内容。年度性原则要求所有政府预算都按预算年度编制，列出本预算年度内收支总额，不应对本年度之后的财政收支做出任何事先安排，要求每年都要进行一次预算的编制。年度性原则反映了预算的"控制取向"功能，体现了自由资本主义"健全财政"的基本要求，为立法机构以及财政部门实现预算控制创造了条件。20世纪30年代以来，尤其是20世纪70年代，随着政府经济干预的扩张，"功能财政"理念的实践运用以及对预算"管理取向"或"计划取向"的强调，古典预算原则受到越来越大的挑战。西方国家在预算原则的发展变化上，呈现出的一个共同趋势就是更加强调政府在预算上主动性。尽管年度性原则一直是指导预算活动的基本准则，在实践中得以维持，但也有了新的变化。在结果导向绩效预算下，基于对结果而非过程的强调，预算更关注的是绩效的评价和责任的承担。传统预算年度下，只对收支行为过程负责，所能考虑也只需考虑预算当期的收支，既不对以前年度的承诺负责，也很少考虑或预测以后年度将发生的预算，因此，呈现出一种非连续性特征，稳定性、可预测性较差。因此，传统年度预算具有短视、过度开支、保守、狭隘的内在缺陷，从而一是忽视了宏观经济可能对预算带来的影响；二是存在财政收支波动的潜在风险；三是不利于民众的参与。在结果导向绩效预算模式下，目标与结果、绩效与责任被有机地联系起来，在预算编制与决策中，不可避免地既要考虑以前年度的承诺，还要预测提供同种服务所需的开支以及服务水平与质量变化对支出的影响，对预算的连续性提出了要求。在结果导向绩效预算下，传统的年度预算已经无法满足需要，应该为年度预算的编制寻求一个更为可靠、更为稳定并能体现预算连续性的编制基础。这方面的改革努力和发展趋势，就是编制考虑更长的

---

① 邓毅.《绩效预算制度研究》. 华中科技大学博士论文，2007.

时间跨度的中期预算。

2.4.2 中期预算

绩效预算的目的在于实现财政总额控制、资源优化配置、财政资源使用的高效率和有效性。为达到这些目的，财政计划与政策之间建立紧密联系就至关重要，而中期预算就是连接绩效预算目的和政策的桥梁。① 为了弥补年度预算缺乏前瞻性、连续性和稳定性的缺陷，自上个世纪80年代以来，包括美国、澳大利亚、新西兰、德国、英国等在内的经济合作与发展组织（OECD）国家进行了一场大规模预算改革，其中一个重要的改革主线就是将投入基础的年度预算框架转向绩效基础的中期预算框架（MTBF），以适应结果导向绩效预算改革的需要。

中期预算框架通常是一个为期3—5年的预算总量框架，它为政府和政府各部门提供每个未来预算年度中支出预算编制提供依据。更详细的描述为："在此制度中，部长及其下属在资源配置决策和决策运用时被赋予更大的责任的，整体的政府战略政策和支出框架。中期支出框架由以下内容组成：一个自上而下的资源总量限制（资源信封），一个对现行政策的限时和中期成本的自上而下的概算，以及这些成本同时可获得资源的最终配比。成本的资源配比通常应该在年度预算程序范围内发生，他应关注于那些反映宏观经济条件改变的政策变化，以及政府战略性优先权变化的需要"。② 建立中期预算框架出发点，主要基于以下两大任务：一是要建立起中期可操作的财政目标，预算项目的安排要具有稳定性和可靠性；二是要便于支出管理者制订更好的计划。③ 中期预算框架的一个突出优点在于把注意力导向当前政策的长期可持续性，使人们在早期阶段就能鉴别不利的支出趋势，以便及时采取相应的行动，以更好地对跨年度项目做出合理安排，它不仅为行政机构的责任感提供了透明的基础，而且为更详细的、注重结果导向的预算编制奠定了必要基础。它凭借便于总量控制、激活预算资源机制、及早识别财政风险等优势，被加拿大、波兰、丹麦、澳大利亚、美国、新西兰等大多数OECD国家所采用。

中期预算框架主要包括预算详细程度（level of detail）、时间跨度（Time—span）以及对年度间预算变化的调整（Reconcile Changes）三大

---

① 王进杰. 政府绩效预算管理改革研究. 中国财政经济出版社，2009.
② 世界银行.《公共支出管理手册》，1998，46.
③ OECD国家预算改革新进展及泰国预算改革. http://finance.sina.com.cn/roll/20081029/10452487899.shtml.

要素。其中，时间跨度主要受预测时间和价格水平（累计通胀率）两个主要因素的约束，因为未来的不确定性和预测水平的限制，随着预测时间的延长，价格水平和其他影响因素也越不容易确定，将影响对未来的财政收支进行准确判断，从而使得预算也越来越不准确。预测水平较高的国家可能采取相对较长的中期预算，而实际 OECD 国家实行的中期预算周期一般不太长，多为 3—5 年。例如，新西兰、澳大利亚、法国的预算期限为 3 年，英国、德国、美国、加拿大的预算期限稍长，为 5 年，部分 OECD 国家中期预算实践情况见表 2.1 所示。

表 2.1 部分 OECD 国家中期预算实践的比较

国别	是否实行中期预算	多年预算期间（年）	基本评价
澳大利亚	是	1 加 3	前瞻概算
奥地利	是	1 加 3	中期预算估测
比利时	否		
加拿大	是	1 加 2	多年度运作规划制度
丹麦	是	1 加 3	多年度概算
芬兰	是	1 加 3	多年度概算和上限
法国	是	1 加 2	多年度运作规划
德国	是	1 加 3	中期财政规划
希腊	否		
意大利	是	1 加 3	多年度概算
日本	否		
荷兰	是	1 加 4	多年度预算方案
新西兰	是	1 加 2	多年度估测
挪威	否		
葡萄牙	否		仅就投资性支出进行长期预测
西班牙	是	1 加 3	多年度项目规划
瑞典	是	1 加 2	多年度概算
瑞士	是	1 加 2	财政规划
英国	是	1 加 4	公共开支计划
美国	是	1 加 4	收入、支出和赤字基数预测

资料来源：OECD：《针对结果的预算：公共支出的展望》，1995，笔者根据最近的发展动态进行了部分数据的更新。

注：表中预算时间"1加n"形式是表示根据本年度的预算编制未来n年的预算，预算期间即为"n+1"；基本评价是指中期预算的表现形式。

根据OECD国家的一般做法，中期预算框架在内容和特点上主要包含：（1）有关财政政策的说明；（2）统一的中期宏观经济和财政预测；（3）对预算年度后2—4年各部委和机构的收入和支出估计；（4）正式的"远期"或"年外"估计——对支出的第一年外估计成为以后年度预算谈判的基础；（5）各部委和机构的预算拨款成为硬约束。中期预算框架至少应对这么几个情况有清晰的描述：一是当前支出水平；二是在未来提供同种服务所需开支；三是改变服务水平和服务质量所需的额外支出。前两项称为现有或持续性政策，第三项可以称为新政策。

不难发现，中期预算框架的适应性、前瞻性预测为约束性正式预算的编制提供了重要信息基础，提升了其可靠性，这正是中期预算框架的合理性之一，但同时也是建立中期预算框架的难点所在，错误的预测可能会导致一定的财政风险，因此，如何控制这种风险就显得尤为关键。根据OECD国家经验，尽可能降低预算偏差，至少要从如下几个方面做出努力：一是全面完整的信息披露；二是进行灵敏度分析（Sensitivity Analysis）；三是要与私人部门的分析进行比较；四是要建立独立的分析机构。[①]加拿大及荷兰在这方面已经取得一定的经验。另外一个值得关注的问题，就是应就年度预算中实行的新政策做出明确的描述，并提供可信赖的证据材料，同时构成预算文件的重要部分，为建立有纪律约束的中期预算框架奠定基础。

在中期预算的编制技术上，西方大多数国家采取了逐年递推或滚动的形式，所以又称为中期滚动预算，即中期预算每年编制一次，每次向前滚动一年，每年都要根据预算执行情况和经济发展及各方面情况变化的最新预测，对有关经济指标和财政收支指标进行调整、修改，从而避免计划与实际脱节，保证实现支出与收入及财政与经济的协调。在中期预算的表现的形式上，一种是中期财政计划或规划，一种是直接的中期预算。[②]前者如英国的公共开支计划、德国的五年中期财政计划、法国的三年中期财政计划。这种形式多属于对财政发展情况进行考察的报告性文件，其主要目

---

① OECD国家预算改革新进展及泰国预算改革. http://finance.sina.com.cn/roll/20081029/10452487899.shtml.
② 张晋武. 欧美发达国家的多年期预算及其借鉴. 财政研究，2001，（10）.

的是试图对政府今后若干年的财政支出和收入做出预测,并纳入预算过程,作为编制年度预算的重要参考和依据。后者主要在美国等国家采用,与前者不同,它属于传统年度预算的直接扩展形式。尽管欧美各国多年期预算的存在形式不同,但都改变了传统的预算过程。

中期预算的编制步骤,以美国为例,主要包括:首先,确定计划范围,包括内容范围和时间范围;其次,对宏观经济趋势进行分析预测;第三,制订计划范围的政策战略;第四,确定支出各部分的价格基础;最后,确定各支出部门在计划期和各年度的支出要求,并继而确定年度支出预算。收入计划的编制相对比较简单,主要是在经济趋势预测和确定税收收入弹性的基础上,再根据计划期各年度的经济增长情况和政策要求,测算出税收收入规模。①

2.4.3 年度预算与中期预算的关系

对于中期预算,我们不能从表面上理解为年度预算在时间跨度上的延伸,而是对年度预算的一种变革。

首先,在中期预算框架下,年度预算只是形式上的存在,实际上无论是在预算所反映的内容上、预算过程上,还是预算管理上,已经突破了年度预算的界限。

其次,中期预算中对以后年度的预测信息,将成为年度预算编制的重要基础,从而给传统年度预算赋予了稳定性、连续性以及可靠性,中期预算成为了正式预算过程的组成部分。

最后,中期预算中的远期预测虽不具有正式的法律效力,但由于编制年度预算时需要参考远期预测的估计结果,因此其对年度预算的确定也具有直接和相当的控制作用。在英国的五年公共支出计划中,不仅第一年的预测数字是年度预算的基础,而且只要政府继续在任执政,第二和第三年的预测数字便成为半预算承诺,只是后两年的估计数比较朦胧。在美国,由于远期预测结果是直接作为预算文件的一部分,其对年度预算制定的约束力就更自不待言了。②

---

① 张晋武. 欧美发达国家的多年期预算及其借鉴. 财政研究,2001,(10).
② 张晋武. 欧美发达国家的多年期预算及其借鉴. 财政研究,2001,(10).

2.5 结果导向绩效预算的预算程序

2.5.1 从"自下而上"到"自上而下"

一直以来各国政府预算编制都是遵守"自下而上"的原则。但自上世纪90年代初开始，OECD国家的经济增长缓慢或衰退，造成税收锐减、财政赤字骤增。面对濒临恶化的财政状况，包括英国、加拿大、瑞典、荷兰和芬兰在内的一些OECD国家开始采用"自上而下"的预算编制程序。

在传统预算的"自下而上"程序下，财政资源的配置方案往往是在政府间漫长的讨价还价过程中的一种妥协结果。这一程序，与结果导向绩效预算的要求以及预算改革的主流相背离。"自下而上"程序，至少有如下几个方面的弊端或不适应性：一是难以对财政支出进行有效的控制，机会主义行为充斥于预算过程，其本身就是一种鼓励增加支出的制度，不利于改善拮据的环境；二是"自下而上"的预算程序容易形成财政资源配置的高度集权，与放松控制、赋予基层部门自主权的预算改革相背离；三是难以贯彻目标管理，结果导向的预算管理理念难以贯彻。

"自上而下"程序的采用，反映了西方国家实施强化预算总额限制、放松投入控制、加大权力下放等措施的愿望。这项改革的核心内容，主要包括：一是在预算准备过程的起始阶段即由较高级别的（核心）部门建立和公布总量预算限额、部门预算限额、各支出部门与机构在给定的部门限额内确定预算资源在各项规划间的配置；二是总量预算限额同部门预算限额问题以及部门预算限额同规划配置问题在预算过程中分别加以考虑。通过预算限额来硬化预算约束，遏制传统预算程序中出现的各支出部门与机构总是超过税收能力的额外开支需求。另外，分开考虑作为一个重要的承诺装置，有助于那些需要多部门协调行动才能实现的政策目标在预算决策中得到更优先的考虑。[①] 加拿大、瑞典、挪威、冰岛、荷兰、芬兰、英国等国家已采用"自上而下"的预算编制制度。其中，以北欧国家最为典型：在预算过程的起始阶段即由内阁制定公共政策，以此为各部门下一年度的预算设定框架，并对新的支出需求产生强有力的约束作用。

在过去的预算方法中，OECD国家"自下而上"和"自上而下"相结合的预算程序，当前仍在发挥作用，所发生的变化是更加强调"自上而下"的预算程序。因此，目前预算编制过程仍然属于"自下而上"和"自

---

① 彭健. 政府预算理论演进与制度创新. 中国财政经济出版社，2006.

上而下"相结合的混合体,现在如此,以后也是如此。因为,对于新项目的预算安排必须基于对一个部门全部支出项目的严格审核,而财政部门不掌握与新增项目有关的完整信息,包括绩效数据和一定时期内该部门全部支出估算,因而无法判断新增项目的预算影响。因此,通常要求支出部门向财政部门提交详细报告,经审核后,政府才能做出最终决策。[①]

2.5.2 政府、议会、支出部门在预算程序中的角色转变

结果导向绩效预算推行的先自上而下、再自下而上的编制程序,改变了过去传统预算先自下而上、再自上而下的编制程序,引起政府、议会、支出部门的地位和作用发生相应的变化,根据预算编制方式的改变而相应的调整和修正其预算行为,扮演着不同于投入预算中的角色。

"目标—绩效—责任"作为结果导向绩效预算的轴心,成为整个预算制度的核心,预算管理和监督的重点发生根本性转变,即从过去"注重过程"转变为"注重结果"。在"自上而下"的预算程序下,议会作为最终的预算审批者的地位并没有发生变化,但其影响力呈现出下降趋势,部分权力从议会中分离而被赋予给行政体系的预算管理部门,新的预算权力制衡关系以及平衡点正在形成。从投入模式到结果导向绩效预算模式、从"自下而上"到"自上而下"程序的变化,预算管理部门工作重点从关注支出的合规性逐步转移到关注支出的结果与绩效、从关注支出过程逐步转移到关注支出机构的支出重点与总量,双方之间由过去的支出增加与消减之间的博弈转变为在平等协商基础上拟定部门支出的绩效改进方案与措施,由过去通过具体预算额度与预算项目安排形成的控制关系转变为由预算总额、战略目标以及绩效责任形成的控制关系。在这种转变中,预算管理者的职能与角色,不再是仅仅关注支出的"财政资金的守护者"和关注投入的"控制者",而是更加关注与宏观经济目标、财政目标的适应性的"政策管理者"以及结果绩效的"评价者",与此相对应,支出机构在预算中的作用得到了加强,支出的权力得到了扩大。支出机构在预算资金的使用上拥有了更多的自主权,包括自由裁量和自由调剂,甚至是结余留用或获得奖励的权力,这对投入预算模式来讲的财经纪律的违背,反而使支出部门责任得到强化,支出机构参与预算中的出发点、方式与程度都发生了显著变化。

---

① 闫晓燕等. OECD国家预算编制新模式. 中国财政,2009. 06.

第3章 结果导向绩效预算过程

与传统的投入预算一样，结果导向绩效预算也包括预算决策、执行和报告三个环节，预算过程也是由预算的编制、审查批准、预算的执行与报告组成。

3.1 结果导向绩效预算的类型与基础工作

3.1.1 结果导向绩效预算的基本类型

从绩效管理与预算编制的关系来看，虽然从字面上讲绩效预算就是按照项目绩效来编制预算或分配财政资源。但从世界各国的实践来看，绩效预算可分为两类。一种是绩效管理与预算编制之间没有直接联系，如美国、荷兰、澳大利亚等；一种是绩效管理与预算编制之间有直接联系，如新西兰。前者赋予了政府部门更多的自主权和预算管理中的灵活性；后者则赋予了政府部门更多的责任[1]。

从预算管理目标来看，世界各国的实践表明，绩效预算大致可以分为三种类型。一种是管理与改进型，如澳大利亚、芬兰和瑞典等，这种类型强调的是激励和促使政府组织管理的改善，重视以产出和成果为导向的预算结果；一种是责任与控制型，如法国、新西兰、英国等，这种类型重视对政府部门和预算项目的绩效审计，旨在加强对各政府部门预算责任和预算程序的控制；一种是节约开支型，如加拿大、美国等，这种类型在预算过程中着重强调开支与成本的节约，对预算结果进行绩效评价是实现这一目标的重要手段[2]。

---

[1] 财政部预算司. 绩效预算国际研讨会观点综述. 预算管理与会计，2004 第 11 期.
[2] OECD，1997. In Search of Results: Performance Management Practice，Copyright OECD.

3.1.2 结果导向绩效预算的基础工作——国际经验

推行结果导向的绩效预算管理,首先必须创造和完善相应的条件。根据 Gary M. Cunninghan 和 Jean E. Harris[①]、Cheryle A. Broom[②]、Xiaohu Wang[③] 等人调查与研究,尽管世界各国乃至一国各地区间在具体操作上存在一定的差异,但在如何开展结果导向的绩效预算改革上,表现出了一个大致的规律或共性。概括起来主要是要做好如下四个方面的基础工作。

1. 明确重点与目的

在推行结果导向绩效预算的过程中,世界各国几乎同时将改进公共部门绩效和增强政府的责任作为改革的目标。但是,由于各国面临的具体政治经济和社会环境不同,在社会经济发展过程中面临的问题也差异巨大,因此,各国都采取根据自身的条件和面临的主要社会经济矛盾来选择改革的具体实施目标。概括起来大致有如下几类:一是以美国为代表的以提高政府的工作效率和责任心为实施目标的改革。根据《总统管理议程》(President's Management Agenda, FY2002)的规定,实施结果导向绩效预算主要是要达到这样的目的。各政府部门要努力在财政资源使用和其绩效状况之间建立可靠联系,逐渐形成不同于传统形式的预算决策过程;提高 OMB 等对各类政府支出项目的真实成本的了解能力,并将政府活动的成本在预算中反映出来;通过对部门和项目绩效信息的反映,努力提高公众、国会对政府预算活动的绩效状况的了解程度。二是以澳大利亚为代表的旨在控制财政支出和科学决策的改革。从 1997 至 2000 年间实施的公共支出绩效评价情况来看,其改革的根本目的是遏制公共支出的增长和摆脱高额赤字和债务的困扰,同时进一步提高财政预算的效率、效果和透明度。三是以英国为代表的旨在提高公共支出效果的改革。20 世纪 80 年代,随着公共支出规模扩大和提高公共服务质量要求的不断高涨,英国采取的措施是发挥公共支出效绩评价在控制支出和提高公共服务质量中的功能和作用。四是以瑞典为代表的旨在强化支出管理、提高经济效益的改革。作

---

① Gary M. Cunninghan and Jean E. Harris, Toward a Theory of Performance Reporting to Achieve Public Sector Accountability: A Field Study: Public Budgeting and Finance/Summer 2005.

② Cheryle A. Broom. Performance based Government Models: building a Track Record-Public Budgeting and Finance/Winter 1995.

③ Xiaohu Wang, Performance Measurement In Budgeting: A Study of County Governments-Public Budgeting and Finance/Fall 2000.

为高福利国家的代表，财政负担一直困扰着瑞典政府，虽然自1967年就开始了支出绩效评价，直到20世纪80年代，才将重点支出的经济性评价转移到对支出的经济性与有效性并重的评价上来。

2. 构建内部控制管理模式

传统预算下的控制模式是一种外部控制方式，即通过法律、法规对部门单位的支出进行控制。在这种模式下，管理者只能按照规定的支出用途、规模办事，不能自行调整和改变，因而抑制了管理者的创造精神，不利于提高公共支出的效率和效果。实施结果导向绩效预算改革，则要求改革这种外部控制模式，构建一个内部控制模式。即下放支出管理权限，预算管理机关只控制支出总额和支出取得的结果；允许部门进行预算调剂，并实行结余奖励政策；改革和完善财务信息系统；建立结果导向的绩效评价体系等。

3. 建立编制中期战略目标与计划的制度

确定战略目标和制定战略实施计划，进而确定政府活动和支出的最终结果及其评价标准是结果导向绩效预算的核心内容。因此，建立编制中期战略目标与计划的制度，是开展结果导向绩效预算改革的前提与基础。实践中如何选择战略目标和制定战略计划，几乎所有在这方面成绩良好的政府在制定其战略计划时，都是从实际出发，在充分征求各方意见的基础上，将已经存在的、公众最为关心的问题作为战略目标，并据此确定战略计划，然后再将战略目标与计划按年度和部门单位进行分解。

4. 营造工作环境

结果导向绩效预算是一项涉及方方面面的全局性和挑战性的工作，良好的环境对于结果导向绩效预算工作具有重要意义。这些工作包括：争取公众对战略目标与计划以及绩效评价指标的认可；通过明确绩效不作为奖罚的依据和在预算决策过程中尽可能采用绩效信息进行决策等措施，争取立法机关坚定的支持和行政部门的积极配合；制定绩效预算执行情况的监督和检查制度等。

3.2 编制结果导向绩效预算的基础与步骤

编制政府预算首先要解决两个基本问题。一是公共支出的规模及其资金来源；二是编制政府预算的步骤或操作程序。前者是公共财政内在的理论逻辑要求。国家预算在一个具体的财政年度，就是在未来一个财政年度政府的施政目标，或者说就是用货币表示的政府公共支出的总体规模和政府可能获得的公共财政资源。后者是将政府的施政目标，或者是用货币表示的公共支出规模具体分配给政府的组成部门和单位。前者我们称之为政府预算编制的基础；后者称之为政府预算编制的步骤或程序。

3.2.1 结果导向绩效预算编制的基本步骤

结果导向绩效预算的编制工作大都是从这样一个基础上开始的。这就是以政府及其部门制定战略目标（Strategic Goal or Strategic Objective，对政府或某一机构和部门在特定时期内所需履行职责的表述）和根据战略目标制定战略计划（用数量化信息来描述的战略目标）为基础，然后将目标与计划分解到各部门单位。通过比较，我们发现，由于世界各国开展结果导向绩效预算改革的具体目标和解决的主要矛盾不同，导致结果导向绩效预算编制的在具体操作程序或步骤上也存在差异。可以说，目前并没有一个通行或统一的结果导向绩效预算编制的具体程序或步骤。

美国联邦政府结果导向绩效预算编制的操作步骤通常要经过如下三个步骤：根据战略计划编制年度绩效计划；根据绩效目标的层级逐层进行资源分派；再根据年度资源需求量和相关规定进行资金预算。

3.2.2 支出总额控制

与投入预算一样，控制支出总额也是结果导向绩效预算编制过程中需要解决的问题。

支出控制通常有实质性控制和程序性控制两方面的含义[1]。实质性控制解决的是哪些项目可以开支，程序性控制解决的是如何开支。世界各国在支出的程序性控制方面虽然存在差异，但都有十分明确的规定。从结果导向绩效预算的实践来看，支出的程序性控制并没有重大的更改，改变的主要体现在实质性控制方面，即结果导向绩效预算强调扩大预算执行者在支出的项目间进行调整的权限。尽管支出总额控制属于实质性控制，而非程序性控制，但对支出总额进行控制仍然是必需的。一是因为如果没有支出总额的限制，财政资源的分配效率和执行效率以及支出的有效性就很难达到[2]。二是从世界各国的实践来看，结果导向绩效预算之所以盛行的一个十分重要的原因就是抑制公共部门的膨胀和公共开支的失控，因而支出总额控制当然是推行结果导向绩效预算的应有之义。三是扩大预算执行者

---

[1] B·J·Reed, John W. Swain. 公共财政管理. 中国财政经济出版社，2001. 151—155.
[2] 希克. 当代公共支出管理方法. 经济管理出版社，2000，第25页.

的自主权，放松对支出的实质性控制，是调动公共部门积极性以利于更好地实现预算规定的绩效目标（结果）的内在要求，但这主要指预算执行过程中的预算调整，并不是说在预算编制过程中，不需要对支出总额进行控制。

支出总额包括通常所说的政府预算的总"盘子"和部门的支出总额两个概念（这里我们主要讨论前者）。在平衡预算时代，支出总额受到公共收入的约束，由于制定公共收入政策的权力往往集中于立法机关手中，对其进行调整并非易事，因而这种控制是强有力或具有刚性的。但在二战以后的凯恩斯主义时期，决定支出总额的不仅仅是政府可能取得的收入，还决定于包括宏观调控等在内的政府要做的"事"和政府为了做事所选择的项目的性质。在经济全球化时代，支出总额还要受到该国家应承担的国际义务和国际承诺（如欧盟国家的马斯特里赫条约等）的约束等。

按照时间跨度来分类，支出总额包括年度支出总额和中期（3—5年）预算支出总额两种。编制中期预算是结果导向绩效预算模式中的重要内容。编制中期预算的依据是政府制定的中期战略以及为实现中期战略目标而制定的中期战略计划，由于中期预算实行的是滚动预算，因而其支出总额是可变的和不断调整的。更为重要的是，支出总额控制往往同时也是国家中期战略目标之一（如美国、澳大利亚等），因此，根据中期战略与计划编制的中期预算往往同时也是一个支出控制或赤字消除的规划。年度支出总额则不同，它是编制年度预算的依据和基础，必须是十分确定的。年度支出总额必须与中期预算的支出总额保持联系，是结果导向绩效预算模式的内在要求。这是因为一方面中期预算是根据政府的中期战略及其计划制定的；另一方面，根据中期战略和计划制定的年度战略与计划是编制年度预算的主要依据。如果两者之间不保持联系，就会出现中期战略与计划、年度战略与计划之间的不协调与不一致。这在结果导向的绩效预算模式中是不可能出现的，尤其是在支出控制或赤字削减已经成为中期战略与计划重要组成部分的情况下更是如此。

3.2.3 资金筹措及财政风险控制

资金的筹措是确定支出总额的重要前提之一。如果在资金上不能得到保障，确定的支出总额也难以实现。以税收为主体的公共收入体系是政府相对稳定的收入来源，但现代政府还广泛使用债务（贷款）与担保等方式为公共服务融资，政府公共资金来源的多元化，使得财政风险控制成为政府预算管理和预算报告中的一项重要内容。因此,资金筹措与财政风险控制是编制结果导向绩效预算必须事先处理和解决的问题。

1. 政府债务与风险

按照 Hana 在分析财政风险源时所构建的财政风险矩阵[①],政府债务可分为直接显性债务(Direct Explicit)、直接隐性债务(Direct Implicit)、或有显性债务(Contingent Explicit)和或有隐性债务(Contingent Implicit)四种类型。其中,第一种直接显性债务(公债和贷款)因其会直接在政府预算中反映出来而受到监控,一般不会对支出总额控制产生严重影响;后三种情况下的债务如果发生,就会对支出总额控制产生直接的冲击和影响,这是财政风险的主要源泉。因为直接隐性负债虽然并非是一种法律或合同规定的政府责任,但政府要承担道义上的责任,且其在任何情况下都可能发生;或有显性债务虽然往往发生于某些特定事件,但政府基于合同约束而必须承担支付义务(最常见是政府担保);或有隐性债务是在市场失灵,或因机会成本过高而政府不得不承担支付义务和责任而产生的债务(如 H_1N_1 防治)。因此,以或有负债管理为主体的财政风险控制成为结果导向绩效预算管理的一项重要内容。

2. 政府债务规模

政府债务应采取发行总量纵向控制与项目横向控制相结合的模式(参见专栏 3.1)。总量纵向控制是指政府负债总量由中央政府或上一级政府控制;项目横向控制是指由项目单位或政府提出,由同级立法机关审批。

规模控制就是债务规模应参考政府年度支出规模、除负债外的其他合法途径所能取得的收入、地方政府现有负债水平和偿债能力以及宏观和微观经济状况来确定。在投资项目的控制方面,对于政府公共投资项目,一要建立严格的审批制度,对一些比较大的投资项目要根据各地政府的财力量力而行;二要将政府投资项目的立项、计划、监督及处罚都纳入法制轨道,从而控制政府投资项目的数额和造价;三要引进市场机制和竞争机制,实行工程招投标,推行公平、公正、公开的竞争,降低工程项目的造价,节约政府资金,降低政府的负债规模;四要编制投资项目资金的年度、月度使用计划,上报有关部门审批,加强财务上的监管,杜绝资金的浪费和滥用。

---

① Hana. polackova. Brixi,1998. Contingent Government Liabilities: A Hidden Risk for Fiscal Stability. Policy Research Working Paper,World Bank,Washington D. C.

专栏 3.1　世界部分国家对地方政府发行债券规模控制

> 　　世界各国对地方政府发行债券规模的控制方式主要有两种：需求控制和供给控制方式。需求控制即借款方控制，有余额和增量控制两种方法，相关指标主要包括政府预算收入、扣除人员经费后的净预算收入、预算支出等。如巴西规定，州及地方政府的债务余额分别为其净收入的2倍和1.2倍，但在经济不稳定、货币或汇率政策急剧变化时，共和国总统可以向参议院提交改变限额的建议；即使地方政府的债务总规模已经控制在上述限额内，地方政府还需要满足下列限制条件才可举借债务。新的借款总额不得超过当年净收入的16%，债务还本付息额不得超过实际净收入的11.5%。如果超过这些限额，将不允许举借新的债务。政府签发的担保余额必须低于经常性净收入的22%（根据信用活动分析可以上浮10%）。有一项主要赤字或者对任何国家金融机构有应付款项的行政机关不允许举债。基于预期收入的短期借款总额不得超过当年净收入的7%。这些借款必须在同一财政年度结束前的10天内清偿，政府换届前一年禁止此类借款。新发行债券在2010年以前局限于资本性投资支出，并且不超过资本滚存余额的95%。州及地方政府换届前的八个月内不允许任何借款。地方政府不允许任何种类的减免税。供给控制主要是控制银行及其他提供贷款的非银行金融机构等。如巴西中央银行发布决议，对公共部门的债务余额（包括对公有企业的债务余额）限制在任何银行（包括私人和公有）净资产的45%以下，各级政府的公共金融机构不允许向其主要股东贷款。

3. 风险预警

国际上公认的政府债务风险的形成原因：一是市场风险，指由于经济形势的动荡和供求关系的变化，致使债券市场价格波动，从而给投资者带来损失；二是利率风险，指由于货币市场上利率波动从而引起债券投资遭受损失；三是通货膨胀风险，指由于物价上涨、通货膨胀而引起投资者收益和本金的购买力受损；四是经营风险，指由于投资项目建设不好或者经营不善损害其自身收益能力和偿债能力的可能性；五是违约风险，指地方政府到期不能还本付息而给债券投资者造成损失。在中国等转型国家，软预算约束、腐败、隐性和或有债务等也是产生政府债务风险的重要原因。因此，建立政府债务风险预警系统是预防财政风险的重要举措。

一套完整的债务风险预警系统至少应包括以下一些指标（见表3.1）。此外，针对表中所列指标，还应根据各地的实际情况，设定指标值的参考区间，提出相应的风险信号类别（如无风险、轻度风险、中度风险、严重风险、危机），以便做出合理的判断和决策。

表 3.1 政府债务风险预警指标

分类	指标项目	指标内涵
财政环境指标	GDP 增长率	新增 GDP/基期 GDP 比重
	国有资本及其增长率	国有资本总金额；新增国有资本/基期比率
	财政收入占 GDP 比重	当期财政收入/当期 GDP 比重
	财政收入增长率	新增财政收入/基期财政收入
	国有经济财政贡献率	来自国有控股企业的财政收入/财政收入总额
	政府可用财力	地方固定收入、分成收入与上级转移支付等之和
	财政支出增长率	财政支出增长额/财政支出总额
	财政支出结构	资本性支出/财政支出；经常性支出/财政支出购买性支出/财政支出；转移性支出/财政支出
	财政刚性支出满足程度	各项法定支出实际数/应支付数
	国有资本变动率	国有资本增减差额/期末国有资本净值
收支关系指标	财政自给率	财政收入/财政支出
	赤字	赤字绝对额；赤字额/财政收入
	经常性赤字	经常性赤字额；经常性赤字/财政收入
	国有资本负债	国有资本负债额；国有资本负债额/国有资本总额
债务负担指标	财政负债率	直接负债额/财政总收入
	偿债率	债务还本付息额/财政总收入
	债务依存度	债务收入额/财政支出总额
	或有负债	加权或有负债；加权或有负债增长额/基期加权额
综合指标	政府偿债弹性系数	还本付息总额占财政收入比重/财政收入占 GDP 比重

4. 风险控制机制

第一，建立政府债务信息公开披露制度。债务信息的充分披露是建立合理有效的债务融资监控制度的重要前提。实践证明，信息披露越差，其可能造成的损失就会越大。信息公开披露制度在短期内可能会给政府带来一定的外部压力，但从长期来看，它却可以帮助政府的决策者有效规避债务风险，是保持财政持续稳定的有效措施之一。信息披露的内容不仅包括政府的直接债务，而且包括或有债务；不仅包括显性债务，而且包括隐性债务。

第二，实行严格规范的债务投资决策责任制。为了杜绝项目取舍的人为因素和非科学决策，必须建立严格的债务投资决策责任制，明确项目负责人应承担的决策与管理责任。同时，为避免投资决策失误，应实行投资项目的决策者全程负责制，从项目的可行性研究和投资决策，到项目的设计、施工、生产准备和投入使用的全过程负责到底，全程监督。对于因履行责任不到位而致使项目失败和偿债发生困难的责任人，要追究责任，对造成重大损失，甚至借项目负责人身份之机违纪违法的，还要追究其法律和刑事责任。

第三，要建立财政偿债机制。财政部门要在年度预算安排、财政结余调剂以及投资项目效益分成等途径，筹集偿债基金，并实行专账核算、专款专用的管理制度，专项用于政府债务的偿还，并以法律的形式确定下来。更为重要的是，由于偿债具有长期性，因而偿债基金一旦建立，就应保持其资金来源的相对稳定。

第四，构建与政府债务管理相关的各项法律法规体系。这既是市场经济体制的客观要求，也是防范与化解财政风险的要求。

5. 信用风险管理机制

有效的市场约束机制是地方政府债务管理机制的重要组成部分，也是对政府债务进行管理的重要衡量标准。一是培育有效的地方债券中介机构，建立独立的商业资信评级制度。按照规范的证券市场运作方式，政府负债必须进行信用评级，对债务的投资风险和信用水平进行评估，使投资者的信息不对称得到一定程度的改善，以方便投资者进行投资决策。一个有效的方法就是建立和培育有效的政府债务评价中介机构，更快、更好地建立起独立的债务资信评级制度和科学的评级体系。二是建立政府债务保险机制。为了减小政府债务这一金融工具未来收益的不确定性，可运用保险这一工具对其风险带来的损失进行对冲。

3.3 编制结果导向的复式绩效预算

复式预算是世界上许多国家的政府采用的一种基本的预算组织形式。在结果导向绩效预算模式下，是否或如何编制复式预算（经常预算和资本预算）并没有一个统一或标准的说法。这一方面是由于国家间在复式预算的具体组织形式上存在比较大的区别；另一方面也可能是目前推行的结果导向绩效预算还有待进一步深化。产生这一认识的原因是基于这样一种观点："绩效预算并不是一个单独孤立的替代基本预算方法的工具"，应当将其看作是"分项预算过程的一个扩展"①。

3.3.1 结果导向的经常性绩效预算

1. 经常预算实施结果导向绩效管理的思路选择

在政府预算支出中，经常性支出占其支出的绝大部分（有的国家占财政支出的90%以上）。无论结果导向绩效预算是旨在节约或削减公共支出，还是强化责任、改进管理和加强控制，如果不将其政策目标落实到编制经常性预算的过程中，结果导向绩效预算就难以取得实质性成效。

从支出意义上讲，经常预算就是通常所讲的"吃饭"预算，其内容主要有两大部分。一部分是政府各部门单位正常运转所需的支出；一部分是满足社会保障、各项社会公共和公益事业等所需的支出。这些支出的基本特点，一是其支出大都具有刚性，许多支出是通过法律、法规来规定的；二是支出调整不仅仅是一个财政管理问题，很大程度上还是一个政治问题，特别是其中的社会保障和公共与公益事业方面的支出；三是相当一部分支出（如社会保障等）难以在编制年度预算时有一个精确的数据。正是经常性预算支出的这些特点，决定了在推行结果导向绩效预算时，往往面临来自方方面面的压力和阻力。

结果导向绩效预算主要是朝着业务的工作量和单位成本评估的方向发展，但是，将结果导向绩效预算应用于政府的各个方面是非常困难的②。因此，在区别支出的不同特点和影响（决定）因素的基础上，根据公共支出的特点选择不同的方法和路径是按照结果导向绩效预算的要求在编制经常预算过程中必须遵守的规则。尽管经常预算的支出大都具有一定的刚性，但是根据其是否具有强制性可以将其划分为一般性公共支出（如政府公共部门经费等）、强制性支出或法定支出（如社会保障支出）两大类。

2. 一般公共支出的结果或绩效管理与"标杆"（Benchmarking）

在预算编制改革历史上，对于一般性公共支出预算的改革是比较频繁的。针对早期预算编制采用的"基数法"的缺陷，先后采用了"计划项目预算系统"、目标管理系统、零基预算等不同的方法。

---

① Janet M. Kelly, William C. Rivenbark. 地方政府绩效管理. 上海财经大学出版社, 2007, 73—75.
② 罗伯特·D·李等. 公共预算系统. 清华大学出版社, 2002. 109—111.

早期一般公共支出的控制是将基数法与实行"日落条款"（Sunset articles）结合起来控制一般公共支出的。从历次改革的效果来看，尽管这一方法在理念与运行体制机制上明显与"理性主义"预算管理的要求相距甚远，但由于许多情况下一般公共支出在产出、结果或绩效评定上存在困难，这一传统控制型预算管理模式下被广泛应用的方法还是表现出了其生命力。零基预算虽然对这一传统方法产生了革命性冲击，并对二十世纪后期的一般支出预算管理改革产生了深远影响，但由于其没有实质性的减少项目开支或改变项目活动而受到质疑[1]。一项新的努力是将"标杆"管理引入一般公共支出预算管理中，这代表了结果导向绩效预算管理在一般公共支出管理方面的最新发展之一[2]。

标杆管理（benchmarking）产生于上世纪80年代初美国学习日本的运动中，最早开始标杆管理的是美国的施乐公司。将这种私人部门追赶先进水平，改善企业绩效的方法引入公共支出预算管理也是始于美国的地方政府。施乐公司通过标杆管理成功地摆脱了其技术落后于日本公司的面貌，使得标杆管理迅速风靡全球而成为一种流行的管理工具。在当时刚刚兴起的以引入企业管理手段改革政府的新公共管理理论的宣传引导下，美国许多地方政府很快将其用于改善公共部门绩效，以提高公共资源配置效率。但更为重要的还应该是如下两个方面的原因相互作用的结果。一是在经过多次努力并没有在一般公共支出管理方面取得实质效果的情况下，标杆管理为人们提供了一条新的思路与途径。因为标杆管理一方面可以通过两个数据点的比较，隐含地揭示出项目和服务能够达到的最好水准或与先进水平之间的差距，以及其努力的方向；另一方面"标杆"能直观表达出管理者的意图与要求，且管理操作上简单而易为广大公众接受。二是在结果导向绩效预算管理过程中，由于一般公共支出的许多项目的结果或绩效难于准确地衡量与计量，从而使得结果或绩效管理难以达到预期目的，如果将标杆与结果或绩效管理结合起来，根据评价对象的特点选择和设置不同的标杆，能较好地解决一般公共支出的结果或绩效管理难题。即对于结果或绩效可以准确衡量与计量的公共支出项目与服务，标杆管理也能达到其他

---

[1] Thomas P. Lauth, "Zero—Based Budgeting in Georgia: Myth and Reality". In Perspectives on Budgeting, ed. Allen Shick（Washington, DC: American Society for Public Administration, 1980), 114—32; Arnold, "Reform's Changing Role".

[2] David N. Ammons, 2000. Benchmarking as a Performance Management Tool: Experiences among Municipalities in North Carolina, Journal of Public Budgeting, Accounting and Financial Management 12: 106—24.

管理方法同样的目的；对于难以准确衡量与计量的公共支出项目与服务，则管理者可以通过内部比较（如与上一年度比较或设置新财政年度的工作目标等）或外部比较（同类先进水平等）近似地实现对项目和服务的绩效管理的目的。

标杆管理的操作步骤有二。一是比较两个数据点并选择一个代表标杆；二是分析两个绩效点之间在结果或效率上不一致的地方，并提出改进建议。到目前为止，虽然标杆管理已经发展成为一种包含多种形式在内的项目与服务的结果或绩效管理工具①，但对于一般公共支出的结果或绩效管理仍处于发展阶段，面临的挑战有许多。一方面现有的标杆管理工具在应用中都还面对足够的分析技巧的需求，因为每一个标杆的选择在公共项目和服务的评价上都还存在一定的缺陷；另一方面，标杆管理的设计不但要花费时间和费用，还需要有包括经验在内的素质良好的管理人员。

3. 强制性支出或法定支出与结果导向绩效管理

经常预算的支出大都具有一定刚性的重要原因是经常预算中包含了大量的强制性支出或法定支出。所谓强制性支出或法定支出，就是指在预算编制过程中，这些支出都是必须保证的，且支出的数量并不取决于政府的财政收入状况，而是要按照规定的范围和标准，根据实际情况来支付。强制性支出或法定支出具有多种形成方式，大都以国家颁布的有关法律为依据，在我国还以中共中央和国务院发布实施的条例、决定和办法等为依据和以国务院各部委和省级政府的规定为依据。在西方国家，强制性支出主要是义务教育、社会保障、国家医疗保健、公务员的退休和伤残、医疗补助等（在美国，这二至五项支出占联邦政府支出的50%以上，第一项在联邦以下政府支出中占主要部分）。

在预算管理中，这部分支出之所以具有强制性，是因为其是国家的法律或法规规定公众应当享有的权利，这些权利并不会因为政府支付能力不足或者不愿意支付而受到影响，任何一种想改变这些支出的努力都将被视为对公众福利的侵犯。因此，这部分支出就成为推行结果导向绩效预算管理中最具政治"爆炸"效应和最为困难的部分。

自20世纪60年代西方国家陷入滞胀以来，以英国为代表的"福利病"已经成为现代政府低效率与无能的重要评价标准。如何解决高福利对政府

---

① Janet M. Kelly, William C. Rivenbark. 地方政府绩效管理. 上海财经大学出版社，2007. 160—162.

能力的制约，迫使许多国家将改革的目标锁定于控制和削减强制性支出上。因此，控制和削减强制性支出就是推行结果导向绩效预算管理在经常预算方面所要解决的主要内容之一。

从公众享受国家赋予的权利的方式或途径来看，可以将强制性支出划分为直接支出与间接支出两类。直接支出就是政府直接支付给公众的部分，如退休金等；间接支出就是公众通过消费政府提供的服务来享受其权利，如义务教育和医疗保健等。强制性支出的这一特点为结果导向绩效管理提供了两条不同的路径。一是从调整公众享受的权利角度入手来控制和削减强制性支出。从 OECD 国家的经验来看，他们控制和削减强制性支出采取的措施主要有：剥夺强制性支出的权利（中止获得法定支出的权利）；鼓励领取者自愿放弃（鼓励公众加入私人保险计划等）；通过限制受益者的群体和降低待遇等来设定强制性支出的限额；将强制性支出与收入、物价等指数脱钩；对福利征税等。很显然，这些措施大都是以调整直接的强制性支出为基础的。也正是因为如此，OECD 国家采用上述措施控制和削减强制性支出的努力大都在其国内产生了激烈的争论和引发了政治上的不稳定。二是从公众消费的公共服务角度入手来控制和削减强制性支出。这一路径又可称之为"成本控制"法（这一方法仅仅适用于强制性支出中的间接支出部分）。即可以通过对由政府提供、公众消费的项目和服务的成本控制或降低，或者说，是通过提高这类项目和服务的效率的方法，来达到削减和控制强制性支出的目的。具体措施主要有：引入市场机制，通过引入私人部门来提供这类项目和服务，如由商业银行来提供学生贷款担保等；改变对医生、医院和其他保健提供者的支付来削减和控制强制性支出；对提供这类项目和服务的单位实行税收激励等。这类措施的目的主要是提高项目和服务的效率，至少是没有直接减少公众的福利，因而具有可行性并进而得到广泛的认同。

从控制和削减公共支出的操作程序来看，美国采用了一种准年度程序（Quasi-annual process）的方式。这一方式包括两部分内容。一是作为减少财政赤字的财政政策的一部分，由总统正式或非正式向国会提出政策目标，国会对总统提出的政策目标与措施进行审议表决；二是为了实现赤字削减和控制目标，由总统和国会决定改变资格授权的程序和方式，然后通过使每个财政年度的年度资金拨付与目标相一致。因为在美国联邦政府的资格授权体系中，一些单独的拨款法案可能被排除在上述程序之外，或因没有达到赤字控制和削减目标等原因而被否决。但是，建立每年编制资格授权预算的程序，产生的每年改变资格授权现象触犯了这些项目和服务的技术和政治逻辑①。

3.3.2 结果导向的资本绩效预算

任何关于政府预算的讨论，如果没有包括基础设施预算，都是不完整的。与经常预算不同，资本预算的编制则要复杂得多，尽管许多人认为资本预算在实行结果导向的绩效管理方面相对容易些。

1. 资本预算的必要性及其结果导向绩效管理

由于受基本的政治经济制度和社会文化发展环境差异等因素的影响，对是否有必要编制资本预算的需求也是不一样的。一般来说，市场主导型的国家（如美国）对资本预算的需求就远远不如政府主导型的国家（如中国）。因为市场主导型国家，其政府的职能范围受到严格的限制，政府的宏观调控也是尽可能少的动用财政手段，因而政府的资本性支出也主要表现在城乡基础设施等建设与维修等方面（在市场主导型国家，这些项目也尽可能交由私人部门去完成），如果不是大规模的基础设施建设，这些资本性支出往往可以并入公用事业等公（私）营企业的营运预算中去考虑，由于城乡基础设施建设往往属于地方政府的职责范围，因而这类国家的中央政府更缺乏编制资本预算的需要。这也就是目前的美国联邦政府还没有编制正式的资本预算的根本原因所在。相反，对于政府主导型国家，由于其政府在社会经济发展中"角色"要比市场主导国家重要得多，因而其职能范围也要宽广得多。政府的资本性支出占公共支出的比例也大大高于市场主导型国家。因此，资本预算在这些国家显得十分必要。

较之于经常预算，资本预算是最早也是最适宜开展绩效管理的。这不仅仅是因为资本预算是由一个个相对独立和用途明确的项目组成的，还因为这些项目的资金来源大多是通过资本市场采用有偿的方式来解决的，如果不对项目的必要性或重要性和成本"效益"做出详细的分析与准确的评价，这些项目是无法得到立法机关支持的。正是因为资本预算本身就是建立在绩效评价的基础之上，因此，由计划（规划）——成本分析——融资三个基本步骤组成的资本预算过程，就是一个结果导向的绩效预算管理过程。

---

① 罗伊·T·梅耶斯等著. 公共预算经典——面向绩效的新发展. 上海财经大学出版社，2005. 573—591.

2. CIP（Capital Improvement Plan，资本改良计划）的编制

制定CIP是编制资本预算的前提和基础，也是编制资本预算的第一个步骤。一个得到多数人认可的CIP必然是包括政治和经济、宏观和微观在内的、不同层次、不同方面的多种因素（有时还是相互矛盾的）共同决定的结果。从宏观层面来看，经济的因素首要的是CIP要满足政府宏观经济调控的需要。这种需要既体现为经济发展提供良好的基础设施，也体现为政府实现总供给或总需求管理以及落实国家产业政策与发展战略的需要。政治的因素最重要的是政治家们根据其向公众的承诺制定的施政目标，以及政府及其部门根据这一施政目标制定的实施战略目标（Strategic Goal or Strategic Objective，对政府或某一机构和部门在特定时期内所需履行职责的表述）和根据战略目标拟定的战略计划（用数量化信息来描述的战略目标）。从微观来看，经济的因素包括资产的存量及其使用和配置情况等；政治的因素包括公众的需求意愿与诉求和政治家之间出于其政治集团的利益而在某个或某些项目和服务上的博弈等。

制定CIP首先是要界定资本支出的范围。这主要是要区分如下两组概念。一是资本支出和营运支出。通常的做法是由预算管理机关提出的一个项目标准（往往是用货币金额表示），高于这一标准的属于资本性支出，纳入资本预算；低于这一标准的属于营运性支出，列入营运（经常）预算。二是资本支出与资本消费（折旧）。资本支出就是购买或建设某一"产品"；资本消费（折旧）就是由于资本支出形成的资产都有一个使用寿命，"产品"开始投入使用就会产生消耗（折旧）。"产品"使用寿命的长短既取决于产品本身的磨损与物理消耗，也取决于技术进步等因素对"产品"使用寿命的影响。某一"产品"一旦购买或建设，一般情况下，在其使用寿命内往往只发生维修费用，属于营运支出，纳入营运（经常）预算；超过其使用寿命就会出现新的资本支出，纳入资本预算。

其次是对现存资产的盘存。这主要包括对辖区内各项资产或设施进行分析，并评估其提供服务的水平与效率[1]。这种分析与评估不仅是针对资产与设施本身的，很大程度上，还是对这些资产和设施（尤其是基础设施）适应当前和未来一个时期社会经济发展需要的能力与水平进行分析与评价。其目的是通过分析与评价就可以得到一个当年和未来一个时期初步

---

[1] Lee, Robert, Johnson, Ronald W. & Philip G. Joyee. 2004. Public budgeting systems (7th). Jones and Bartlett Publisher, Inc. 435.

的 CIP 项目清单，或者说资本支出需求清单。正是因为这种分析与评价要充分考虑未来一个时期的社会经济发展需要，因此，CIP 往往是一个中长期的计划。

第三是成本分析与排序。一个 CIP 计划除了要列出未来一个时期的资本支出项目清单，更主要的还是确定出这些项目的"轻"、"重"与"缓"、"急"，或者说，就是要按照项目的重要性与紧迫性进行排序。所谓 CIP 实际上就是一个按照这一标准排序后的项目清单。评价项目的重要性和紧迫性总是包括了需要与可能的一种权衡。一个项目如果没有可能（包括技术上的可能和经济承受能力的可能），即使项目再重要、再紧迫也是难以实现的。通常情况下，这种可能性的分析与评价就是对项目进行成本分析，因为技术上的可能性多数情况下是与投入紧密联系在一起的。然而，成本分析并不简单地等同于经济意义上成本效益分析，首先是对资本支出项目的成本进行估算，然后才是效益分析。因为有一种成本是政治成本（如上级政府的要求、公众强烈要求等）；另一原因是有的项目也难以进行成本效益分析。一种综合考虑了成本分析各个方面因素的排序方法是所谓二维评分体系[1]，这种方法是先将资本支出分为两个类别——紧急程度类别和功能类别。紧急程度如：立法、风险、效率、服务标准、经济优势、增加和改进服务、新服务等；功能分类如保护个人财产、环境卫生、文物和文化、住房、交通、公共财产一般维护、休闲和一般政府运行等。然后对每个类别都按照轻重缓急或优先顺序排列并赋予一个分值（如 1、2……），根据一个类别分值与另一个类别分值的积，就可以得到了一个分值矩阵。按照这个分值矩阵对资本支出进行排序后，决策机构就可以对拟定的 CIP 进行审议。

经过决策机构审议通过的、一个用货币表示的、排序后的资本支出项目清单就是一个 CIP。

3. 融资方式与计划

Beckett—Camarata, Jane 等人认为，可供选择的资本项目融资方式主要有：费用拨款型（用税收、收费和利息等资本项目的经常性收入支付资本项目成本）、政府的补助和资助、债务融资（包括发行债券和向金融机

---

[1] Vogt A·John. 1996. Budgeting Capital Outlays and Implementation. In jack Rabin, W. Bartley Hildreth & Gerald Miller. Eds. Budgeting: Formulation and Execution. Athens: Carl Vinson Institute of Government, The University of Georgia.

构贷款等)、私有化(包括公私合作、合营)、动用政府储备金等①。在这些融资方式中,费用拨款型不但可以减少政府的利息支付,而且可以抑制决策者过度投资和控制政府的资产负债比例等。采用这种方式的条件是比较严格的,即采用这种方式的前提是大量的经常预算盈余,而这种情况对于许多国家的政府来说是一个不小的挑战。尽管如此,它还是广泛地运用于中、小型的资本项目。

使用最频繁的是债务融资方式。其原因主要表现在两个方面。一是资本支出中的一些项目投资额度大,如与经济发展相关的基础设施建设项目等,且很难通过经常性收入来解决其支出,这时,债务融资就是一种理想的选择。二是许多资本支出项目建设周期在一年以上,使用时间也很长,采用债务融资方式解决其资金来源,较之于税收等经常性财政手段来说,可以做到将建设成本在使用期内分摊,有利于实现财政负担的代际公平。政府补助和资助、私有化方式往往适合于项目投入使用后有稳定收入来源的情况。许多对使用者收费的项目如果政府给予补助和资助,私人部门会愿意参与,如公路建设项目、公用事业项目等;有的项目投入使用后可以减少政府经常性支出,如有的项目会产生规模收益。

资本项目的资金需求往往巨大,因而能否为这些项目融到所需资金就成为拟定的 CIP 能否纳入政府预算的关键。政府为资本项目融资的一条重要的原则就是财政能力原则。即必须将政府资本支出控制在可能的财政能力范围内。财政能力的大小是由一组因素共同决定的。具体包括政府规模及运行支出水平、政府税收等基本收入手段的收入规模、资本性项目在运营过程中的预期收入能力、私人部门参与政府资本性项目的意愿和积极性(分担成本的意愿)、政府债务融资的手段与可动用的规模、资本项目投入使用后可能给经常预算增加的支出负担等等。

4. 编制年度资本预算

一个包含了融资方式选择和基于财政能力原则控制资本项目数量与规模的 CIP 实际上就是一个中、长期资本预算。通常所讲的编制资本预算主要是指年度资本预算的编制。

如何将确定的融资计划与编制的 CIP 转化为政府的年度投资计划,是年度资本预算编制的主要工作。在具体编制过程中,很显然,CIP 是编制

---

① Beckett—Camarata, Jane. 2003. Capital Budgeting. In Jack Rabin. Eds. Encyclopedia of Public Administration and Public Policy.

年度资本预算的基础和主要依据。在操作层面上，首先是各预算申请部门和单位在提交其经常预算申请时，同时提交附有所申请资本项目决策所需信息的资本预算申请；其次是政府预算管理机构根据各部门单位的预算申请进行"批评性"复审，并提出对各项申请重要性进行评价的标准，然后拟定出为其中最重要的资本支出项目申请提供资金的年度融资计划；最后，根据事先确定的支出总规模与融资额度，确定年度资本支出项目清单。

需要说明的是，所谓最重要的资本支出项目不仅仅是指项目对于社会经济发展的重要性，在许多情况下，保证公共部门的正常运转而需要进行设备和设施更新的资本支出项目往往列入优先选择的范围。另外，CIP 并非是一个静态过程，而是一个动态的过程，需要根据不断发展变化的情况进行修订和调整，在编制年度资本预算必须将 CIP 的修订与部门单位年度预算申请结合起来，以避免发生后一年度的资本预算项目计划与初始年度的资本预算相同（实际操作过程中经常出现）而浪费宝贵的财政资源。这也是编制年度资本预算过程中需要注意的问题。

3.4 编制结果导向的部门绩效预算

3.4.1 部门预算编制的基本问题

1. 部门预算的范围及其管理责任

根据 Dunlevy P. 关于部门预算构成的分析所确立的框架[①]，按照部门预算的范围所包含的内容，可以将其概括为如下四个不同的层次：一是核心预算（Core Budget，CB），主要是指部门机构自身的活动支出，如人员工资成本、设备与物资成本以及重置成本等；官僚机构预算（Bureau Budget，BB），主要是指除了 CB 外，还包括大型资本工程、利息等等官僚机构支付给个人和私人部门的资金，部门对这部分资金的使用有完全的权力；项目预算（Program Budget，PB），主要是除 BB 外，还包括其拨付给其他公共部门并由他们支出的资金，对这部分预算资金，拨款机构只有监督管理权；超项目预算（Super-Program Budget，SPB），除 PB 外，还包括官僚机构通过出台政策，为其他官僚机构争取预算提供支持等等，由此而应该承担的责任，以及履行这些责任而采取的相应的管理措施（如对其计划进行扩大或紧缩）。

---

① Dunlevy P. 1991. Democracy, Bureaucracy and Public Choice. New York: Prentice Hall. 181—185

不同政体下的部门预算包括的范围是有明显区别的。联邦制国家的部门预算通常情况下只编制 BB 预算；单一制国家则需要编制 SBP 预算。产生这种差异的原因主要是联邦制国家的政府管理体系是以"块状"管理为基础的。即各级政府之间是相对独立的，上下级政府部门之间的关系也是如此，不同级次的同一政府部门往往只对同级政府和同级立法机关负责。在单一制国家，政府管理是一个以"垂直"管理为主的系统。上级政府部门制定的政策规定，下级政府部门必须执行，下级政府部门虽然在行政隶属关系上隶属于同级政府，但在政策制定和执行上，上级部门的政策规定也是其主要的依据。因而，在单一制国家，特别是在我国，编制 SBP 预算显得十分必要。

2. 部门预算的内容

对于一个具体的部门单位来说，哪些应该纳入部门预算是其在编制预算时事先应该明确的问题。这主要体现在是否允许预算外收支的存在、部门预算与政府预算之间的关系两个方面。

从世界各国的财政预算管理实践来看，无论发达国家，还是体制转型国家和发展中国家，政府部门单位都不同程度的拥有或管理着部分没有纳入政府预算管理的资金。基于这一现象，有的学者认为[1]，未能将所有收支纳入预算管理导致了政府预算呈现出碎片化的特征。我国有的学者，特别是一些职能部门的管理者，基于这一现象对我国部门预算是否应当包括部门单位的所有收支提出怀疑，对将原预算外资金纳入预算管理提出异议。如果说政府预算碎片化是一种预算管理中出现的"现象"，那么，这一现象中至少包括了两个方面的问题需要进一步的分析与讨论。一是一部分资金（如社保资金）的收支交由部门单位管理的目的是什么。二是这部分资金的收支管理与政府的预算管理之间的关系是什么。从发达国家交由部门管理的收支的情况来看，其 90% 属于社保基金，这部分资金从收入的取得、使用和运作管理各方面都与政府纳入预算管理的资金存在根本的区别，因此，发达国家将与政府纳入预算管理有根本区别的资金交由部门来管理，是为了区别这两类不同的资金。如果肯定发达国家对交由部门管理的资金建立了包括收支计划管理在内的严格的管理制度体系，也不能怀疑发达国家的政府和国会对这部分资金的收支有着严格的监督控制系统。正

---

[1] Caiden, Naomi. 1989 A New Perspective on Budgetary Reform. Australia Journal of Public Administration Vol. 48, No. 1: 51—58.

是基于此,如果将部门预算理解为应无条件地包括部门所有收支的预算,那么,这种碎片化现象就是不合理和应予以消除的。另一方面,如果将部门预算理解为部门向政府和立法机关申请资金的报告书,那么,将这部分资金的收支纳入部门预算就是多余的或没有必要的,这样,这种碎片化现象就可以理解为现代政府预算管理过程中的一种正常现象。但是,如果部门预算理解为它既是一个资金申请报告书,又是一个用货币表示的部门工作计划,将这部分资金纳入部门预算就是应该的和必需的。由于这部分资金的收支又独立于政府预算管理的资金,因而,在部门预算中只能单独反映,以避免与预算申请的项目与资金相混淆。也是因为如此,在政府预算中,这部分资金的收支也只能单独反映。我们认为,后一种理解才是合理的,产生这种不同理解的原因是我国过去在预算管理中使用了一个不正确的概念——预算外资金,采取了一种不正确的管理办法——不纳入预算管理。

3. 部门的预算策略

编制部门预算既涉及官僚机构内部上下级机构之间的关系处理,还包括官僚机构与预算管理机关及立法机关之间的关系处理。正是因为部门预算的编制涉及部门内、外的这些关系处理协调,根据预算最大化理论,往往导致部门预算的编制是一个充满了参与者之间的博弈过程。博弈过程中,每一个参与者都会选择最适合自己的预算申请策略。无论是部门预算内部的下级机构对上级机构,还是官僚机构对政府预算管理机关和立法机关,这种策略性行为分别是编制部门预算和政府预算过程中各种预算策略中最基本的。因为它会激发其他参与者的行为与策略。

预算编制过程中的策略行为有机会主义策略与诚实策略两类。尽管在预算策略选择上存在明显的分歧,但很少有人认为选择这两种极端策略是最成功的,即完全的机会主义策略和完全的诚实策略选择,往往不是最好的策略。因此,在如何评价部门预算申请者问题上,比较一致的看法是:如果认定所有的预算申请者都选择机会主义策略,则过于悲观;认定所有预算申请者都选择诚实策略也过于理想主义。一种介于两者之间的较中性的说法是:如果官僚机构在其预算申请过程中采取一种所谓大胆的富于进取的预算策略,是能够得到实证结果支持的①。

---

① Cowart, Andrew. Tore Hansen & Karl—Eril Brofoss. 1975, Budgtary Strategies and Success at Multiple Decision Levels in The Norwegian Urban Setting. American Political Science Review, LX—IX: 543—557

4. 部门预算编制的基本要求

尽管在部门预算编制过程中，官僚机构会发生许多难以解释的预算行为，但部门预算的编制都是建立在如下一个基本的操作规程基础之上的。部门预算编制之前，预算管理机构往往要下达部门预算编制的要求，如预算范围、预算科目、预算程序和时间要求等。部门则根据其技术要求，按照政府的政策目标，确定部门的目标，分析实现这些目标需要采取的行动，测算这些行动的成本等。然后根据测算出的成本，预算管理机构可能给予的预算额度确定其预算及预算说明。

3.4.2 结果导向绩效预算对部门预算编制的影响

在传统预算模式下，自19世纪以来逐步建立起来的行政预算体制，采用了一种基数加增长的预算决策模式，决策者关注的重点是基数基础之上的支出增加或减少。20世纪50年代以来推行的一系列预算改革，特别是结果导向绩效预算模式的推行，导致部门的预算策略与方式的重大改变。

1. 编制部门预算的基本程序与步骤

结果导向绩效预算推行的先自上而下、再自下而上的编制程序，改变了过去传统预算先自下而上、再自上而下的编制程序。这一改变体现在官僚机构内部上、下级机构之间的预算关系上也必须遵循先自上而下、再自下而上。即部门先按照政府制定的本年度总体战略目标和部门根据政府的中期战略目标制定的部门战略目标，确定部门的年度战略目标与计划，然后将这一目标与计划分解到其下属机构。这一目标与计划就是编制其预算的依据和基础。在美国，基于这一基础编制部门和机构预算的工作，具体分为三个步骤：各预算单位确定各自的战略性计划任务；各预算单位制定各自的绩效计划（计划与本单位的预算报告一并提交给政府预算管理机构）；各预算单位编制、提交各自的关于上一财政年度预算执行情况的绩效报告，提出本预算年度详细的预算申请与预算申请的说明[①]。

预算程序的这一改变对部门预算的编制产生的积极作用，主要是使得政府部门及其预算控制机构在支出部门提出其支出要求前确定了一个支出控制总额，从而产生了抑制官僚机构的支出扩张冲动，降低官僚机构的预算最大化行为的机会，更为重要的，程序的改变使得政府部门和预算控制机构在一定程度上减轻了过去在预算编制过程中受制于官僚机构的种种预

---

① 张志超. 美国政府绩效预算的理论与实践. 中国财政经济出版社，2006.

算策略的痛苦。

2. 预算编制方式及部门的预算决策依据的改变

从编制预算的角度上讲，结果导向绩效预算是一种不同于以往的、新的预算编制方式。预算编制方式是基于一种对预算编制的不同理念，根据预算编制的一般程序，设计出的预算编制方式，不同的预算编制方式对部门的预算决策往往产生重大影响。这是因为预算的编制理念上的改变，伴随着的往往是编制预算时的预算目标、评价依据、组织程序和编制要求的改变与调整，反映到部门预算编制过程中，就是部门必然会根据预算编制方式的改变而相应地调整和修正其预算行为。

在结果导向绩效预算编制方式下，部门编制预算的出发点和评价基础是结果，因而官僚机构在编制其预算时其预算申请的依据和预算要求重点必然会围绕结果来进行。具体地说，就是官僚机构在预算编制时，将其工作重点放在资金的要求是否与战略计划中设定的绩效目标相吻合或相一致、预算目标的设定是否合理、绩效指标的测量与成本的测量是否可接受等。这一编制方式与过去以往的预算编制方式存在明显的区别。在传统的渐进式预算编制方式下，"基数"既是官僚机构编制预算的基础，也是争取预算的基础。在产出预算编制方式下，"产出"成了预算决策的基础和重点，部门预算的要求必须要根据产出以效率为目标提出预算要求，争取预算时也必须以产出作为主要的依据，具体说，就是预算必须清楚地表明预算中所列项目（活动）是实现产出目标所必需的，成本也是完成这些项目（活动）精心测算的。在计划规划预算编制方式下，跨年度战略目标（规划和计划）是其核心与基础，预算编制的重点就是跨年度目标的合理性、项目与预期目标之间的关联程度、项目的成本收益分析等。在零基预算编制方式下，预算的重心是项目（活动）对于部门的目标来说是重要的，排序的科学合理的。

3. 部门的预算行为与策略

在结果导向的绩效预算编制方式下，预算程序的改变和官僚机构的支出总额控制对官僚机构预算行为与策略选择确实有重大影响，但并不是说在预算编制过程中官僚机构的行为会因此发生根本的变化，更不是说就能限制官僚机构对策略的运用。Sorenson 和 Rune 对挪威地方政府的调查分析发现①。尽管挪威地方政府采取了自上而下的支出控制、绩效评价和成本收益分析等结果导向的绩效预算管理措施，但并没有出现人们期望的官僚机构预算行为上相应变化，预算最大化的支出扩张仍然是官僚机构主流文化，采取机会主义预算策略和非诚实的预算策略的官僚机构，较之于按照结果导向的绩效预算理念提高支出效率和公众满意度官僚机构，更能得到支持和重视。

尽管 Sorenson 和 Rune 的研究是一项经验性研究，但这还是能够说明结果导向绩效预算编制方式在实践结果上与其设计理念所要求达到的预期结果之间存在偏差。在编制部门预算过程中，各预算参与者之间的博弈和官僚机构的预算策略仍将伴随着预算的编制过程。

3.4.3 将绩效管理引入部门预算编制：以中国为例的流程优化

部门预算是完善我国预算支出管理体系的重大举措之一，它的推行增强了预算管理的完整性、统一性和透明度。但随着改革的逐步深入，某些深层次问题也逐渐凸显，如科学的定额体系尚未建立、财政调控功能受到诸多因素制约、在部门预算中缺乏科学系统的绩效评价机制等等。特别是后者，我国部门预算仅仅在项目支出预算中初步引入了绩效评价机制，没有对整个部门预算进行绩效评估、衡量和优化，也就无法对支出总量、支出结构和支出方式进行更深入、更系统的调整。因此，研究部门预算与预算绩效评价的相互结合，建立对部门预算编制质量和绩效的评价机制，是我国部门预算进一步深化改革、优化流程、加强监控、提高效益的重要内容。

1. 依据绩效评价结果，科学预测支出总量

目前部门预算仍然沿袭传统的程序，支出总量的测定是先确定各预算要素及相应定额，逐项汇总成为一个预算总量，再将这个总量与实际能够提供的预算资源作比较；如果按照定额计算的预算总量超过了实际能够提供的预算资源，相应要降低标准，反之，按照定额计算的预算低于实际能够提供的预算资源，相应要提高定额标准。这种测算方法很少从部门战略需要与绩效优先的理性角度考虑预算总量，使财政缺少有效的决策依据和调控手段，无法积极应对各部门自我扩大供给曲线的行为，造成了财政预算额度不断被突破，也加大了定额标准确定和调整的难度。并且随着部门

---

① Sorenson, Rune. 1994. Improving Government Resource Allocation: The Impact of Alternative Budgetary Methods. International Review of Administrative Science. Vol60: 5—22. p. 20.

预算推进，各部门内部利益的高度集中所带来的信息垄断优势增强，这种矛盾将更加突出。因此，从现实情况出发，应根据国家对公共支出的发展目标，以部门绩效为导向，对预算支出安排的实施过程进行绩效评价，并运用绩效评价结果预测支出总量，再由总量规模影响定额标准的高低。具体步骤如下。

第一，确定部门绩效目标。首先应确定部门发展规划，即根据国家宏观战略和发展规模制定各部门发展战略以及各部门年度计划；其次，确定部门绩效目标。部门绩效目标是部门发展规划的进一步具体化，部门绩效目标具体包括总体目标、优先领域、关键绩效指标三大部分。总体目标是指根据部门发展规划中的战略要点所对应确立的产出目标；优先领域是指为实现总体目标确定的重点支出领域；关键绩效指标主要是进一步分解绩效目标，用来描述实现目标的关键成功要素和预期的综合绩效水平。部门绩效目标将为预算总量的确定提供重要导向。一方面，由于部门绩效目标直接来自于战略计划的总目标，预算资源在各部门、各项目间的配置格局和战略重点将保持一致性，部门预算也真正成为部门战略计划实施过程的财力保证；另一方面，部门绩效目标从总目标、优先领域、关键绩效指标三个层次出发，由抽象到具体、由一般到特殊、由定性到定量明确资源分配的总秩序，增强了目标导向的可操作性。

第二，实施绩效评价。在制定部门绩效目标的基础上，每个预期目标都有各种可能的实现方案和路径供选择，方案所进行的最优选择应基于对所有待选方案的成本—绩效预测和分析。预测成本，即测算各待选方案所相应匹配的投入资源；预测绩效，即衡量各待选方案对相关关键绩效指标的实现程度。根据以上预测结果，综合比较所有待选方案的成本与绩效，再通过成本排序、绩效排序或更为复杂的优先方案决策模型，科学掌握各项目计划的轻重缓急和优先次序，选择对资金供给量最有竞争力的优先方案。这样，绩效评价使每一项抽象的部门目标对应着具体的、可操作的执行方案，这些执行方案是通过成本—绩效分析、排序、择优严格确定的，它们为我们描绘了通过最优路径实现部门目标的一系列工作任务和计划。在部门预算中引入绩效评价的作用在于：它能够真正将不同利益主体的注意力从预算增量的角逐中，引到科学测定预算需求和自觉提高运作绩效上来。一旦绩效评价的结果成为确定目标最优路径及资源需求的主要依据，各部门特殊利益和信息优势地位将得到弱化，有利于财政在支出的使用、投入方向和轻重缓急之间,作出正确理性的抉择,形成有效的预算决策。

第三,确定预算支出总量。绩效评价之后,因为每个待选方案都对应着一揽子项目计划,而和确定的优先方案相对应的项目计划就成为财政支出的供给对象。部门预算将由这些项目计划产生对应的用款概算,并汇集编制成预算支出总量。在绩效评价的基础上确定预算需求总量,将最大限度地减少财政资金需求和供给失衡的矛盾,最终推动公共支出预算总量不断趋向优化。

2. 建立业务流程图,逐项分解定额

总量确定后的下一个问题就是如何将总量进行定额分解。随着部门预算的细化,部门管理要素分类增多,定额标准的涵盖范围将会不断扩大,分类分档将会不断细化,而其计算也会趋于复杂,一切从零开始的计算成本和定额标准的转换成本将十分庞大。为了完善定额体系,需建立完整的业务流程图,对业务要素进行统筹安排,论证各要素预算需求量的合理性,并以此为依据,将预算总量由粗及细、由表及里,逐项分解各项支出定额。这种定额分解方式简单易懂,可操作性强,真正满足绩效优先要求,比较客观、公正、透明地分配预算,有效地减少了部门在预算博弈中"讨价还价"的可能,并相应强化了财政的调控和监督的职能。

第一,建立业务流程图。根据绩效评价中选定的绩效优先方案及项目计划,界定与之对应的部门内部业务活动。界定的对象必须是能产出特定产品和服务的关键项目和活动,并以日常工作的表现形式加以陈述,为每一个项目或活动的过程绘制流程图。绘制流程图的程序包括:首先,确认部门中会发生哪些业务活动以及产出哪些具体服务或产品;其次,确认由谁来完成每一活动的哪个方面,包括部门中每组成员的薪酬和职位的描述,和估计投入到每一活动中的时间比例;再次,确定业务活动需要哪些物力资源,包括固定资产和无形资产的预期耗费。业务流程图既来自于绩效方案及项目计划,也是对绩效方案及项目计划更为完整准确的作业式的描绘,它有效保证了支出定额分配的规范性和效益性。

第二,逐项分解支出定额。理顺业务流程之后,依据流量需要与业务成本因素科学分配定额,包括将预算中确定供给的所有资源按经济性质分为经常性支出、资本性支出等类别,并根据部门活动所涉及的成本因素(人力和物力),一一分配到各个业务项目和活动中。这样,支出定额按照业务流程进行分解,各项支出配额得以与其具体用途相匹配,而支出用途

都清晰地与产出计划、业务事项及其效果相联系，总量的定额分解真正建立在一个理性的基础上。人员支出包括基本工资、补助工资、其他工资、职工福利费、住房公积金、社会保障费等。人员支出预算应以业务流程所需的人力成本为主要依据，结合国家规定的工资、津贴、补助标准、提取比例等进行测算、编制。其中，人员数不得超过机构规定人员编制数。公用支出包括公务费、业务费、设备购置费、修缮费、其他费用、业务招待费等。公用支出预算应根据部门拥有预算资源情况和流程中基本业务活动所需，按照有关规定测算、编制。专项支出主要包括规模较大的业务费、修缮费、购置费、其他费用等，以及列入部门预算中的教育、科学、卫生、文体广播等事业发展性专项支出和基本建设、企业挖潜改造、科技三项费用、支援农村生产、农业综合开发、支援不发达地区等生产建设性专项支出。专项支出预算更应坚持绩效原则，明确项目的效益目标、技术标准、动用的财政资源、支出标准和测算依据。

3. 确定绩效标准，保障部门预算落实

部门预算编制后，其内容的落实得不到保障，内容的有效性得不到验证及改善提高，是部门预算效果不理想的重要原因之一。目前的部门预算改革注重对资源投入的规范，而对相应产出和绩效标准的设置重视不足，往往部门预算在人员支出、公用支出、专项支出核定上做了大量工作，却因为缺少相应的约束手段，而无法确保部门预算与其行动计划之间的一致性，以及实现实际行动与其目标之间的一致性。部门预算容易沦为形式上的改革，而非实质上的优化。为了确保部门预算的效果，应在预算编制的同时，明确使用每项支出要达到的业绩目标，并在此基础上确定一系列对应的业务绩效标准，包括服务提供的范围、水平和内容等。其中较科学的办法是建立业务表现衡量（业绩）指标系列，即在业务流程图的基础上，针对每一项具体的预算支出，结合绩效目标，制定一系列全面、可操作的业务表现衡量（业绩）指标。业绩指标是对业务流程中日常业务的相应产出与绩效说明，它包括数量、质量、时间期限方面的信息。其中，数量是指产出的总量或数目；质量是指产出对预算目标的满足程度，一般从准确性、公众满意程度、完善性以及与服务标准的符合性等多方面衡量；时间期限是指产出在法律规定期限或其他约定标准内的提供情况。

以教育部门为例，对于机构开展日常业务活动所需的人员支出，设置人力资源利用效率指标，如设置从事教学、科研的专任教师与在校学生人数的适当比率等；对于机构开展日常业务活动所需的商品和劳务支出，设置商品和劳务使用效率指标，如商品和劳务的使用对等基本业务活动的贡献情况；对于机构开展投资活动所需的资本性资产购置支出，设置资本性资产使用效果指标，如生均教学与辅助用房、生均占有图书册数、生均占有实验仪器价值、教学用具和教学设备的更新率、专家的人均占有科研设施价值、科研设施的更新率等。

这样，每一项支出都有若干业绩指标相对应，也就是说，每一项支出的效果都可以用业务表现来衡量。这一系列指标将使支出对应物的质与量的规定性更加明确，从而为验证部门预算编制的合理性和有效性提供科学依据。它们也成为约束部门预算执行情况的有力保障，使部门预算的内容得以动态的保持和实现，这是一种硬的预算约束。

3.5 结果导向绩效预算的审查与批准

3.5.1 宪法和法律中预算权力配置

财政权力是一个国家公共权力中最重要的部分之一。保持财政权力配置上的分权与制衡是一个国家宪法中对这类权力进行安排的基本原则。预算权力作为财政权力的重要组成部分，也是按照分权与制衡的原则在议会、政府行政、财政预算部门与支出机构之间进行分配的。由此形成的预算权力运行体系就是我们通常所讲的行政预算体制。

从法律上讲，议会是一个国家或一级政府的最高权力机关，预算批准权力集中于议会手中，议会是按照少数服从多数的原则来进行决策的，因此，如果预算要获得议会的通过，预算就必须体现议会大多数人的认可或支持。政府行政是一个国家或一级政府的行政管理机关，行政首长是政府预算的最后决策者，向议会提出预算是宪法赋予政府行政首长的权力。为了加强对各官僚机构预算申请的评估与审查，监督其执行，政府行政往往将这一权力赋予政府的财政预算职能部门（有的国家是设立专门的预算管理机构），由其充当宏观预算（政府行政）与微观预算（官僚机构或支出机构）的连接点和中介。官僚机构或支出机构则是预算申请者和其部门预算的执行者，如果其预算申请得到批准，官僚机构或支出机构则有责任和义务在预算管理机构的监督下负责其预算的执行和报告。

3.5.2 结果导向绩效预算审查批准中的预算管理机构

1. 预算管理机构与支出机构关系的转变

在传统的控制型预算管理体制下,预算管理机构与支出机构之间是一种管理与被管理、监督和被监督的关系,预算管理机构扮演的是"财政资金的保护者"和"看守者"的角色[①]。关注的不仅仅是支出的总量,同时也重视详细的事前支出控制。很显然,在传统体制下,预算管理机构与支出之间的关系并非是建立在相互信任的基础之上的。

从 20 世纪中期开始到结果导向绩效预算管理期间,尽管预算管理机构的职责开始转变,预算管理机构与支出机构之间的关系也不断地进行调整,但都没有改变预算管理机构与支出机构之间这种传统意义上的控制与被控制关系的基本格局。真正在它们之间建立以相互尊重与信任为基础的新型关系,则始于结果导向绩效预算管理改革。这种相互尊重与信任是预算管理机构将其工作重点逐步转移到关注支出机构的支出重点与总量上,双方之间由过去的支出增加与消减之间的博弈转变为在平等协商基础上拟定部门支出的绩效改进方案与措施。正是这种预算管理机构以控制支出总量与支出结果或绩效为主体的新型管理模式的建立,支出机构在预算中的作用得到了加强,支出的权力得到了扩大;预算管理机构的角色也改变了[②]。

2. 结果导向绩效预算中预算管理机构的"角色"

相对于支出机构而言,在结果导向绩效预算管理改革过程中,打造以政策取向为主要特征的预算管理机构,替代单纯的控制取向的预算管理机构已经成为一个方向,职能日益多样化是预算管理机构新的"角色"定位。自 20 世纪 50 年代以来,历次的预算改革使得预算管理机构的角色日益多样化。目标管理使得预算管理机构在其传统的支出消减与控制者的角色基础上拥有了要促使支出机构改善管理的职责(管理);计划规划预算使得预算管理机构承担了帮助支出机构制定其多年计划和进行支出预测的职责(计划);结果导向的绩效预算使得预算管理机构不仅关注支出,更要关注政策变化,帮助和支持支出机构在其支出项目之间进行结果导向的权衡。尽管许多被调查的预算管理机构人员宣称自己越来越是一个政策人员,预算管理机构也越来越像一个"管理协助机构",但 Tomkin 等人发

---

① Anton, Thomas. 1966. The Politics of State Expenditure in Illinois. Urbana: University of Illinois Press. p. 122.
② Thurmaier, Kurt, & K. Willoughby. 2001. Policy and politics in State Budgeting. New York: M. E. Sharpe. pp. 270—271. Thurmaier, Kurt, & James Golsing. 1997. The Shifting Roles of Budget Offices in The Midwest: Gosling Revisted. Public Budgeting and Finance Vol. 17. No. 4: 48—70.

现，从支出机构的角度来看，美国联邦政府的OMB所扮演的角色并非许多预算管理机构人员所宣称的那样简单，它至少拥有四种"角色"，他们是支出消减者（Cutter）、中立的政策分析家（Neutral Policy Analyst）、信息管道（Conduit）、政策支持者（Advocate）①。

如果将预算管理机构划分为控制、管理、计划和政策四种"角色"②，那么，尽管在发展变化的过程中，预算管理机构传统的职责在不断地扬弃与完善，如传统的支出控制职责就由总量和详细的支出项目控制转向了总量控制等，但预算管理机构职责多样化，在预算管理中扮演着越来越多的"角色"，却是一个发展趋势，其中，政策取向是结果导向绩效预算给这一发展变化注入的新的内容。

3. 预算管理机构在公共预算审查与批准中作用的变化

正是预算管理机构与支出机构之间关系的转变，预算管理机构"角色"的多样化，在结果导向绩效预算管理模式下，预算管理机构在公共预算审查与批准中的作用也发生了变化。这种变化具体体现为，在公共预算的审查与批准过程中，相对于政府行政和议会而言，预算管理机构的作用呈现出一种"政治色彩"不断增强的趋势。

由于结果导向绩效预算改革重新定位了预算管理机构与支出机构的关系，预算管理机构越来越多地卷入政策制定过程中。这一方面进一步强化了已经成为预算过程中主要"角色"的预算管理机构在预算审查与批准的地位与作用；另一方面，也使其所谓政治中立立场也受到越来越多的质疑③。其实，这一趋势起源于20世纪中期以来的理性主义预算改革运动。预算理性主义改革就是想通过预算方式的改革来消除二战以来的政府干预造成的庞大的官僚机构带来的沉重财政负担。当控制公共支出规模和提高公共部门效率成为一种政治符号的情况下，预算管理机构就难以维持其在传统预算管理体制中所扮演的"中立"立场的角色，"政治化"趋势就难以避免。

3.5.3 结果导向绩效预算审查批准中的政府行政与议会

1. 结果导向绩效预算中的政府行政

---

① Tomkin, Shelly Lynne. 1998. Inside OMB. Armonk, NY: M. E. Share.
② Thurmaier, Kurt, & K. Willoughby. 2001. Policy and politics in State Budgeting. New York: M. E. Sharpe. pp. 63—130.
③ Axelrod, Donald. 1988. Budgeting for Modern Government. New York: St. Martins Press. pp. 72—74.

尽管政府行政（又称之为政府首脑）的权力因各国的政治体制的不同而存在巨大的差异，但是，从行政预算体制的意义上讲，政府预算由政府行政向议会提出，预算批准后由政府行政负责执行，这是现代预算中一条基本原则。正是基于这一基本原则，由于结果导向绩效预算强调将政府的战略目标、战略计划、项目与预算在时间与空间上的协调与整合，以达到通过战略计划来引导财政资源分配的目的，因此，政府行政在预算过程中的作用越来越重要，介入和影响预算资源配置的方式也发生了巨大的变化。

这种变化主要体现在政府行政始终处于预算编制的中心地位。第一，预算必须按照政府行政事先提出的战略目标和拟定实现战略目标的实施计划来编制，不再是传统预算模式下预算由各部门编制、汇总后再报政府行政审查；第二，政府行政对预算审查与调整的重点是各部门的预算是否与其制定的战略目标与计划相吻合和相一致，预算是否符合其战略目标与计划的要求，战略目标与计划的重点项目在预算中是否得到充分的体现，各部门制定的政策是否符合战略目标与计划的要求等等。不再是传统预算模式下，政府行政在汇总的部门预算基础上通过压缩或否决一些项目后，再增加项目来保证其希望的目标和政策得到落实。第三，为了做到计划、政策与预算的协调与整合，预算管理机构要在政府行政的直接领导下，按照政府行政的战略目标与计划对各部门预算的编制发挥出政策制定与落实的作用。各部门在按照政府行政的战略目标与计划编制预算时，如果出现部门之间的横向协调，往往要通过政府行政及其领导的预算管理机构来进行协调与调整①。

2. 结果导向绩效预算中的议会

随着结果导向绩效预算的推行，议会对预算的影响力呈现出下降的趋势，随之而来的关于议会在审查与批准政府预算的权力方面的争议也日益激烈。

传统的理论认为，要使政府更加负责，议会应当对政府进行强有力的监督。在议会的诸多监督手段中，预算监督是最基本、最重要，也是最有效的。现代议会制度中议会对预算的监督是全过程的监督，包括事前的预算审查与批准，事中的预算执行监督，事后的预算结果的审查。受 20 世纪

---

① Petrei, Humbrto. 1998. Budget and Control: Reforming The Public Sector in Latin American. Washington, D. C.: Inter—American Development Bank. p. 192.

中期以来预算理性主义的影响,这一传统的议会预算监督理论越来越受到质疑。这时人们发现,预算机会主义不仅存在于官僚机构中,议会中预算机会主义也同样存在,由于议员之间的"互惠"规则,很可能使得其机会主义行为泛滥①。还有人认为,议会在预算审批阶段的权力及影响较大,会弱化财政纪律②。

尽管如此,议会作为预算的最终审批者是不能改变的。因为这关系到议会制度的命运和一个国家的宪政制度,而且议会影响力的下降会严重削弱传统的以议会的预算监督为核心的水平问责机制(Horizontal Accountability)的效果。因此,旨在抑制议会的预算机会主义行为的议会内部机制的完善,在政府行政与议会间寻找预算审查批准权力的平衡点,是一种可靠的选择。

3.6 结果导向绩效预算执行

较之于预算的编制审批而言,预算执行往往被视为不够重要的事项,随着结果导向绩效预算改革的不断深入,这一观念在很大程度上得到了改正,对预算执行的研究也越来越深入。在传统投入预算下,预算的执行被视为一种工具,强调的是根据审定和批准的预算,在核实支出的合法性和适用性后按照预算程序来拨付、监管资金的使用。其遍布于政府各部门(在有的国家还包括非政府部门)以落实会计责任、财政管理以及协调收支③。在结果导向绩效预算下,由于其关注的是预算的绩效和结果,体现在预算执行上就是结果导向的绩效预算不仅强调预算执行的效率、效果与质量,而且拓宽了会计责任的范围。需要说明的是,结果导向绩效预算模式下,政府会计的会计责任越来越接近私人部门的会计责任,提供政府公共服务效率、效果与质量的会计信息与管理已经成为推行结果导向绩效预算国家政府会计管理的重要内容。

3.6.1 预算执行的基本环节

从世界各国预算执行的实践来看,制定和执行支出计划、收支协调和

---

① Dixit A. 1996. The Making of Economic Policy. Cambridge: The MIT Press. pp. 119—120.
② Von Hagen, Jorgen. 1992. Budgeting Procedures and Fiscal Performance in The European Community. Economic Paper 96, Commission of The European Communities.
③ Schick A. 1964. Control Patterns in State Budget Execution. Public Administration Review, 24 (3), 97—106.

预算调整、资金管理和审计是预算执行中的三个基本环节。

1. 制定和执行支出计划

在预算执行的第一阶段，根据批准的预算制定支出计划是十分重要的。目的是要将立法优先权、政府年度施政计划和各部门在该预算年度的任务或使命转化成具体的支出安排计划。在这一计划中，需要明确预算年度内的支出权、支出进度和支出报告的要求三项内容。支出权就是要明确预算拨款、资金分配与分派等在立法机关与预算执行者，以及执行者内部各部门之间的权力配置（授权）与程序，这些大都在事先就已经通过法律或规章固定下来了，需要明确的往往是在现有的法律和规章中没有明确规定的一些具体项目的拨款与资金的分配与分派的权力安排。支出进度计划是获得法定的预算额度后，执行机构按照预算中规定的项目实施时间顺序及完成的进度制定支出计划。预算执行报告包括日、月和季度报告，其目的是为了解执行机构的活动与计划和指定的支出权是否一致，为是否批准预算调整提供依据等。

2. 收支协调与预算调整

在预算年度内，一定程度的机动性和调整都是必要的和值得的①。一是经济发展与环境的变化使得未来的收支很难预测；二是立法机关、行政部门和执行机构部门之间由于各自的立场不同和面临的环境存在差异而经常出现矛盾，这也会产生预算执行过程中的调整要求。预算追加是预算执行中最常用的调整手段，国家层面的追加预算已经很少使用，大多是行政部门和执行机构部门的预算追加调整，资金来源是年初设立的紧急账户或基金平衡的储备金；另一调整手段是一个项目内的不同科目间的资金转移等，这是一种十分普遍的预算执行调整的方式，且这种调整并不需要立法机关的批准；还一种很少使用的调整方式就是不同资金间的预算调整，如为了维持现金流而短期举债和政府担保等，对此类调整，大多数国家的立法机关都对此有明确的规定。从各国的实践来看，预算和计划中的大多数调整之所以发生，往往是出于管理和技术上的原因，即该拨款限制了执行机构根据服务的变化做出调整，也限制了执行机构就实际收入与估计支出之间出现的差额提供补偿②。

---

① Rubin, I. S. 1997. The Politics of Budgeting: Getting and Spending, Borrowing and Balancing. (3rd ed.) Chatham, N. J.: Chatham House, 224.
② Forrester, J. P., and Mullins, D. R. 1992. Rebudgeting: The Serial Nature of Municipal Budgetary Procesese. Public Administration Review, 52 (5), 467—473.

3. 资金管理与审计

这是预算执行的最后一个阶段。这一阶段的任务一是检查支出是否符合财政预算限制和法律的要求；二是在预算年度末，要进行旨在使预算年度的拨款和支出出清以确保两者相等的会计调节。

3.6.2 结果导向绩效预算执行分析框架——"合约"理论

在预算执行过程中，基于结果而非投入的预算管理模式，要求预算执行部门必须充分发挥其主观能动性，迅速适应变化的社会经济环境，努力提高服务质量。因此，以控制、服从以及责任为基本特征的传统预算执行模式，显然难以满足这一要求。解决这一问题的主流思想是将私人部门推行结果导向管理改革的方法应用到结果导向的政府预算执行过程之中。一种便于分析预算执行理念的转变，比较两者之间差异的、重要的解释预算与预算执行部门之间关系的理论是"合约"理论。即将预算与预算执行部门之间的关系理解成一种"合约"或"合同"关系，即预算就是公众及其选举的代表与代理人（政府及其机构）之间的一个"合约"或"合同"。

按照这一思想，如果将传统预算执行也理解为一个"合约"或"合同"，由于传统投入预算执行模式强调的是控制、服从以及责任，这个"合约"或"合同"给予执行者的，或者说，公众及其选举的代表关心的，主要是不超出给定拨款总额及其在批准的预算中已经确定用途的资金计划能够得到执行。在结果导向的预算执行模式中，由于结果导向预算强调的是效率、效果与质量，这个"合约"或"合同"就是一个为获得规定了绩效或质量标准的特定服务而支付一定数量资金的协议，特定的服务就是购买的"商品"，支付的资金就是这一"商品"的"价格"。因此，结果导向的绩效预算要求在预算执行过程中，必须将资源配置上的决策权尽可能的下放给预算的执行者，作为条件，预算执行者必须对预算的结果或绩效负责。

Jones 和 Thompson 给出了一个不同环境下基于绩效的预算执行方法选择的分析框架[①]。他们根据监控绩效的能力与项目实施环境的竞争程度给出了四种情况下的预算执行策略选择（见下图3.1）。

---

① Jones, L. R, and Thompson F. 1986. Reform of Budget Execution Control, Public Budgeting and Finance, (6), 33—49.

	产出和结果	
	可替代和可评定	唯一，难评定
竞争环境	"价格"固定的合同（A）	"价格"灵活的合同（B）
垄断	可变预算（D）	支出预算（C）

图 3.1

图 3.1 是一个只有二维空间的分析矩阵。在第一个维度，考察的是产出或结果监控能力的高低。影响产出或结果监控能力的因素有二，一是结果是否可以评定；二是结果是否可替代。判定的标准有两条，一是如果产出或结果是唯一的或不可替代的，表示监控能力相对较低；反之，则反。二是如果产出或结果原本就十分复杂或模棱两可而难以评定，则监控能力也会相对较低；反之，则反。第二个维度考察的是环境对预算执行的影响。环境的影响分为两种，一是竞争性环境，如果产出或结果是可评定和可替代的，竞争性环境往往是最有效率的，而且可以达成一个"价格"固定的合同，或者说，可以实行"刚性预算"；另一个是垄断环境，如果产出或结果是可评定和可替代的，在垄断环境下，通过可变预算往往也会得到一个相对有效率的解。这样，在上述矩阵（图 3.1）中，A、D 是比较适合结果导向绩效预算的；B 和 C 则相对复杂得多，可能更适合于投入预算。因此，在预算执行过程中，决策者应该根据上述不同情况选择不同的预算执行策略。

在 A 种情况下，由于绩效监控能力强，潜在的服务供给者多，决策者的最优选择是采用价格固定的绩效合同。当预期的绩效目标达到或实现了，则应当按照约定的预算"价格"支付费用。

在 D 情况下，虽然绩效可以得到监控，但由于服务供给者处于垄断地位，解决的办法就是在"合同"中建立一种"激励—约束"机制，以调动居于垄断地位的预算执行部门的积极性[1]。这就是实行所谓"可变预算"或责任预算，即预算是决策者下达给预算执行者的最高限额或"包干"数，只要预算执行部门达到了事先确定的绩效目标，如果预算在执行后出现了盈余，这一盈余则由预算执行部门支配。在世界各国的预算管理中，

---

[1] Thompson F. 1993. Matching Responsibilities with Tactics: Administrative Control and Modern Government. Public Administration Review, 53 (4), 303—314.

虽然具体的管理办法存在差异，这种做法较为普遍。

在B情况下，由于绩效目标很难准确计量，或者说很难清楚地描述绩效目标是否达到，尽管存在多个潜在的服务供给者，也难以在预算执行部门与决策者之间建立一个价格固定的合同。因此，在绩效标准与费用上保持一种灵活性是必要的，这就是所谓价格灵活的合同。在这种情况下，尽可能使服务的绩效指标做到准确固然重要，投入的控制也是至关重要的。对于决策者来说，最为简便的措施就是比较服务供给者的"报价"和加强对预算执行过程中资金使用各环节的监管与服务成本的控制。

C情况是最为复杂和困难的，由于服务供给者是垄断的，且绩效难以监控，价格固定的合同显然不可能，旨在通过在"合同"中建立一种"激励—约束"机制以调动预算执行部门积极性的责任预算也行不通，价格灵活的合同因没有可比较的"报价"也不能克服服务供给者的垄断难题。一笔总付的补助或支出预算应该是一项现实的选择。这一选择下，在保留投入控制权和控制支出的基础上同时强化服务绩效的考核或评价就十分必要。

3.6.3 结果导向预算执行与投入预算的比较

比较结果导向预算执行与投入预算执行，它们在有效性的评定、支出权定位以及执行过程等方面存在明确的区别。

（1）在有效性评定方面，由于两者在会计责任和收支调节方面有不同的定位，导致了它们在目标有效性的评定标准上产生差异。在传统的投入预算中，目标是否实现或取得成功的评价标准是以对分项预算的财政控制及其财政报告为标准，预算执行关注的是保证各项支出项目，如工资和设备等，按照批准的预算中安排的水平来执行。在结果导向的绩效预算中，虽然与投入预算一样，预算年度内的收支调节也是其关注的重点，但对会计责任的定位则存在差异。在结果导向的绩效预算执行中，会计责任被定位为对项目绩效的控制①。较之于采用易于规范化的财政控制为评定标准的传统投入预算执行，结果导向的绩效预算执行的评定标准，因与项目效果、质量以及绩效等有关的目标间往往会出现模糊、不一致，甚至矛盾而难以规范化。尤其是在缺乏结果导向的绩效预算所需的信息系统支持时，这种困难将更为突出。因此，科学的绩效评价方法与有效信息技术支持，

---

① Anthony, R. N. and Young, D. W. 1995. Management Control in Nonprofit Organizations. (5th ed.) Burr ridge, lll: Irwin.

对于结果导向绩效预算执行也同样十分重要。

（2）在支出权的定位方面，由于它们在对待授权和管理价值取向上的差异，导致两者在支出权的定位方面也不同。在传统的投入预算执行过程中，支出权是高度集中的，它是通过对包括支出手段（如采购等）在内的支出控制来促使预算执行机构实现决策者在预算中给其规定的目标的，因而支出权主要集中于立法机关和政府管理高层或职能管理部门。在结果导向绩效预算执行过程中，实行的则是所谓"目标集中化，手段分散化"[①]。"目标集中化"就是让决策者不再纠缠于在程序和支出细节上进行决策，而是让其将重点集中于项目的目标。"手段分散化"就是将支出权及其他所谓关键的财政管理责任（如采购）通过线性管理控制下放到预算执行机构或低层级部门去，目的是让直接参与项目的运作和与服务的活动紧密相关的管理者能够充分发挥其主观能动性。因为凭借其专业知识、对项目的了解和对项目目标的理解，这些管理者所做出的选择，对于项目目标的实现往往是最有效的。

（3）在预算执行程序方面，正是由于两者在有效性的评定和支出权的定位方面存在差异，导致它们在预算执行的程序方面也出现明显区别。在传统的投入预算执行过程中，收支及其程序控制是预算执行的关注焦点和监控的重点。而在结果导向的绩效预算执行过程中，除了对收支要进行监控外，还要监控项目的目标。这一预算执行程序上的差异体现在会计责任上更为明显。在传统的投入预算中，支出的具体水平、类型和比例控制是预算执行过程中管理者控制承担的责任；在结果导向的绩效预算中，管理者主要是对支出所取得的成果或结果最大化和在总的预算额度内尽可能成本最小化负责。

小结

通过比较可以得到如下几个方面的启示：第一，在结果导向的绩效预算管理中，预算的执行变得越来越重要。根据战略计划制定的绩效监控指标能否转化为现实的结果，预算的编制当然重要，但执行过程中对绩效实现过程中的监控也同样重要。第二，如果说传统的投入预算是一项支出控制工具，那么，在结果导向的绩效预算体系中，它不再仅仅是制定预算执

---

① Cothran, D. A. 1993. Entrepreneurial Budgeting: An Emerging Reform?. Public Administration Review, 53 (5), 445—454.

行进度和监控支出的工具,而是一种动态管理预算资源的方式。第三,要发挥出预算执行在结果导向预算体系中的作用,强化其在预算资源配置上的动态管理功能,必须对按照传统的投入预算管理模式建立起来的预算系统进行全面改造。尤其是要对政府会计信息系统进行改造,增强其对结果或项目效果的反映功能。

3.7 结果导向绩效预算的审计与评估

3.7.1 绩效审计与结果导向绩效预算审计

根据 INTOSAI(最高审计机关国际组织)对绩效审计的定义,政府绩效审计是"对政府已经做的事情、组织和项目管理进行独立的评价,不仅评价政府工作的经济性,而且要关注政府工作的效率与效益,同时实现推动改革的目的"。因此,"三E"原则就成为所有政府绩效审计的通用原则。作为政府审计中的一项内容,政府绩效审计是一项极富挑战性的工作。早在20世纪上半叶,绩效原则就已经与合法性、经济性一起并称政府审计的三大原则。尽管经历了大半个世纪的实践与发展,到目前为止,绩效审计仍然不是多数欧洲国家政府审计的主要内容[①]。

政府预算审计则不同于绩效审计,它是对政府预算及其执行的审计。尽管它们之间在具体内容上存在许多重叠之处,但两种审计的出发点与分类标准是不同的。结果导向绩效预算管理只是一种预算管理模式,因而,结果导向绩效预算审计仍然属于政府预算审计,而不是绩效审计。其审计内容除绩效审计外,还包括财务审计、项目审计与评估等等。另一方面,由于结果导向绩效预算管理模式又不同于其他预算管理模式(如投入预算等),因而,结果导向绩效预算审计又不同于其他预算管理模式下的政府预算审计(如投入预算审计)。这种区别主要是由于不同政府预算管理模式的理念,以及因为理念上的差异而导致的价值取向及其预算考核评价标准的不同而产生的,并不是它们之间在审计范围与内容上有什么根本的不同。因此,结果导向绩效预算审计就是要按照结果导向绩效预算的理念与价值取向及其考核评价标准开展政府预算的审计。

3.7.2 结果导向绩效预算对审计与评估的新要求

1. 结果导向绩效预算的财务审计

---

① Damian, Gadzinowski. 2009. How to Value for Money Really Happens: From Control to Performanec Auditing. Working Paper. EIPA: European Institute of Public Administration.

在内容上，结果导向绩效预算的财务审计与传统政府预算的财务审计的区别主要有二。或者说，在传统政府预算的财务审计基础上，结果导向绩效预算的财务审计还要求通过财务审计揭示或解决两个方面的问题。

一是结果导向绩效预算十分关注和重视财务责任。因为它对战略目标与战略计划的制订与评价至关重要。根据历史财务数据得出的财务趋势及未来的财务预测是分析资源配置情况的基础，这对当前服务水平的评价十分关键。如果支持历史财务趋势与未来财务预测的财务报表不能真实、准确地反映相关的财务数据，就会使预测数据的可信度大大降低。这对于结果导向绩效预算的财务审计来说，就是失败的。

二是结果导向绩效预算的财务审计十分重视绩效数据与成本数据的关联性。成本数据的基本来源是财务数据，对于绩效评价来说，直接从财务数据中获得的成本数据与真实的服务成本之间存在一定的差异，因为私有化、管理竞争、标杆管理与成本回收等管理措施都会影响服务的真实成本。如果财务审计能够对财务数据准确性进行验证，有利于成本制度揭示服务的真实成本。这既是对预算执行年度政府提供服务的绩效评价的需要，也是编制下一年度绩效预算的需要。

2. 结果导向绩效预算的绩效审计

尽管"三E"原则同样也是结果导向绩效预算的审计原则，但如何区别结果导向绩效审计与其他政府绩效审计，关键在于审计的绩效标准，不同的标准会产生不同的服务提供的结果。影响绩效标准的因素主要有二。一是绩效标准必须是严格按照结果导向来设计与选择；二是由于管理人员与会计人员所处的地位与立场不同，关注的重点也不同，他们选择的绩效标准也会存在差异。会计师习惯于使用某种特定的绩效标准或准则对所有组织机构进行审计；管理人员则还要克服财政、法律和政府的政治约束来使服务绩效达到最优化。因此，根据审计对象所面临的不同的服务挑战来设计绩效标准，并以此作为提高服务水平的审计和评估基础，对于有效开展结果导向绩效预算的绩效审计十分重要。至于如何区分产出、效率与结果之间的差异，如何在指标设计中考虑审计对象面临的不同的挑战，都涉及绩效指标的选择问题。关于绩效指标的选择，我们留待下面的章节予以更详细的讨论。

3.7.3 结果导向绩效预算审计与评估中的数据问题

结果导向绩效预算的审计与评估包括测定政府营运责任与财务责任。

它们都离不开数据的收集与运用。数据的准确性、可靠性和可比性对于审计与评估十分关键。因为一旦绩效评定结果成为预算文件的一部分,人们就趋向于认为它是真实的,而不去怀疑数据的准确性[1]。因此,如果数据不准确、不真实,评定的结果也就失去意义而成为一种"游戏",更为重要的是,很难避免有人利用虚假数据所得到的结论去欺骗决策者和"愚弄"公众。

目前,尽管推行结果导向绩效预算模式的国家大都已经做到了构建一个以使命为导向、注重结果的服务供给体系,但人们还普遍没有重视绩效数据的作用。一种可能的解释是结果导向绩效预算的审计与评估往往要应用到许多复杂的工具,工作量庞大而繁琐,人们对其中可能的缺陷与不足还缺乏足够的认识与了解。

许多研究发现,除了主观性因素外,一些公共部门所特有的组织因素对数据的真实性、准确性和可比性存在重要影响[2]。这些因素主要包括:过程中的复杂性,即尽管统计数据只是反映一个维度的绩效,但对这一数据的认可涉及指标内涵与外延的匹配性、服务对象的认可态度、计算依据与方法等;组织变迁,即人员、操作程序、政策与资源配置等的变更与调整在公共部门是经常的,这些改变往往会使数据的统计出现偏差,数据系统只有主动调整以适应这种变化,才能保证数据的准确性;对绩效评定的解释,即如果在报告期内对评定元素的解释出现变化,就会出现统计的偏差进而评价结果的偏差;报告能力,即收集、追踪与报告绩效的能力差异往往会出现数据的一致性差异。此外,影响绩效数据准确性的还包括数据库规模大小、工作人员的素质与政府提供服务的类型等等。

为了克服各种主客观因素对绩效数据真实性、准确性与可比性的影响,可供选择的方法主要有:一是建立专门化的绩效数据库,并尽可能扩大数据库的范围,只有专门化的数据库,才能做到对数据的处理保持连续性和一致性;二是由专业的机构负责绩效数据的统计分析,这既能保证数据的正确使用,又能保持分析者的客观公正性;三是建立绩效数据评定验证(Performance Measurement Verification)制度,通过绩效数据的审计(Performance Date Auditing)来了解绩效评定是否提供了有用和没有用的

---

[1] Janet M. Kelly, William C. Rivenbark, 地方政府绩效管理, 上海财经大学出版社, 2007, p. 192.
[2] William C. Rivenbark and Carla M. Pizzarella, 2002. Auditing Performance Data in Local Government, Public Performance and Management Review 25: 414—421.

信息，绩效评定是否增进了对项目和过程的了解，数据的准确性、可靠性和可比性如何等。

需要指出的是，在结果导向绩效预算审计与评估过程中，对绩效数据准确性、真实性和可比性是否重视与是否按照绩效审计与评估对数据的要求落实，关键在于能否大力提高包括组织能力、管理能力在内的绩效预算的能力建设。这在一定程度上是判断推行结果导向绩效预算管理是不是一项"伪改革"的重要标准。

第4章　结果导向的绩效指标与绩效信息

4.1　支出结果与结果导向绩效指标

4.1.1　支出结果及其衡量

简单地讲，支出结果就是支出产生的结果或效果。关注的角度不同，其内涵也不同。在产出预算下，支出的结果是指公共部门消耗一定数量的资金向社会（公众、企业和其他组织等）提供的产品和服务。在结果导向绩效预算下，支出结果通常是指支出的绩效，即支出产生的产品与服务对社会产生的影响和后果。如果将支出结果的内涵界定为支出的绩效，支出结果又可分为直接与间接两类。所谓直接的支出结果是不包含价值判断的，是指支出对社会产生的影响和后果是什么。间接的支出结果是对支出产生的影响和后果进行评价与判断后得出的结论。对于直接的支出结果往往是通过设置观测绩效的指标体系后通过调查或测评等方法来实现的；对于间接的支出结果则要运用一定的分析方法对观测到的绩效进行分析和评价后才能得到。无论是直接的还是间接的支出结果，都要通过绩效指标这一载体才能表现出来。因此，可以将绩效指标分为直接绩效指标和间接绩效指标。

与之相对应，绩效信息也有直接和间接两类。直接的绩效信息是指按照设定的绩效指标，通过调查和测评等方法获得的信息；间接绩效信息则是通过一定的分析方法进行分析后得到的信息。

正是因为完整的绩效数据与绩效信息的获得还需要经过一个分析与评价或挖掘的过程，更重要的是，这种分析与评价的过程往往又离不开投入和过去的记录等方面的数据支持，因此，在结果导向绩效预算模式中，支出结果的衡量或绩效数据的取得实际上包括两部分内容。一是构建包括从投入开始到最终反映结果（或效果）的一组指标体系；二是运用一定的分析与评价方法来对调查或测评的绩效信息进行加工处理。这里我们只讨论绩效指标体系的设计，分析与评价属于方法问题，我们将在第五部分进行专门的讨论。

4.1.2 结果导向绩效指标设计的理论框架

按照公共服务结果导向绩效的定义，投入和业务通常可以列入广义的投入范畴。在市场经济条件下，广义的投入通常可以用货币来表示，且通过内部评定即可获得。这一方面是因为公共服务的投入属于政府的投入，是通过政府预算来安排的，它既是结果导向绩效的源头，也是政府预算决策的对象。另一方面，随着投入而产生的公共服务业务是由公共部门来实现或完成的。较之于投入而言，业务也可以说是用货币表示的政府投入。正是因为如此，在结果导向的绩效指标体系中，投入和业务对政府会计和财务管理体系的依赖度很高。一个完备的政府会计核算与财务管理系统，可以有效地提供进行结果导向评价所需的公共服务的绩效信息①。因此，公共服务结果导向的绩效指标选择，主要体现在随着投入而产生一个或多个效果（产量和结果）。

根据大卫·希德的观点（1998），结果导向的公共服务绩效除了投入、产量与结果外，还包含了由这三个部分所组成的提供公共服务的过程（见图4.1）。提供公共服务的过程之所以成为结果导向绩效的组成部分，不但是因为从计划到现实之间还存在一个操作的过程，它们对计划能否成为现实至关重要的影响，是联结计划与实际的纽带；而且从投入到结果的三个阶段之间存在着内在的逻辑关系，上一个阶段的工作对下一个阶段会产生决定性的影响。此外，许多公众对政府公共服务的不满意并非是因为公共服务的结果引起的，而是对政府提供公共服务的过程不满。如对政府部门单位服务态度的不满等，就属于对公共服务过程的一种评价。

图4.1还清楚地表明了公共服务结果导向绩效的不同层次及每一层次的绩效标准。从层次上讲，实现既定的政策目标或计划目标包括三个层次，即投入——产出——结果。由于它们在政策目标的实现过程中所处的阶段和位置不同，在政策目标实现过程中发挥的作用也存在差异，因而考核和评价的标准也应该是不同的。

---

① 关于结果导向的绩效预算与政府财务与会计管理体系将在另一专题予以讨论。

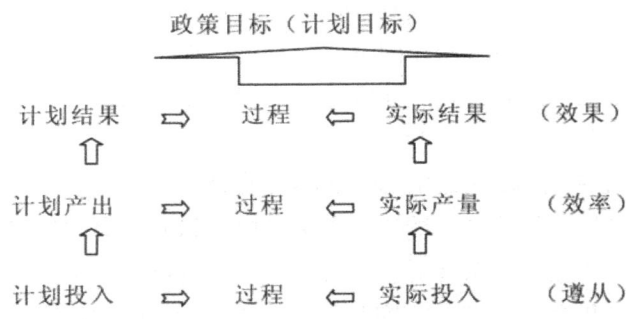

图 4.1 绩效标准与等级

资料来源:《政府支出管理》(人民出版社,2001)

4.1.3 结果导向的绩效指标体系

任何绩效都是相对于一定的投入而言的,只有从投入与投入所产生结果的对比中,才能真正了解到公共服务的绩效,才能对结果进行客观评价。因此,结果导向的绩效指标也是一个包括了从投入、产量到结果全过程的体系。

1. 逻辑与思路

按照管理流程,结果导向的绩效预算遵循的是"自上而下"的管理模式,即政策目标—结果—产量—投入。但绩效的形成过程则是投入—产量—结果—政策目标。比较两种思路,结果导向的绩效指标体系在设计思路上显然应当选择前者而非后者。因为按照这一思路设计的绩效指标体系,能得到预算管理所需要的绩效信息。一是实现或达成一定的政策目标是政府投入的出发点,因而结果是最高层次和最终的指标,产量和投入是确保最终指标能否实现的保障指标和监测指标。这就是说,结果指标的选择服从和服务于政策目标,产量和投入指标的选择服从和服务于结果指标。二是从预算决策来看,决策的最终对象是投入,而依据则是绩效和政策目标。前者更符合决策参与者的思维习惯,更能满足决策参与者的要求。三是从预算执行过程和决算角度讲,相对于既定的预算投入,结果或绩效是预算执行的目标,要保证投入能够实现预期的政策目标,有效监控绩效实现过程中的每一阶段和步骤,查找和分析结果符合或偏离既定政策目标的原因,取决于指标体系能否准确、及时反映政策目标实现的动态与过程。

2. 绩效的可测量性与指标选择

公共服务绩效的可测量是衡量绩效评价成败的关键。在所有的绩效测量过程中，追求一种量化的指标体系是结果导向的绩效管理的最具"灵魂"性的部分，一个缺少量化的公共服务绩效考核体系不可能是一个真正有效的体系。因此，应尽可能用量化的方式反映公共服务的数量与质量。但是，负责提供公共服务的政府部门的很多工作处于整个"工作链"的中间状态，不具终端产品的意义。因而公共服务的绩效以结果为导向，同时也需要用"过程"来反映。"过程"是指进行投入、得到产出、获得结果的方式[7]。当产出或结果不能清晰地定义和测量时，通过"过程"指标往往可以有效地获得测量所需的结果。然而，虽然过程指标可以是定量的，但通常是定性的。因此，在公共服务绩效的测量过程中，对于绩效可以有一种"量"的刻度，但反映绩效的许多指标（定性指标）只具有限意义，属于比较低端的指标。尽管如此，许多定性指标可以通过诸如用户反馈转换成量化的指标。

3. 绩效指标的层次

结果阶段关注的是效果，或者说，对公共服务结果的测量应当以公共服务的效果为出发点。由于公共服务的效果大都是多元的，且由于公共服务的利益相关者各自关心的利益不同，只有选择从多个维度测评绩效，才能使绩效指标体系满足不同利益相关者的要求。正是因为绩效的测评是多维度的，维度的确定对于所选择的指标能否发挥出应有的作用具有决定性影响。维度是绩效评定对象、行为的类型分类，目的是确定绩效评定的基本面向。因此，在测评公共服务绩效过程中，维度往往被界定为一级指标。维度的选择或设定因国家的不同和评估对象的不同而产生一定的差异。美国政府责任委员会构建的评估模式则由投入、能量、产出、结果、效率和成本效益以及生产力等六个维度组成。我国香港特别行政区在评估公共部门绩效的实践中，形成了一个四维度划分方法，即将评估维度确定为目标维度、顾客维度、过程维度、组织与员工维度①。

将维度进一步具体化的指标属于基本指标，也称之为二级指标。它是维度的直接载体和外在表现，是绩效测评的具体手段。多个基本指标组成一个维度，相关度和隶属关系是选择这些基本指标的基本依据。绩效指标的第三层次指标，称之为具体指标。它是基本指标的进一步具体化。根据评估对象的不同，在指标层次的要求上也不一样。许多情况下，通常只需

---

① 卓越. 公共部门绩效评估 [M] 中国人民大学出版社，2004.

要两个层次的绩效指标。我国学者卓越（2007）通过将绩效指标划分为要素指标、证据指标和量化指标三类①的方法，说明了如何设计基本指标和具体指标。

所谓要素指标以定性指标为主，是基本指标的一个构成部分。其作用主要是为基本指标提供评估视角和评估背景，或提供一种参考对照。或者说，为把握评估尺度和程度提供一种范围与内容的参照。在评估过程中，要素指标适用于通用型的模块。往往要根据政府的不同层级、部门和行业有针对性地设计。如在综合评估主体方面，如果将组织建设设定为基本指标，就可以采用班子团结、素质标准、管理规范、凝聚力等作为具体要素指标。

所谓证据指标反映的是具有导向性、发展性和不确定性特征的工作业绩。通常由评估对象按照评估基本指标的要求提供。欧洲行政学院推出的CAF模型（Common Assessment Framework）就没有直接设置三级指标，需要在评估的具体实施过程中由评估对象自行完成。厦门市思明区政府作为CAF模型试点单位时，就成功地通过提供政府机关实行垃圾分类、提出绿色行政理念、执行公务做到文明执勤、重视发展高效低耗产业等证据指标，通过了其社会结果评估纬度中的环境绩效结果基本指标的评定（该基本指标在CAF框架的评估中获得了3.5分）。

所谓量化指标是绩效评估指标体系中不可缺少的部分。因为没有量化指标就不可能构建一个真正有效的指标体系。量化指标有算术式和数学式两种表述方式。算术式的量化指标主要从数量统计的角度反映工作业绩，如人事部门每年组织的培训次数等，数学式的量化则是通过数学公式来表示的或反映工作业绩的，如运用一定的百分比率和约定数据作为指标要素等。与算术式量化指标不同，这类指标往往反映了特定的部门在其职责和履职状况之间一定的数量关系，具有特定的客观性。

4.2 结果导向绩效指标设计方法

指标体系是开展有效的绩效管理的关键和难点。迄今为止，指导绩效指标体系设计的理论工具很多。这里只介绍应用较为广泛的三种。即MBO（Management By Objectives，目标管理）、KPI（Key Performance Indicators，关键绩效指标）和BSC（Balanced Score Card，平衡记分卡）。

---

① 卓越. 政府绩效评估指标设计的类型和方法 [J]. 中国行政管理. 02. 2007.

4.2.1 基于 MBO 的绩效指标体系设计

MBO 是德鲁克在 1954 年出版的《管理的实践》一书中最早提出的。在绩效评价指标体系设计方面，MBO 的贡献主要体现在两个方面：一是提出了衡量有效的绩效评价体系的标准；二是提出了按照这些评价标准的指标设计方法和原则。

战略一致性是 MBO 的绩效指标体系有效性标准。德鲁克认为，"任何组织都必须建立起有效的团队，并且把每个人的努力整合为共同的目标奋斗的力量。组织中的每一分子岗位不同而在具体目标上存在差异，但所有人的奋斗目标都必须服从和服务于组织的整体目标"，即企业的每项工作都应以实现其整体目标为目标是目标管理的根本出发点。由于专业分工、层级结构，以及愿景和工作上的差异等多重干扰因素的存在，在企业管理中，很难做到企业中的成员会自动或自发地使自己融合到对整体目标的追求中，只有通过目标管理才能将组织中每个不同层级成员的努力导入与管理者的"愿景"一致的方向。这一思想体现在组织绩效指标体系设计上，就是组织设定的绩效指标体系应当努力使组织中的每一成员的努力方向与组织的整体目标要求保持一致，避免组织中的个人、部门之间可能存在的具体管理目标上的脱节或者背离。

德鲁克提出了实现战略一致性的三个条件：一是根据个人的工作目标设定其绩效评价指标；二是这一努力目标必须根据其为一上级单位目标的实现所做的贡献来确定；三是根据组织的整体目标来制定组织内部各单位的工作目标。只有同时满足了上述三个条件，才能实现所谓战略一致性（在个人、部门和企业三个层次的绩效之间建立起一致性），如何实现三个层次的绩效之间的一致性，德鲁克认为应该是以内部控制而非外部控制为基础。内部控制与外部强制的区别在于部门和个人的工作动机是"听命行事"，还是部门和个人自发地决定这么做。当每部门和个人都以积极的态度，认同或服从组织的目标时，在不排斥或否定上一级管理者对其工作目标的批准或同意权的前提下，工作目标的设定应当由个人自行确定。因为，战略一致性不仅要做到组织中所有成员有一个共同的努力方向，更要排除错误或偏离组织整体目标的方向；因为对组织整体目标的自觉服从或认同，从来不可能通过"向下沟通"而得到，只能来自于"向上沟通"或每个组织成员的工作热情和积极性。它既需要管理者（上级）有听取组织中每一个成员（下级）意见的诚意，又需要有一种精心设计的专门手段和措施，使下级管理人员的意见能得到准确、及时的反映"①。

4.2.2 基于 KPI 的绩效指标体系设计

KPI 是一种得到广泛讨论和应用的绩效管理工具。尽管关于 KPI 的内涵、外延还存在不同认识，但作为衡量组织战略实施效果的所谓关键指标，它是通过将战略目标层层分解成一个具有可操作性的指标体系的方式构建一种管理机制。只有将战略转化为内部过程或活动，才能不断增强组织的核心竞争力②。这一思想对绩效评价指标体系的设计具有重要和明确的指导意义。KPI 绩效指标体系有效性标准是在指标体系符合战略关键性要求的基础上应当满足所谓 SMART 原则。总体上讲，SMART 原则要求指标必须是灵敏的，并能区分绩效的优劣③。

如何使组织在宏观或总体层面上保证指标选择具有所谓"关键性"是构建 KPI 体系的根本所在。从现有的研究与实践来看，构建 KPI 体系的方法大致有两种。一种是历史经验法。即根据历史经验对组织取得成功或失利的关键要素进行分析，根据从中提炼出的所谓"关键成功因素"（Key Success Factors，KSF）确定和选择 KPI；另一种是"标杆"管理法。即将组织自身的关键绩效维度与标杆对象（相应绩效维度）进行比较，选择差距大或潜力大、最可能和最需要赶超的绩效维度及指标作为重点关注的 KPI，并根据选定的 KPI 设定绩效标准和最优策略。

4.2.3 基于 BSC 的绩效指标体系设计

BSC 是卡普兰和诺顿 1992 年首次提出的。作为一项广泛应用于各种类型组织的绩效管理工具。卡普兰和诺顿提出的复杂竞争环境下有效的绩效评价指标体系所应满足的新标准是他们最为突出的贡献之一④。

面对复杂的竞争环境，只有兼顾眼前利益和长远利益，才能真正赢得竞争的胜利。因此，卡普兰和诺顿认为，一个有效的绩效指标体系，应当不仅是一个战略实施效果的衡量体系，还需具有战略沟通和战略检验功能。

为了满足复杂竞争环境下组织对绩效评价指标的上述功能的需求，卡普兰和诺顿提出了构建基于平衡记分卡的绩效指标体系的基本框架，即组

---

① 德鲁克. 管理的实践. 机械工业出版社，2009—09.
② 方振邦，王国良，余小亚. 关键绩效指标与平衡计分卡的比较研究. 中国行政管理，2005，(5)：82—85.
③ SMART 原则中，S 代表 Specific（指标必须是具体的、可以理解的）、M 代表 Measurable（指标是可以衡量的）、A 代表 Attainable（指标信息是可以获得的）、R 代表 Relevant（指标是与工作目标和职责相关的）、T 代表 Time—bound（指标测量明确时间）。
④ 卡普兰，诺顿. 平衡计分卡战略实践. 中国人民大学出版社，2006.

织应该从财务、客户、内部流程、学习与发展等四个维度，在兼顾长期和短期利益基础上，建立起前置指标和驱动指标、有形和无形指标统筹考虑的绩效指标体系。这一体系的最为显著的特点是其充分体现了绩效指标间的平衡性和因果关系的要求。

4.2.4 指标体系设计方法的比较

从上述对指标体系有效性特征的确认和表现这些特征的准则及可能的解决方案中，可以发现，MBO、KPI 和 BSC 之间各自呈现独立性与互补性、差异性与一致性。一个合理的解释是：MBO、KPI 和 BSC 间的独立性和差异性具体表现为：在绩效指标体系设计中，它们各自提出了绩效评价指标体系的有效性标准，并且据此给出了如何满足标准的准则或解决方案；但是，这些不同的标准之间并非相互排斥。在有效性标准中，战略一致性是构建 MBO、KPI、BSC 有效绩效指标体系应满足的最基本的要求，也是追求其他标准的前提。也就是说 MBO 是 KPI 和 BSC 共同的基础。正是因为如此，三者之间也呈现出一定的互补性和一致性。因此，一个科学、有效的绩效指标体系的设计，在指标体系设计思想上首先应综合考虑，不应仅仅强调其中的某个或几个方面。

4.3 结果导向绩效指标的分解

4.3.1 指标分解的一般方法

绩效指标的分解是结果导向绩效指标设计的重要步骤，无论遵循何种设计思想构建绩效指标体系，都有一个指标分解过程。即使构建了与结果导向的绩效管理相适应的制度体系，如果不能做到将战略目标分解到每个部门和个人，并能对其考核评价，这一制度体系也难以发挥作用。因为只有科学、合理的指标分解，才能使组织的每个部门和成员明确自己的使命，找到其工作的差距。

在指标分解的具体方法上，常用的方法是因果关系法和相关关系法两种。因果关系法是按照"因果关系链"自上而下的层层分解绩效指标。如何寻找或发现因果关系链，有两种具体方法。一是利用财务工具分解。从财务关系角度入手，可以根据财务数据上的逻辑关系分解绩效指标。因为财务数据之间通过相乘或相除、相加或相减等可以寻找到它们之间的内在逻辑关系，以此建立因果关系绩效指标体系。二是用鱼骨图、"帕累托"图分解因果关系。这一方法首先通常要求管理者对结果（影响业绩的最主要方面）进行六个维度的一级分解，包括测量、设备、人员、环境、方法、材料，然后进入二级分解，以此类推。相关关系法是用于解决没有因果关系,但却存在相关关系的指标分解方法,通常采用关键成功要素(Critical Success Factors,CSF)法来进行。相关关系是指各因素之间存在必然联系但不一定是因果关系,或者说对目标产生重要影响但不一定能找到可以直接量化表达的因果关系。寻找相关关系一般采取讨论的形式进行,即借助经验来分解指标。具体来说,首先分析关键成功要素,然后落实为关键业务指标;以此不断寻找相关关系,最终找出整个指标体系。

4.3.2 基于 BSC 的绩效指标分解——战略目标转化为关键绩效指标

基于 BSC 的指标体系设计的关键是将战略目标转化为关键绩效指标。基本思路是将组织的使命(愿景)转化为发展战略目标;再从四个绩效维度(公共管理维度、相关客户维度、内部管理维度和能力建设维度)分解战略目标,然后从四个绩效维度分析选择决定战略成功的因素;最后根据战略成功因素设定关键绩效指标。在这一过程中,战略成功因素的选择及其转化为关键绩效指标是难点。

(1) 战略成功因素的选择。所谓战略成功因素,是指实现发展战略目标起决定性作用的关键要素。如果被忽视,就会对组织的绩效、组织职能的发挥产生重大影响。因此,战略成功要素是绩效评价过程中的重点项目。下表 4.1 针对某政府如何寻找战略成功因素给出的建议。

表 4.1 战略目标转化为关键绩效指标:某政府的战略成功因素的选择

基本问题	绩效维度	需要考虑的问题	成功因素
1. 过去的成功靠什么,有哪些要素？ 2. 过去的成功要素现在是否继续有效？哪些要素已经成为成功的障碍？与服务对象和上级领导的要求相比有哪些差距？	公共管理效果	政府的主要职能	经济发展速度、经济结构调整、社会进步程度、资源利用与保护效果、社会稳定程度、公共服务水平、社会管理水平、依法行政水平、政策执行水平、科学决策水平、生活质量提高等。
	相关客户	(1) 客户(服务对象和上级领导)当前迫切需求？(2) 客户的未来需求？(3) 客户的期望值？(4) 如何做、做什么才能满足客户当前及未来的需求？	公民对生活质量、社会稳定、环境治理、生态建设、政府宏观调控、卫生医疗公务、国民教育、政府效能、公共交通、政务公开透明度、政府工作效率的满意程度;上级领导对党务建设、作风建设、廉政建设的满意程度;内部工作人员对本组织规章制度完善性、绩效考评准确性、管理流程、干部选拔公平性满意程度等。

续表

基本问题	绩效维度	需要考虑的问题	成功因素
3. 根据战略规划，未来追求的目标是什么？成功实现未来目标的要素是什么？	内部管理	政府履行职能、满足客户需求、实现公共管理目标，应做好的工作（如改善内部业务流程、建立管理机制、加强自身建设、加强成本控制等）	党委、政府自身建设、基层组织建设、党风廉政建设、人才队伍建设、精神文明建设、民主法制建设、客户服务流程、流程的有效性、流程的效率、流程的成本、流程的创新性、行政成本控制、财务预算科学性、管理信息系统的建设等。
	能力建设	（1）实现目标，公务员应具备的观念和意识、知识和技能？以及具备这些观念、知识和技能，需要建立的机制，采取的措施？（3）完成使命、实现战略目标的组织文化和环境氛围？	公务员的培训计划落实与培训效果、宏观调控能力、经济外向型能力、科技支撑能力、教育支撑能力、管理协调能力、行政服务能力、处理突发事件能力、廉洁自律能力等。

资料来源：罗双平，如何将战略目标转化关键绩效指标，中国人才，2010年第10期

（2）战略目标转化为关键绩效指标的第二步是根据战略成功因素选择关键绩效指标。具体方法是：先明确未来的使命或愿景以及其战略目标和战略措施，再选定实现战略目标涉及的绩效目标，再根据实现绩效目标的关键性/战略性成功因素设定衡量指标。

4.4 结果导向绩效指标设计的实践

伴随着结果导向绩效预算改革过程发展起来的是结果导向绩效指标设计的探索与实践。正如结果导向绩效预算在世界各国间存在差异一样，结果导向绩效指标的设计在世界各国间也表现出了明显的不同。

4.4.1 美国与澳大利亚结果导向绩效指标体系比较

从西方各国的实践来看，尽管他们之间在使用的具体绩效指标上的差异明显，但一个共同的特点是其都遵循将"结果导向"作为指标设计的出发点。如果将结果导向作为指标设计的出发点看作是指标设计依据的变更，那么，这一变更就可以看作是对其过去过分强调"投入指标"、"过程

指标"和"产出指标",而忽视了最终的服务效果和社会效益的一种"纠偏"。但是,另一方面,许多国家(如澳大利亚等)也认为"结果导向"并不排斥"过程"和"能力",因而,这些国家还十分重视在指标设计上要充分考虑取得最佳效果的创新能力、内部业务流程和行动计划等能力和过程类的指标。正是因为这些差异造成了指标设计上的思路上的差异。为了比较他们之间的差异,我们选择了美国与澳大利亚这两个有代表性的国家作为对象来进行分析讨论。

1. 美国联邦政府的结果导向绩效指标体系

美国联邦政府的结果导向绩效指标体系设计可划分为两个大的发展阶段。一是克林顿政府时期产生的绩效指标体系。这是在《政府绩效与结果法案1993》(GPRA)的框架下推行部门层次的绩效评估过程中形成的;二是小布什政府时期的绩效指标体系。它是通过项目等级评估工具(PART)建立的建立项目绩效评估和总统管理议程(PMA)出台的跨部门绩效评估过程中形成的①。

美国结果导向绩效指标设计最具代表性和特色的是其联邦政府基于《政府绩效与结果法案1993》建立的绩效指标体系。根据《政府绩效与结果法案1993》的要求,在部门绩效评估时,联邦各部门都要拟定部门战略规划,并据此编制年度绩效计划和绩效与责任报告。为了适应这一要求,每个部门必须根据本部门的使命和其提供服务的特点制定出有自身特色的、可量化的绩效指标体系。以联邦劳动和社会保障部为例,在2004财政年度的部门绩效评估中共设计了43个绩效指标(其中产出指标9个,结果指标34个)。在跨部门绩效评估层次上,根据小布什政府的五项改革动议,总统管理委员会和联邦管理与预算局(OMB)联合制定了三色等级评估指标体系,用来评估联邦各部门执行总统改革动议的工作成果。

美国的另一特色是建立了项目评估制度,由此产生了美国联邦政府在绩效指标设计上取得的另外一个成就——项目绩效评估指标体系。在项目绩效评估层次上,联邦管理与预算局(OMB)运用项目等级评估工具(PART)对联邦政府的大部分项目进行评估。项目等级评估工具(PART)实际上就是一套由一系列问题组成的问卷系统。为了保证项目等级评估工具所设计的问题与项目之间的相关性,管理与预算局(OMB)把

---

① 财政部财政科学研究所《绩效预算》课题组. 美国政府绩效评价体系, 经济管理出版社, 2004.

项目分为了不同的类型,在保证每一类项目中的大多数问题基本相同的条件下,根据每一类项目的特点设计相应的问题,从而保证了项目绩效指标体系的统一性。如美国联邦政府的作物保险项目评价表中就设计了"项目目的及设计"等五个维度的指标和"项目目的是否清楚"等 24 个问题①。

2. 澳大利亚政府的结果导向绩效指标体系②

澳大利亚政府服务绩效评估筹划指导委员会将绩效评估指标分为四种类型,即产出(outputs)指标,主要是指政府提供的服务数量(如学校毕业生人数等);结果(outcomes)指标,主要是指一项服务的质量(quality)和效果(effectiveness),如用街道或公园清洁程度来测评垃圾收集部门的成功或失职;投入—产出(input-output)指标,主要是指用来测量一单位产出而需要投入的资源数量,即产出/投入比(又称为"技术效率"),如改造一个罪犯所需的花费等;投入—结果(input-outcome)指标,主要是指用来测量为了达到一定的结果而需要的资源数量,即结果/投入(又称为"成本效益"),如一英里道路经过维护处于良好状态所需花费。

在指标设计思路上,澳大利亚政府服务绩效评估筹划指导委员会认为,在体现公平、效率、效果要求的原则下,具体的指标设计首先是明确服务或项目的目标,然后围绕这一目标,从服务提供的全过程,服务消耗资源(投入)、服务传送途径(过程)、服务提供数量(产出)和服务产生影响(结果)来逐步设计指标。

表 4.2　澳大利亚消防服务绩效评估的指标体系

服务领域	测评维度		产出或产出/投入	结果或结果/投入
消防服务	公　平	火灾预防	社区消防演习安全程度	火灾死亡率 火灾受伤率 火灾平均经济损失 火灾总财产损失
	效　果	消防准备	住宅中配有烟火警报的比例; 商务建筑中配有洒水装置的比例	
		响应时间	响应时间占灭火过程 50% 的次数; 响应时间占灭火过程 90% 的次数	
		火灾后现场恢复情况		
	效　率	人均费用支出情况		

---

① 财政部财政科学研究所《绩效预算》课题组. 美国政府绩效评价体系,经济管理出版社,pp356—365. 2004.

② 范柏乃,余有贤. 澳大利亚的政府绩效评估及对我国的启示. 行政与法. 11. 2005.

资料来源：APS Commission Occasional，"The Australian Experience of Public Sector Reform"[EB/OL]. http：//www. aspc. gov. au/apout/exppsreform. htm.

自 1995 年开始到现在，经过不断的修正与完善，澳大利亚已经构建了包括医疗卫生、住房、教育（包括普通教育和职业教育）、警察、法院、监狱、社会福利（包括儿童和老人看护、残疾人看护）和应急管理（包括消防服务和救护服务）等 8 个政府服务绩效评估指标体系。上表 4.2 是澳大利亚消防服务绩效评估的指标体系。

3. 比较

比较美国联邦政府和澳大利亚政府的指标设计可以发现，美国联邦政府的绩效指标设计具有两大特点。一是实现了绩效评估与预算的深度结合。部门绩效评估指标就是直接按照其设定的预算编制要求与程序或步骤设计的，并由联邦各部门在每个财政年度末对本部门的年度绩效进行评估，把评估结果制成绩效和责任报告后予以公布；项目绩效评估也主要是通过 PART 对项目进行比较评估，从而为联邦项目管理和项目预算提供依据；跨部门绩效评估主要是通过三色等级评分卡对联邦各部门执行总统改革动议的成绩进行比较评估，督促各部委执行总统改革动议，为总统管理议程的成功执行提供保障。二是联邦政府的绩效评估能够有效地督促政府各部门及其公务员增强服务意识和责任意识、改善服务质量、提高行政效率和政府的公信力。

澳大利亚政府服务绩效评估指标的特点有三。第一，既有一个统一的总体指标框架，又可以根据评估服务领域的特点设计具体指标。体现了指标设计上的既统一又灵活要求；第二，各服务领域的指标都分为公平、效率、效果三个维度，然后选择产出指标、结果指标、技术效率指标和成本效益指标；第三，指标体系以定量指标为主、定性指标为辅。

4.4.2 主要发达国家不同层次指标设计上的差异比较

比较美国、澳大利亚、英国、加拿大和日本等主要发达国家在指标设计上的具体做法，差异较大，概括起来主要体现在如下两个方面。

（1）在绩效指标维度的选择上，一方面，不同国家的绩效指标维度的选择各不相同。如澳大利亚政府只设有公平、效率、效果三个绩效指标维度；英国地方自治体对绩效维度（一级指标）的设计最为翔实，共有 17 个；日本北九州市的绩效维度（一级指标）为 9 个。另一方面，一国内部各政府层级间的选择也各不相同。在美国，其国家公共生产力中心（The National Center for Public Productivity）设定的绩效测评系统中，将公共部门绩效指标设定为投入、能力、产出、结果、效率和生产力六个维度，但联邦政府则根据部门评估与项目评估的不同采取了不同的绩效指标维度选择标准。在州和地方政府层次，其绩效维度的选择则更是呈现出多样化的特点，如俄勒冈州就将绩效维度（一级指标）设定为7个。

（2）在指标分解或基本指标及具体指标的设计上，澳大利亚的基本指标与具体指标的要求是统一的，分为产出（outputs）指标、结果（outcomes）指标、投入—产出（input－output）指标、产出/投入比（又称为"技术效率"）和投入—结果（input－outcome）指标；瑞士则采用软指标与硬指标作为其分类方法；美国则比较注重对政府的行为和政策。区别最大的体现在具体指标设计上，由于具体指标要求描述具体翔实，加之各国国情不同，评估重点不同，指标名称的表述、基本涵义都有较大的不同，很难进行对比分析。

4.4.3 影响指标设计的因素分析

概括起来讲，不同国家间和一国内部各级政府之间在指标设计上差异产生的原因主要有：

（1）政治、经济、文化等方面的差异影响指标体系设计。这集中体现在地方政府的指标体系设计上，许多的地方政府在设计其指标体系过程中都设计具有地域特色的指标。如英国地方自治政府在评估卫生状况时，将"公共厕所清洁度"作为一个具体指标；美国俄勒冈州在评估基础教育时，则将"携带武器的学生比率"作为一个校园安全方面的具体指标；日本北九州市在评估基础设施时，则将"每万人所拥有的铁道车站数目"作为衡量生活便利性的一个具体指标等。

（2）评估侧重点不同往往影响指标体系的设计。这种影响主要体现在两个方面。一是由于评估侧重点不同，同一个指标可能在不同的层级上。如住宅类指标，英国地方自治政府将其设为一级指标，美国俄勒冈州和日本北九州市则将其设为二级指标。二是同一类指标的评估重点不同，则指标设计也不同。如教育指标设计上，英国的重点放在了教育的阶段性评估上，而日本则放在了教育设施的利用上。英国将其分为"教育服务提供"

（包括小学及入学前的儿童教育）和"中等教育及第二阶段教育成果（包括中等教育、成人教育、特殊教育等）"两个具体指标；日本北九州岛市将"教育"纳入"教育、文化领域"，强调教育设施的利用、高中的升学率及大学以上教育情况。

（3）指标涵义界定的不同影响指标的设计。从指标内涵的界定来看，尽管指标名称相同，但由于对其内容及具体涵义的界定不同，也导致指标设计上的不同。如美国俄勒冈州的住宅指标不仅包括出租房屋，也包括购买房屋，还特别考察了费用占收入的比率；日本北九州市的指标名称和评估范围虽然与美国俄勒冈州相同，但在内容上不仅包括出租、销售房屋的价格、面积等，而且还将出租房屋中的公营房屋单独作为一个的具体指标。

4.5 结果导向绩效信息的收集与管理

4.5.1 结果导向绩效信息收集的作用

信息收集在结果导向绩效管理中的作用主要体现在两个方面。

一方面，信息收集是开展结果导向绩效管理的前提和基础工作。科学、合理的绩效指标体系为绩效信息的取得提供了坚实的基础，但并不是说设计出了科学、合理的指标体系就能获得所需的信息。因此，信息的收集或取得与管理是开展结果导向绩效预算管理的一项十分重要的基础工作。

另一方面，通过信息收集可以促进绩效管理。因此，信息收集工作除了可以获得绩效管理所需的信息外，同时也是有效促进结果导向绩效管理的重要工具。一是在对某一公共部门实施绩效管理之前，信息收集能够更进一步了解该部门实施绩效管理的必要性和可行性。二是在对某一公共部门实施绩效管理过程中，及时、全面的信息收集工作，可以使评估者掌握到绩效管理的反馈情况，从而及时调整工作和服务状况，促使个人和组织更好地围绕整体目标展开工作。三是由于绩效管理往往是以一个财政年度为周期的，信息收集可以帮助公共部门的管理者和该部门的各个单位和个人全面了解自己在该财政年度内取得的绩效情况。

4.5.2 结果导向绩效信息收集原则与方法：

1. 原则

成功的绩效管理与评估是紧密联系在一起的，而有效的评估使用的资料（信息）和评估事项是两个关键因素。各类评估主体产生的评估误差与绩效信息收集不全面、不真实和不准确等都有着十分紧密的关系。为了充分发挥信息收集在结果导向绩效信息管理中的作用，信息收集应坚持以下原则：

一是准确性原则。即信息收集要真实，可靠。为此，必须反复核实收集信息，不断检验，力求把误差减少到最低。

二是全面性原则。即信息要广泛、全面和完整。只有广泛、全面的信息收集，才能完整地反映评估对象和决策对象的全貌，为科学评价与决策提供保障。

三是时效性原则。即信息必须及时、迅速地提供给使用者才能有效地发挥其作用，否则就是"马后炮"。

2. 方法与系统

从方法上讲，信息搜集的方法大致有调查法、观察法、实验方法、文献检索和网络信息收集法等。从信息收集系统讲，报送报表是政府收集绩效信息的最为重要的途径。由于结果导向绩效管理的特点，对于原始信息的收集，大都是通过报表自动生成和调查或问卷的方法取得的。除这些传统方法外，统计分析方法对于信息的收集也是十分重要的方法。

4.5.3 建设结果导向绩效信息管理系统

信息管理系统对于结果导向绩效管理已经越来越重要。这不仅是因为信息管理（Information Management IM）是有效地开发和利用信息资源，对信息资源进行计划、组织、领导和控制的工具；而且是因为结果导向绩效管理对信息收集、信息传输、信息加工和信息储存提出了新的要求。即对于结果导向绩效管理来说，如果不能根据评价对象战略目标、计划和任务的变化，以及绩效指标内涵与内容的修订等，对信息进行完善与充实，根据这样的信息进行评价，就难免会出现结果的不准确和不真实甚至错误[1]。因此，信息管理系统的建设在结果导向绩效管理中居于重要地位。

一个完整的信息管理系统是一个高度专门化的工作，应该包括有效的

---

[1] Janet M. Kelly，William C. Rivenbark. 地方政府绩效管理. 上海财经大学出版社，2007，p. 191—193.

信息平台、有效的信息采集渠道与工具、专门的管理机构和高素质的管理人员组成。这些都是当今世界各国在结果导向绩效管理过程中最为薄弱的环节，因此，加快和加强结果导向绩效管理信息平台建设，对于当前有效开展绩效管理工作具有重大现实意义。

第 5 章　结果导向的财政责任与财务信息

5.1　财政责任与结果导向财务信息

5.1.1　结果导向绩效预算与财政责任的新变化

正如在前面讨论结果导向绩效预算的体系结构与预算过程中所揭示的，按照结果导向绩效预算的理念与管理模式，政府（议会）、公共部门或官僚机构、财政预算管理机关在预算管理体系与预算过程中各自扮演着不同的"角色"。与这一"角色"定位相对应的，就是他们必须在政府预算的编制、审查批准、执行与报告过程中对公众或社会承担相应的责任。

1. 财政责任、运作责任与政治责任

我们把应由政府（议会）承担的责任称之为政治责任，这种责任又可称之为决策责任，专指政府（议会）对公众要求的反应能力，即政府必须按照公众的愿望决定提供或优先解决公众提出的哪些公共服务要求。把应由公共部门或官僚机构承担的责任称之为运作责任，专指由公共部门或官僚机构承担的责任，主要表现为公共服务的经济性和有效性。经济性是公共部门或官僚机构在服务提供过程中最大效率的使用公共收入，有效性就是使其负责提供的服务在何种程度上达到其供给的目的。把应由财政预算管理机关承担的责任称之为财政责任，专指财政预算管理机关必须对纳入国库的公共收入的征收与使用负责，这不仅仅是一个防止欺诈、贪污和挪用的问题；更主要的还是要精确反映公共收入的来源、使用，并在这一过程中对政府财务状况提供准确的评价[1]。

2. 结果导向绩效预算对财政责任的新要求

---

[1] Janet M. Kelly, William C. Rivenbark. 地方政府绩效管理. 上海财经大学出版社. 2007，p. 1—3.

在传统预算管理模式下，财政预算管理机关的责任是十分明确的。结果导向绩效预算的推行改变了传统的预算管理模式，从而给传统的财政责任赋予了新内容。主要有：一是结果导向绩效预算进一步强化了目标和支出总额控制，适当给公共部门或官僚机构下放了支出管理权限。这一改变对财政责任的影响，一方面增强了支出总额的刚性，强化对支出总额和财政风险控制的财政责任；另一方面，减轻了财政预算管理机关具体支出项目控制责任。二是将结果作为考核评价支出的绩效标准，改变了过去将产出或投入作为考核评价标准的做法，这一改变对财政责任的影响，主要是支出是否用于公众关心项目和公众是否对服务的供给满意，或者说，"结果/投入"比率将取代"产出/投入"比率，成为检验支出是否合理的标准。三是根据战略目标和战略计划来编制预算的做法，使得支出是否与批准的预算保持一致的控制与检查的财政责任，逐步过渡到以支出的合理性（是否与战略目标和战略计划相吻合）为主。四是在支出总额控制前提下，财政预算管理机关与官僚机构之间由管理与被管理预算关系向相互尊重和平等的"合同预算"关系转变，使得在支出如何安排使用的财政责任上，双方之间传统意义的策略性博弈关系大为改善。五是新型部门预算体系的构建，使得财政责任的范围相对缩小了。

5.1.2 财政责任对结果导向财务信息的要求

提供财务信息本身就是财政预算管理机关的职责与任务，或者说，提供财务信息本身就是财政责任中的重要内容。在结果导向绩效预算模式中，财政预算管理机关的财政责任发生了变化，对财务信息的要求也随之发生变化。正是基于这一考虑，我们把结果导向绩效预算下的财务信息称之为结果导向的财务信息。

根据在结果导向绩效预算中扮演的"角色"和承担的责任，财政预算管理机关履行其责任发生的变化，体现在结果导向财务信息的要求上，一是传统控制型财政责任体系下的财务信息系统，如果在详细支出项目控制和支出总额控制方面进行调整，就可以满足结果导向绩效预算的要求。因为，传统财务信息系统在反映财政收入来源与去向方面具有明显的优势。二是提供结果导向绩效管理所需的信息是结果导向绩效预算对财务信息的新要求。这主要表现在全面、准确核算服务和项目（简称服务项目，下同）的成本和绩效两个方面。由于绩效主要是"结果/投入"比率、"产出/投入"比率等指标上，且这些信息往往还要结合其他绩效信息通过计算才能得到，这里主要讨论核算服务项目成本所引起的财务信息及其系统的新变化。

5.2 结果导向财务核算体系

全面、准确、及时地提供服务项目成本、反映所有政府公共收入的来源与去向，是结果导向绩效管理的内在要求。因为任何绩效管理，如果不将成本与结果联系起来都将没有任何意义。从各国的实践来看，建立一个能满足这一要求的财务核算体系面临许多的困难。因为它涉及包括会计核算主体、核算方法和政府会计体系等方面的改革与调整，尤其是对于我国这样的体制转型国家和广大的发展中国家更是如此。

5.2.1 按照结果导向财务核算体系的要求选择政府会计主体

根据 Dunlevy P. 在分析部门预算构成时所确立的框架，可供选择的政府会计主体范围的界定标准有核心预算、官僚机构预算、项目预算和超项目预算几种。正如 Dunlevy，P. 所指出的，部门预算的范围应根据各个国家的实际情况来选择①。这样，政府会计主体的范围也应根据各个国家的情况来选择。因为如果政府会计主体的范围与政府预算的范围产生了不一致，政府会计核算体系就无法提供结果导向绩效管理所需的财务信息。事实上，会计主体作为会计的四大假设之一，相对于会计核算系统而言，它是外生的，因而政府会计主体实际上也决定于其服务的对象。会计主体界定具体包括核算主体与报告主体的范围界定。

1. 会计核算主体与报告主体及其可分离性

会计主体指的是会计工作的空间范围，具体可分为核算主体（也叫记账主体）和报告主体。核算主体是指划分和确定所要达成自相平衡的一组经济业务，是对各种来源的财务资源之间的范围进行界定，是为了满足内部信息使用者的需要。根据国际会计师联合会公立单位委员会（以下简称PSC）的定义，报告主体是指能够合理预期到有使用者存在的主体，这些使用者依赖财务报告获取对其履行受托责任和制定决策有用的信息，主要是考虑外部使用者的需求。虽然政府报告主体是政府会计主体应有的内涵之一，但政府报告主体作为一个独立的概念和会计现象，在政府财政管理体系中，其"地位"与受关注的程度大大超过了政府会计主体，以至于许

---

① Dunlevy P. 1991Democracy, Bureaucracy and Public Choice. New York: Prentice Hall. PP. 181—185

多人在讨论政府会计主体时往往是两个概念混用。因此，在选择政府会计主体的讨论过程中，一直存在会计主体与报告主体两个概念之分。产生这一现象的原因主要是源于政府会计核算主体与报告主体的可分离性。

对于企业，核算主体和报告主体一般是一致的。对于政府会计而言，由于其职能与核算的特殊性，核算主体与报告主体是可以分离的。这种可分离性源于会计主体的本质属性与政府的公共受托责任。既然界定会计主体的实质就是要确定会计的空间范围，那么，在空间范围上，政府会计主体的范围就有核算范围与报告范围之分，两者在空间上可以是一致的，也可以是不一致的，即核算主体不一定都是报告主体，报告主体不一定是全部的核算主体。因为政府会计信息的使用者包括内部使用者和外部使用者两类，核算主体对于内部使用者是重要的和必需的，但对于外部使用者来说，因其关注的是政府提供的公共服务的效果，需要的是不同种类公共服务的费用或成本，如果按照核算主体来报告，不但会因信息量过大和过于分散而不便于外部使用者对信息的使用，进而影响其对公共服务效果的评价。

从公共受托责任角度来看，为提供公共服务，现代政府已经发展成一个十分复杂的庞大系统，每类公共服务都由为数众多的单位共同完成，如果说提供公共服务是政府受托于公众而承担的公共责任，那么，政府内部负责提供公共服务的部门和单位的上下级之间也同样存在一种受托责任。这两类受托责任之间的区别在于，前者往往与政府预、决算联系在一起，属于政府决算报告的范畴，这时政府就是一个报告主体，向公众报告政府财政收支。后者则由于公共责任初始委托者出于全局或局部利益考虑需要对某些公共服务予以特别关注、政府提供公共服务方式的多样化和公共服务资金来源的多渠道等原因，而产生了区分政府会计核算主体与报告主体的需要。正是核算主体与报告主体之间的可分离性，从而为政府会计主体界定提供了可选择的空间。

其实，核算主体是报告主体的基础。没有完整、准确的会计核算，就不可能有完整、准确、科学的会计报告。政府核算主体的确定相对较为容易，它与公共资金的活动、与公共资源的占有和支配的联系更为紧密，其目的主要是为了满足内部信息使用者的需要；政府的报告主体主要满足的是上级部门、监管机关和社会公众等极易受不确定因素影响的外部信息使用者的需求。这种具有不确定性和不断变化的需求之所以决定报告主体的选择，是因为其与政府的公共受托责任直接相关。因此，从两者之间的关系来看，界定政府会计主体包括界定核算主体和界定报告主体两层含义，只是界定政府会计主体的重点与难点是政府会计报告主体。

2. 按照反映所有政府公共收入的来源与去向的要求界定政府会计主体

世界各国的财政管理经验表明，要建立一个科学、健全、有效的结果导向的财务核算管理体系，政府财政面临三大主要任务。一是建立起一个能够对政府支配、占有的社会经济进行严格、有效控制的财政管理体系；二是实现由以控制为主的财政管理向以绩效管理为主的财政管理体系的转变；三是要建立一个最大限度地提高公众在公共决策过程中参与度的结果导向绩效管理体系。这就是政府会计主体选择面临的基本环境。根据这一环境，在理论逻辑上，那些支配和占有了政府社会经济资源的部门、单位都应纳入到政府会计主体的范围。因为只有这样，才能全面、准确反映政府支配和占有社会经济资源的情况，才能有效遏制目前形形色色的肢解政府财政职能的力量。

从目前的财政现实来看，可从如下两个方面来设定政府会计主体的界定标准：

第一，按照以控制导向为主、健全财政收入体制机制的思路界定政府会计主体。一要按照政府财政收入的不同类别或取得收入的不同形式界定政府会计主体。重点是将取得政府非税收入的部门单位纳入政府会计主体范围，尤其是拥有土地等国有资源收益的部门和单位；二要将凭借政府赋予的公共权力与资源进行债务融资的部门和单位纳入政府会计主体的范围。

第二，按照以结果导向为主、健全公共支出及预算管理体制机制的思路界定政府会计主体。考核评价政府的前提之一是要准确核算、科学地报告或反映公共服务的成本，为此，一要在对政府提供的公共服务进行科学分类的基础上设定政府会计的报告主体，二要按照政府财政支出的去向和使用者来界定政府会计核算主体。只有这样，政府财政的预算与核算才能统一，公共服务的绩效评价与行政问责才有可能。

3. 按照全面、准确、及时地提供服务项目成本的要求界定政府会计主体

从空间上来讲，会计主体的选择决定于会计主体服务对象的结构，具体主要包括组织形式、监管制度、资金来源、内部机构设置等。结构差异

决定着会计工作的复杂程度，也影响会计主体范围的界定。这就是人们通常所讲的会计环境对会计主体的影响。由于会计主体相对于会计体系而言是外生的，因而会计环境对会计主体的选择往往具有决定性影响。目前，政府会计核算的空间范围处于一种模糊状态的根本原因在于我们对会计主体界定的这一内在逻辑认识还不到位。随着市场经济体制的确立与不断完善，政府职能范围一直处于一个不断调整的过程中，政府提供公共服务方式随着市场经济的发育而不断呈现出多样化的特征，从而导致政府会计工作对象发生了包括组织形式、监管制度和资金来源等因素在内的许多重大变化。从而对政府会计主体的界定提出了新的要求。

第一，从组织形式上讲，政府提供公共服务的方式大致有政府直接提供和购买提供两大类。对于政府直接提供的公共服务，如政府设立公办学校提供教育服务等，不管是什么性质的部门和单位都应当属于政府会计主体的范围；对于政府购买提供的公共服务，如政府委托会计师事务所负责某一政府投资项目的审计工作等，因其本质上属于政府采购的范畴，公共服务的生产者与提供者之间是一种买卖关系，将这类公共服务的生产者纳入政府会计主体的范围就不合适。对这类公共服务的考核、评价对象是购买者而非生产者，因而应将购买者而非生产者纳入政府会计主体范围。

第二，从监管制度来看，如果把提供公共服务的单位统称为公共组织的话（下同），由于公共组织不像私人企业可以通过市场机制对其形成强大的约束力，公共组织常常因缺乏竞争，资源的提供与产品和服务的受惠之间不存在关联性，或关联程度较小，使得其业绩和经营成果计量较为困难，加之公共组织不存在营利动机和营利指标构成的分配和规范机制，很难通过市场竞争机制优胜劣汰。因而公共组织的成本核算就十分必要，将其纳入政府会计主体范围也是必然的。因为监管无非包括公众、上级部门和专门的监督机关监督等三类。无论是公众的监督，还是上级部门和专门的监管机关的监督，只有将监督对象提供公共服务的成本与其工作业绩联系起来才能产生实效。这就是说，监督行为要转化为促进公共机构绩效的有效压力往往是与其公共服务的成本联系在一起的。

第三，在资金筹措上，随着市场经济体制改革的深入，政府为公共服务筹措资金的渠道与方式也随之发生了巨大的变化。目前，公共组织的财务资源的来源渠道和方式与企业组织有部分相似之处，如对部分公共服务也采取有偿方式提供等，如果再用传统意义上的财政资金概念来界定政府会计主体显然是不行的。概括起来讲,为公共服务筹措资金的渠道与方式大致有税收、发行债券、国有资产和资源收益、政府间转移支付、收费、政府担保和捐赠等等。虽然这些不同来源和不同方式取得的收入在使用上往往有着明确的限定性,但它们都是凭借国家的公共权力或公共资源等取得的,应将使用这些公共财政资源的部门和单位纳入政府会计主体范围。事实上,财政资金概念的外延变得越来越模糊,很难有一个统一或公认的标准来界定,用收入取得依据来界定政府会计主体则更为简便和清晰。

5.2.2 按照结果导向财务核算体系的要求改革政府会计核算基础

1. 政府会计核算基础的比较

政府会计核算基础有权责发生制和收付实现制两种①[1]。在现金收付实现制下,会计核算只产生现金流量表信息,在收入核算上,收付实现制是按现金收到来确认收入的,这与会计方法所讲收入要素的定义并不完全吻合。当收入实现和收款不同步时,收付实现制是按照现金的流入来核算的,因而不能反映当期业务活动的真实情况。在支出核算上,收付实现制是按现金支付来核算的,其确认的是支出而非"费用"要素。当"费用"发生和付款不同步时,收付实现制是按照现金的流出来核算的,因而不能反映当期业务活动所付出的真实代价。这样,收付实现制下的收入与支出的差额并不能反映结余或净资产变化,反映的只是现金净流量。

在权责发生制下,收入和费用的核算都与会计方法中规定的收入、费用要素定义相吻合。当收入与费用的发生与现金流入与流出不同步时,权责发生制下可以确认出相应的非现金资产或负债。这样,与收付实现制不同,权责发生制就能生成和反映当期业务活动结果和业绩的收入与费用表信息,同时也能生成和反映政府财务状况的资产负债表信息。

2. 权责发生制在结果导向财务核算体系中的作用

政府会计以权责发生制为核算基础,是20世纪90年代以来西方各国开展的以结果为导向的公共管理改革的重要组成部分②。这是因为,较之于收付实现制,权责发生制则较好地突出了对更完整、更可靠的成本与绩效信息的需求,能够使政府更好地履行受托责任。具体讲,是由于结果导向绩效管理要求政府财政不仅应对现金支出负责,更要对与其所产生的结果相关联的全部成本负责。在这一点上,以收付实现制为核算基础的政府

---

① 马蔡琛. 政府会计确认基础与权责发生制预算改革的思考[J]. 财会通讯,2006,(7).
② 王淑杰. 改革我国政府会计基础的思考[J]. 财会月刊,2004,(4).

会计则不能完全反映政府支出及其所提供的服务成本的信息。以权责发生制为核算基础的政府会计却能在配比基础上确定政府支出及其所提供的服务的真实、完全成本。真实、完全成本信息有利于将资源消耗的总成本与取得的相应的成果（结果）更紧密地联系起来，不但使得政府在管理上就可以产量（产品或者服务）或业务成果（结果）来衡量评估对象的工作绩效，而且真实、完全的成本指标既增强了决策的科学性，又强化了政府的受托责任。

3. 稳步推进政府会计权责发生制

根据各国的实践经验，政府会计采用权责发生制是一项有风险的改革①。目前，除新西兰政府全面实施权责发生制并且取得成功外，其他国家均采取循序渐进的办法来改革其会计核算基础。最具代表性的是法国政府。法国是从1999年起开始引入权责发生制原则的，其具体做法是在年末计提应计、应付利息，对固定资产进行盘点记账后计提折旧，提取坏账准备，强化附注披露等。这些做法并没有改变政府会计的整体核算基础，但在一定程度上弥补了收付实现制的不足。

5.2.3 将公允价值计量引入结果导向财务核算体系

1. 公允价值计量与结果导向绩效管理

公允价值是经济学中价值概念的会计表达，是对能反映会计要素本质特征的现值概念的体现。随着经济环境的变化，面向过去、以权责发生制、历史成本原则、实现原则、稳健原则和配比原则为主要特征的历史成本会计模式显得越来越不适应环境②。而公允价值会计基于价值和现值的深厚理念，深刻反映各会计要素的本质特征；其本身是一个兼容历史成本、现行成本、现行市价和短期可变现净值、现值的历史性概念，全面涵盖价值的直接计量和间接计量；能够提供更多面向现有、未来、市场、风险和不确定性的信息。这些特征决定了公允价值会计符合经济学、管理学的根本宗旨，又能恰如其分地应和环境的常变常新，因此将公允价值会计引入结果导向绩效管理框架下的政府会计改革领域，力求较为真实、连续地反映政府资金价值运动及结果，是一种必然的潮流与趋势③。公允价值计量与结果导向绩效管理框架下的政府会计改革的契合体现在以下几点：

---

① 张琦. 新西兰政府会计改革及启示 [J]. http://www.51lunwen.com/accountingauditing/财会通讯，2007，（8）

② 谢诗芬. 公允价值：国际会计前沿问题研究. 长沙：湖南人民出版社. 2004

③ 杨发勇，瞿曲. 试论公共财政与政府会计的关系. 武汉大学学报. 2005（1）

一是结果导向绩效管理框架下的政府会计改革注重政府活动的最终的产出和结果,而不是初始投入,并强调进行严格的绩效目标控制。这实际上和公允价值重视产出价值而非投入价值、重视未来价值而非历史价值是不谋而合的。历史成本之所以在政府会计计量中长期占据主导地位,主要是因为其具有客观性、可验证性、可靠性、易取得等方面的优势,但是随着经济环境的变化,历史成本的局限性也越来越明显。历史成本主要基于过去实际发生的交易,既无法衡量政府资产中因为积累继承和强力夺取等非交易方式取得的资源性资产、遗产资产的价值,也无法判断政府对合理使用公共资源、增进公共利益作出的持续性努力。而且历史成本的静态性也决定了它不能确认和计量会计主体外的环境重大变化,不能真实公允地反映政府活动、产出、结果的价值变动。而公允价值作为一种复合计量属性,符合以价值为基础的计量。与投入价值相比,它更为重视产出价值,不拘囿于交易观,具有动态性、符合真实与公允观的特点,能更好地面向现有、未来、市场、风险和不确定性。在政府会计中引入公允价值会计作为计量基础,能够更好地促使公众、利益相关方、政府部门尽快将视线转移到政府产出和结果的价值上,以进一步证实政府的公共受托责任,促进政府提升效绩。

二是结果导向绩效管理框架下的政府会计重视来自财政状况的全面、对称的信息,包括收入来源和类型的信息、资源分配和使用信息、现金流动和未来现金需求信息、偿债能力信息及整体财政状况信息。从我国目前的情况来看,对非流动性资源主要是固定资产、无形资产等的占用、使用及处置难以真实地反映其存耗状况。造成这种状况的根源是在于现行固定资产在购置和大修上不需要资本化核算,在使用和处置上不需要价值转移核算,使固定资产在价值管理上处于放任状态。此外,我国基本不计量、不反映各级政府的隐性负债,不利于政府防范和化解风险,也给财政经济健康运行带来隐患。针对这些情况,我国政府会计改革必须全面引入公允价值会计,即对所有资产和负债都运用公允价值进行初始确认计量和后续确认计量,并尽量对称地反映在财务报告中,以全面反映政府受托管理公共事务和公共资源的活动情况。

三是结果导向绩效管理框架下政府会计改革的核心是通过一系列创新和变革,强化政府会计在绩效管理决策和管理监督中可能发挥的作用[1]。

---

[1] 张琦. 论绩效评价导向政府会计体系的构建. 会计研究. 2006 (4)

这在某种程度上取决于成本信息与政府部门产出的相关性，即从会计系统中得出的关于产出的成本信息，是否可以带来有关新资本购置、资产的出售或保有，以及现有资产的维护的决策制定、营运绩效监督和绩效趋势分析的极大改善。在我国传统的预算会计向结果导向绩效管理框架下的政府会计改革转型中，引入公允价值会计，将有助于信息使用者获得政府业绩和所耗成本及相关配比情况，得以分析评价政府的努力程度、效率和成就等。

2. 将公允价值计量引入政府会计改革

对于政府会计核算体系来说，政府要实现广大公共资源的优化配置利用，加强结果导向绩效管理，履行对社会公众的受托责任，就应该引用公允价值计量模式和相应理念。

第一，对政府资产实行公允价值计量。

政府资产是政府受托管理的国家经济资源，这些经济资源能够提供未来服务潜能或带来未来经济利益，具体分为金融资产和非金融资产两大类。在公允价值计量模式下，一是对于政府资产中的金融资产来说，它直接表现为现金或现金等价物，其经济意义不依赖于转化和实现过程，而由在现行情况下其收回现金流量的合同权利的价值来决定，应采用公允价值计量；二是对于能产生现金流潜能的非金融资产即经营性资产，因为其经济意义在于通过维护、运营，有效地实现资产的保值增值，并且经营性资产最终可以转变为金融资产，所以也应采用公允价值计量；三是对于具有提供公共产品和公共服务潜能的非金融资产即非经营性资产，其经济意义在于通过公共资源的合理配置和有效使用，来确保提供高效的公共产品和服务以实现公共利益，并且非经营性资产很多并没有原始的历史取得成本，所以应对其所提供的公共产品和公共服务的价值进行计量，可以获得市场交易价格的，可以将其作为计价依据，没有市价，就可采用估价技术确定的评估价值作为公允价值的参考依据。

第二，对政府负债实行公允价值计量。

政府负债代表政府需要履行的责任，通常是指由于过去事项而承担的现实义务，该义务的履行会导致含有经济利益或服务潜能的资源流出主体。过去事项导致的现实义务有可能是法定义务，也可能是推定义务。对政府负债实行公允价值计量重在对推定义务的确认与披露，即充分考虑未来不确定因素，采用估计未来现金流量的现值等方法进行确认和计量。

第三，对政府净资产实行公允价值计量。

政府净资产是政府资产扣除负债后的净额，它表示政府履行其公共责任的持续能力。而净资产能否真实反映政府履行责任的持续能力，取决于政府资产与负债确认的合理性与对称性。根据上述思路，对政府资产与负债实行公允价值计量，在政府资产和负债中合理运用对称原则，净资产项目才能提供正确的绩效信息，反映政府履行责任的持续能力。

第四，对政府费用与收入实行公允价值计量。

政府的特殊职能职责决定了它并非为了取得收入才提供服务，这决定了政府费用与收入无法配比，其确认范围存在非对称性。政府费用应与政府履行职责的情况配比，它是政府履行职责总的资源消耗，其合理地确认与计量是正确评价政府履责成本、政府行为效率和效果的前提。政府收入是政府履行职责资源耗费的补充，它表示能实际为政府带来的可支配经济资源。基于此，如果存在活跃市场，政府费用和政府收入可采用类似的市场价格作为公允价值的参考价值来计量，如果不存在活跃市场，则可采用现值等估价技术作为对公允价值的良好估计来计量。

5.2.4 构建以政府成本会计为基础的结果导向财务核算体系

1. 结果导向绩效预算与政府成本会计

改革政府会计是推进结果导向绩效预算的重要组成部分。结果导向绩效预算对政府成本会计的需要主要体现在两个方面：一是结果导向绩效管理和成本管理相结合的制度建设的问题；二是结果导向绩效测量的技术问题。

从制度需求角度看，结果导向绩效预算的根本就是要在资金分配和支出取得的结果（绩效）之间建立起直接的联系。缺少有效的成本管理的结果导向绩效预算制度会遇到两个方面的难题：一是虽然支出项目大都可以运用成本—收益分析方法予以确认，但这些项目的支出规模通常没有考虑过去或预期的预算执行情况的影响，有效的成本管理则可以对项目执行过程中各种影响因素进行监控。另一个是如果缺乏有效的成本管理，这些支出项目的责任部门和单位只需要对项目实施的最终成果负责，而缺乏深入分析项目实施过程中是否有更合适的成本管理方法可以用来保证财政资源的最佳使用。因此，只有将绩效管理和成本管理结合起来，才能真正实现公共资源的有效使用。实现绩效管理与成本管理结合的最有效的办法就是建立政府成本会计制度。成本会计制度的建立，不仅为政府成本管理提供了制度基础；而且在结果导向绩效预算过程中，可以通过财务信息系统实现对公共部门或支出项目的绩效信息和成本信息进行比较，进而实现服务项目成本的实时和动态管理与控制。

从技术层面来看，结果导向绩效预算对成本会计的需要，具体表现为：第一，结果导向绩效预算的核心概念是绩效测量。绩效测量必须以相关的成本数据为基础。因为在绩效测量中，没有政府财务信息就无法对绩效的好坏进行评价。第二，从西方国家结果导向绩效预算实践的经验来看，为适应结果导向绩效预算的需要，所有国家都不同程度地对政府会计进行了改革，成本会计是其中的重要内容。因为结果导向绩效预算通常是从部门的职能出发，通过战略计划来确定具体项目和项目目标，然后根据项目目标确定可测量的具体指标。这些指标中，除了投入指标和项目的效果指标外，另一个重要的指标就是责任部门为控制项目成本所做出的努力。这些努力及其成效需要有直接的数据支持才能得到证明。能够提供这些数据支持的措施就是建立政府成本会计制度。提供从预算角度看，成本预算是结果导向绩效预算不可分割的组成部分，正确的成本分配需要精确的数据，成本核算以及成本会计报告也是结果导向绩效预算不可或缺的技术支持。第三，有效的政府成本会计一方面可以实现对所有项目成本的长期、连续的会计记录，另一方面为项目管理者提供了一个管理工具，有利于强化会计责任，促使公共部门和单位在成本核算基础上制定年度绩效目标与年度预算资金的申请。

2. 结果导向政府财务核算体系的设计

结果导向绩效预算的目的是建立一种政府绩效受托责任。这就决定了结果导向绩效预算中的政府会计体系属于管理取向政府会计。在管理取向的政府会计体系中，成本会计是基础，管理会计和财务会计是核心。因此，结果导向绩效预算下的政府会计核算体系是一种以成本会计为基础，以管理会计和财务会计为核心的核算体系。成本会计之所以成为基础，是因为结果导向的绩效预算需要包括投入、产出、结果以及效率和效果方面的信息，其中准确的成本计量和成本分析报告是关键。这在与传统预算相匹配的预算会计或财务会计体系中是无法实现的。所以，要实现绩效管理与成本管理相结合，需要有以政府成本管理和成本控制为目标的政府成本会计。

在由成本会计、管理会计和财务会计等组成的结果导向的会计核算体系中，政府成本会计除了可以为结果导向绩效预算的编制和执行提供成本信息，还可以通过管理会计将绩效管理和成本管理融为一体。因为政府管理会计可以计量和评价业务活动、部门、管理层和工作人员的绩效，为政府和公共部门政府制定战略目标与战略计划提供依据。政府成本会计可以为政府财务会计提供政府实现不同职能所发生的服务成本和具体服务项目的成本，为财务会计全面反映政府总体的运营成本和服务成本提供信息支持。

5.3 构建结果导向的政府财务管理控制系统

以加强政府财务管理控制为核心的一系列改革，已经成为推行结果导向绩效预算的各国政府增强绩效、责任性、透明度和持续运营能力的有效途径，也是现今国际上公共管理改革的重要方向。

5.3.1 政府财务管理相关理论

目前，专门研究政府财务的成果并不多见，政府财务的基本内涵也尚未有清晰、统一的定义。公共预算理论和实践作为政府财务的核心基础，一度在该领域研究中占据主导地位。而随着西方国家对公共资源投入、配置、使用等一系列价值活动的系统研究和不断拓展，政府财务理论也日趋丰富和完善。Finkler，S. A（2001）曾指出：由于公共服务提供者没有所有者监管确保机构组织的利润最大化，必须引入其他机制、工具、模式（财务管理）来衡量和报告公共服务的实现程度，保证机构组织目标实现[1]。国内学者李建发、肖华（2004）则从政府财务信息需求的角度，阐述了公共（部门）财务和公共（部门）财务管理的基本涵义[2]。然而，政府财务的基本内涵，既不同于主要针对企业的传统财务，又与财政有所区别。在界定政府财务这一概念时需要廓清以下问题：

关于政府财务与财政。财政学界通常把财政称为国家财政或政府财政，而政府财务则一般称为行政事业单位财务。财政与政府财务之间的区别在于：财政突出"政"字，侧重于政府层面，从宏观层面考虑，并具有政治性、政策性、年度性、无限性和单一性等特征；而政府财务更突出"务"字，侧重于部门、机构层面，从微观层面考虑，可理解为有关资源

---

① Finkler，S. A. 财务管理——公共、医疗卫生和非盈利性机构组织 [M]. 上海：上海财经大学出版社，2004.

方面的事务,具有经济性、技术性、持续性、有限性和综合性等特征①。从长远来看,财政与政府财务将逐渐走向趋同和融合。财政将更多地从政府财务角度去考察资源、价值和绩效,更注重精细化、微观化和系统化,政府财务也将超越部门和单位的目光局限和利益割据,加强部门资源的运筹和管理与宏观政策的联结。可以预见,政府财务将不仅成为未来政府理财的核心范畴,还是我国公共财政框架的基本存在形式与基础载体。

关于政府财务与企业财务。与企业财务相比,政府财务具有非营利性、合目的性、政策性、预算主导性的特点。(1)非营利性。利润是企业唯一的追逐目的,而政府财务开展业务活动的目的,更多是实现公共产品的有效供给和公众对效率、公平、稳定的需求等宏观战略目标。(2)合目的性。企业财务重视资本增值和收益分配,以满足资源(资本金)的投资者投资回收和投资回报的要求,但政府财务则更要求按照公共需求或出资者意愿把资金用在指定用途上,实现预期的目标和计划。(3)政策性。政府财务是国家有关方针、政策的具体体现,是政府"以财行政"的基础载体。政府财务,既要严格执行国家统一制定的各项财务规章制度和财经纪律,又要围绕党和国家的方针政策科学理财、高效用财。(4)预算主导性。政府(部门)预算是政府部门财务管理的中心工作,在投资管理、资产管理、成本管理中起到核心、主导作用②。此外,政府财务具有企业所不具备的模糊性和复杂性,具体包括非货币化、成本与收益的非对称性、外溢性影响、不确定性等等,其观察、衡量、验证的难度,处理的复杂程度以及对管理工具、技术的要求都远远超过了企业财务。

综上可知,政府财务管理控制需要进一步超越企业财务范畴,并将研究视野拓展到财政领域之外,对涉及政府的资源、绩效等问题作全景式的透视。从这个意义上来说,政府财务管理控制实际上是开启了从资源流入到资源流出过程中存在的"黑箱"管理,是基于资源的投入—配置—使用—产出和效果的关键价值活动,由组织、规划、控制、评价组成的控制行为③。

5.3.2 系统的组织安排:基于公共契约理论

公共契约理论为本系统的组织结构及制度安排提供了重要的理论基

---

① 李建发,肖华. 公共财务管理与政府财务报告改革[J]. 会计研究,2004,(9).
② 宋效中. 公共组织财务管理[M]. 北京:机械工业出版社,2006.
③ 甘行琼. 公共经济与私人经济的比较分析——从公共经济学的形成谈起[J]. 财政研究,2004,(2).

础。公共契约的内核是人力资本与非人力资本的契约不完备性。公共契约的本质是非人力资本所有者（公众）为了满足对公共产品或服务的共同需要而愿意让渡自己的私人财产，交由人力资本所有者（政府）代理使用而换取他们需要的公共产品或服务。其中委托—代理关系也表现在两个层面：第一层委托—代理关系是非人力资本所有者（公众）和人力资本所有者（政府）之间的带有产权性质的关系；第二层委托—代理关系是政府组织内部各部门间的非产权性质的托管关系。

在公共契约的第一层委托—代理关系中，存在"强制汲取收入"——人力资本所有者拥有强制性的公共权利，凭借超经济的权威，可通过征收税收、非税收入等方式，从非人力资本所有者无偿取得经济资源；"产品和服务垄断供给"——由于资本市场和产品市场不发达，非人力资本所有者是虚拟所有者，也没有"退出"选择权，而人力资本所有者则是公共产品和服务"非市场"供应的垄断者；"激励不足"——契约到期后产生的剩余不能在缔约方之间直接分配①，人力资本所有者缺乏充分的激励等特点。而在公共契约的第二层委托—代理关系中，由于政府组织是科层制的多级复合体，层级多，规模大，信息链长，存在多个缔结方的有限理性，信息不对称，目标函数不兼容，未来事项的不确定性以及穷极所有事项的成本限制等因素②。这些特点和因素带来契约订立形式的"虚无"性、契约执行和实施的"漂移"性、契约解除的"模糊"性，使委托—代理关系中可能滋生的道德风险和逆向选择具有累进效应③，也造成了政府财务管理控制困境，如"共谋"④、"内部人控制"⑤ 等问题。因此，政府财务管理控制系统的组织结构和制度安排，实际上是一种将"虚无"变为"实在"、"漂移"变为"确定"、"模糊"变为"清晰"的契约设计和契约管理。首先，以绩效作为管理控制的基本参照系，科学设立公共契约预期目标，合理测度公共契约执行和解除程度，促进契约缔结方的沟通和互动，

---

① 杨占营，黄健荣. 不完全公共契约与民主国家政府的责任制困境 [J]. 中国软科学，2006，(1).

② 刘用铨. 政府治理与公司治理中委托代理问题比较及其启示 [J]. 行政论坛，2007，(1).

③ 张纯. 突破转型时期非营利组织发展瓶颈的良药 [J]. 财政研究，2006，(12).

④ 曹艳杰在《我国部门预算委托代理问题的制度分析》中指出：由于政府部门具有代理人和委托人的双重身份，代理人为了各自的利益，合谋串通损害最终委托人即公众的利益是完全有可能的。

⑤ 由于代理人掌握政府部门内部大量、直接、全面的信息，比委托人更具信息优势，在财务管理控制中可能谋取自身利益，架空委托人的控制和监督，使委托人的权益受到侵害。

并在契约不完全的情况下重新协商契约。其次,以责任单元作为管理控制的组织载体,将政府部门转变为一个个具有独立性质的责任单元。责任单元在取得公共资源的同时,承担与公共资源相应的绩效责任,并在单元内部细化战略目标规划,科学编制预算,谨慎监控业务流程,严格执行契约内容。其三,以绩效合同作为公共契约有效实现形式。绩效合同是对公共契约的延伸分解和具体实现,通过引入"剩余索取权"对合约施加激励约束。由责任单元就战略规划、年度发展计划、绩效目标和结果实现等签订绩效协议和合同,按合同规定比较分析各项绩效评价指标,并明确对控制权收益剩余的分享[1]。

5.3.3 系统的功能路径:基于系统控制理论

系统控制论是一门跨学科的、边缘性的和普遍化的科学,将其引入到政府财务管理研究中具有全新的意义,可以视为管理控制系统研究的延伸和细化,同时为设计财务管理控制系统提出了新的观察角度、新的分析构架和新的研究方法。1948年美国数学家维纳从一个统一观点考查和解释各种系统的控制和通讯问题,标志着控制论的诞生,曼内斯库、图斯丁对其进行了经济学角度的完善和应用。而美国管理学家巴纳德(1938年)是最早运用系统观点、综合科学管理理论、管理原则理论、人力资源理论对政府组织进行全面、深入分析的学者之一[2]。更为典型的是罗伯特(1998年)将管理控制系统程序表述为战略计划、预算编制、报告分析、业绩评价和管理报酬[3],虽然这一管理控制系统主要针对企业内部管理控制,但其有益因素正被吸收到政府财务资源管理中来,为系统设计提出了新的分析构架、新的功能路径。

首先,用系统的概念方法,将环境价值、组织使命、愿景、战略目标、工作程序、产出结果等有机融入旨在改善绩效的综合框架中,包括控制对象、控制目标、控制维度、控制循环等一系列围绕绩效提高而作出的制度安排。

其次,重新解释政府财务管理控制的功能路径:政府财务管理控制实质上是一个循环演进的过程。其关键环节包括:一是目标设定。将组织使命和战略规划转化为具体目标,以此为依据配置资源、拟订实施计划。二

---

[1] 朱柏铭,李春燕. 部门预算改革的一个新思路[J]. 浙江学刊,2004,(6).
[2] 杜栋. 管理控制学[M]. 北京:清华大学出版社,2006.
[3] Robert. N. Anthony. 管理控制系统[M]. 北京:机械工业出版社,2004.

是实施与监控。督促计划实施和监控过程，采取措施消除偏差活动，并合理调整目标。三是测评绩效。及时了解组织实现目标、规划与实施过程中遇到了哪些问题与困难，便于及时采取措施。四是结果应用和激励。控制不能仅纠正偏差，还应将评价结果应用于奖优惩劣、薪酬分配等[①]。

其三，政府财务管理控制的作用装置包括探测器、鉴定器、受动器和一个通信系统[②]。其中，探测器或感应器对被控对象进行测定，求出该对象实时状态和输出的绩效特征值；鉴定器，将其同预设目标相比较；受动器，在其真实绩效和预设目标存在差异时采取适当的行为予以调节和修正；通信系统，在感应器、鉴定器和受动器之间传输信息。为执行有效的控制[③]，该装置的核心产出是"衡量性"和"比较性"信息，具体地说，即反映绩效衡量及其与目标的比较分析。

5.3.4 系统的理念工具：基于结果导向

20世纪80年代，新公共管理运动提倡的公共服务社会化、责任机制、分权化管理、"结果为本"、顾客导向等新取向改变了传统的政府资源管理模式和管理机制，为现代政府财务管理的实施奠定了理念基础，同时也为政府财务管理工具提供了广阔的运用场所。在新公共管理的理念中：认同"理性人"假定，依托于公共选择理论和交易成本理论，强调政府公共服务应以市场或顾客为导向；重视人性和公共价值，认为人力资本是积极主动进行学习、创新和合作的创造者；基于公共利益基础上的利益融合；强调授权、明确的标准和绩效测量、结果管理和客户导向[④]，重视激励和绩效报酬；强调灵活性、回应性、发展潜力和机会[⑤]。并且新公共管理也将先进的管理工具、技术、手段运用到政府财务管理中。在新公共管理运动的推动下，政府对资源的管理重点逐步由投入转向产出和结果，更强调根据政府效率、服务能力、服务成本和公众满意程度等考核标准进行管理控制，并引进目标管理（Management by Objectives）、全面质量管理（Total Quality Management）、战略管理（Strategy Management）、平衡计分卡

---

① Robert. N. Anthony. 管理控制系统 [M]. 北京：机械工业出版社，2004.
② 张瑞君. 网络环境下会计实时控制 [M]. 北京：中国人民大学出版社. 2004.
③ Robert. N. Anthony在《管理控制系统》中提出，以预算把组织目标分解为部门或个人的绩效目标；以业绩评价计量实际绩效并与预算目标比较；以管理报偿机制对绩效偏差进行纠正，加上联结上述三点的信息传输网络，构成了管理控制系统的经典框架。
④ 张馨. 财政公共化变革：新公共管理的启迪 [J]. 财政研究，2007，(4).
⑤ 李书锋，张靖. 新公共管理对政府财务报告的影响 [J]. 经济研究参考，2005，(86).

(The Blanced Score Card) 等全新工具①。政府部门也将进一步借鉴私营部门的管理手段，采纳市场化的运作机制来优化配置资源，提高管理效率；引入竞争机制来提高服务的质量和水平；引入"成本—效益"分析方法界定、测量和评估政府绩效目标。

5.3.5 总结和展望

综上所述，政府财务管理控制系统应视为：存在于政府内部，基于政府公共资源投入—配置—使用—产出和结果的价值活动，借助先进的信息技术，由规划、评价和纠偏等环节组成的制度、机制、程序等因素的有机集合。这种系统的构建与应用是一个庞大工程，涉及面广，技术要求高，影响范围大，其实现存在很大的难度。下阶段应着重完成三个相关的任务。

第一，基于一个完整的公共资源管理周期，提出总体的目标构想，设计面向战略、面向结果的管理控制目标模式（包括控制变量、控制维度、控制循环等），进而做到管理循环的有机联结和管理系统的调整优化。

第二，深入研究政府财务管理控制系统与公共财政管理改革之间的内在联系，从理论和实践的角度大胆设想系统在政府收支分类体系改革、部门预算改革、国库集中收付制改革、预算会计改革中的应用模式，最终形成功能化、模块化、系统化的理想应用模式。

第三，搭建政府财务管理控制系统的信息平台，将政府财务管理和信息处理系统相结合，形成性能多样化、端口交互式、信息集成性、流程一体化的信息平台。

5.4 建立结果导向的政府财务报告系统

5.4.1 结果导向绩效管理对政府会计系统及报告提出了新的要求

随着时代的发展，预算会计运行环境正在发生深刻的变化②：以绩效为导向的"新公共管理运动"已在全球范围广泛开展，创建责任政府、效能政府、廉价政府成为了各国改善治理的目标和动力，这些目标和动力反过来又导致了政府部门的各种活动在结构、功能、控制以及技术管理等方面的重大改进，其中也包括会计领域的改革。

实践经验表明：要加强结果导向绩效管理，除了需要度量和测算政府

---

① 李银珠. 西方新公共管理理论的契约框架：借鉴与启示 [J]. 当代财经，2005，(12).
② 陆建桥. 关于加强政府会计理论研究的几个问题 [J]. 会计研究，2004，(7).

部门的产出绩效外，还要求提供以会计为基础的有关部门产出的成本信息，要求相应的会计系统有能力将成本分摊到相应的结果上，使产出绩效信息与财务信息具有同样的完整性和可靠性[①]。显然，传统的预算会计报告制往往难以达到这一层次。为了更好地满足结果导向绩效管理的要求，西方国家预算领域中的学者趋向于将政府会计系统及报告与绩效管理紧紧结合在一起的观点：一是在会计系统内部作出支持绩效管理的努力（如改进收支确认原则），并将最终成果体现在报告中；二是建立评估支出有效性、效率和效益以及确认与预算间偏差的程序，提供结合会计和绩效评价的报告系统；三是形成真正具有提升政府绩效意义的政府财务报告，旨在披露政府受托管理公共事务和公共资源的活动情况，评析政府运营和管理的经济性、效率和效益，并帮助其作出改进和优化[②]。

随着公共管理环境的变化和绩效管理实践的推广深入，越来越多的国家如美国、英国、新西兰、澳大利亚等都在这三个方面作出了不同程度的努力，逐步建立了结果导向绩效管理框架下的政府财务报告制。美国政府会计准则委员会（Governmental Accounting Standards Board，GASB）通过多年努力形成了以公认会计准则 Generally Accepted Accounting Principles，GAAP）为基础的财务报表，这些报表将采用 GASB 第 34 号准则公告规定的新的财务报告模式；英国财政部也于 1993 年开始计划实施公共部门资源会计及预算制（Resource Accounting and Budgeting，RAB）；另外，澳大利亚在 1997 年实施了《1997 财务管理与会计责任法案》，新西兰先后颁布了《财务报告法案》、《财政责任法案》等，这些公告或法案都要求政府机构建立充分反映实体财务状况和经营成果的财务报告制，标志着各国政府在政府会计和报告领域作出了增进绩效的新安排。政府财务报告制的构建，顺应了结果导向绩效管理的要求，是政府会计及报告系统改革的潮流。目前，它在改善政府财务状况、提高运作绩效和透明度以及加强政府风险的防范上成效卓著，对政府部门的长远发展也发挥着深远的影响[③]。政府在改革中也开始吸收结果导向绩效管理的基本理念，研究建立与之相适应的政府预算与会计系统，以提高政府在履行公共管理职能中的

---

① 托马斯·D·林奇. 美国公共预算 [M]. 北京：中国财政经济出版社，2001.
② Accrual Accounting & Financial Reporting: Benefits and Challenges for the Public Sector, International Conference on Budgetary Process and Public Expenditure Management: 2000 (5)
③ Bowsher, C. A. (1987), "Federal Financial Management: Evolution, Challenges and the Role of the Accounting Profession" Journal of Accountancy (May)

绩效。因此，从这个意义上来讲，借鉴国外的成熟经验，加快预算会计体系改革，将目前理念、内容、目标都相对滞后的预算会计报告转变为顺应结果导向绩效管理潮流的、以报告国家预算执行结果为重点、并更为广泛地反映政府整体财务状况和产出绩效的综合性政府财务报告[①]，成为了当前改革中一个非常重要的课题。

5.4.2 目前的预算会计报告制度明显滞后于结果导向绩效管理改革

目前建立在收付实现制基础之上的预算会计报告，是一种以预算管理为中心的宏观管理信息系统，它和结果导向绩效管理框架下的政府财务报告还有一段距离，不利于结果导向绩效管理的开展与政府受托责任的强化。这种差距主要体现在以下方面：

（1）预算会计报告目标层次过低，存在局限性。预算会计报告主要为财政部门和上级单位了解当期预算执行收支情况、指导预算执行和下年度编制工作以及单位内部加强资金管理提供重要基础材料。报告目标定位在较低层次的为政府内部监管提供服务，这种服务离实质意义上的"公共管理"要求还相差很远，公众或其他信息需求者往往因缺少信息支持而无法有效督促政府履行广泛的公共受托责任。并且，报告强调的是一种较低层次的财务责任，即为有效地和诚实地使用资源负责，而非为达到的结果负责、为实现期望的绩效目标负责，这也违背了绩效管理的基本目标。显然，预算会计报告的视野还需要进一步拓展。以美国政府会计准则委员会（GASB）1987年提出的政府会计报告目标为例，一方面，政府会计报告应公正充分地披露政府运营一段时间后的财政状况、业绩和成果等，帮助使用者包括社会公众、立法机关、国际机构和其他资源的提供者掌握政府受托责任的履行情况，评价政府提供服务、参与竞争、持续发展的能力，并据此作出经济、社会和政治决策；另一方面，政府会计报告还应该为政府内部管理人员提供有助于计划和控制的信息，报告所指向的内部管理不仅要对投入资源负责，还应延伸到有关资源的分配和使用对经营目标产生的影响及效果等。这两方面都大大提高了政府会计报告的目标层次，有利于结果导向绩效管理运动的开展。

（2）预算会计报告内容不全面，范围过窄。预算会计报告分别由财政总预算会计编制的会计报表（主要包括预算执行情况表、资产负债表等）、

---

① 刘谊，廖莹毅. 权责发生制预算会计改革：OECD国家的经验及启示 [J]. 会计研究，2004，（7）.

行政事业单位编制的会计报表（主要包括资产负债表和收入支出表等）组成。预算会计报告的内容集中关注与预算执行直接相关的现金流信息，导致一些与预算收支没有直接关系的重要会计信息的遗漏，不能全面完整地反映各级政府的资源状况、负债和净资产全貌及资金使用效果等，特别是预算与会计报告系统所涉及的政府的业绩、效果、服务成本方面的部分。缺少了这些完整的财务和非财务信息，就难以对政府绩效和受托责任情况进行系统的确认、评价和分析，不利于信息使用者的监督和管理。与预算会计报告不同的是，英国资源会计与预算系统（RAB）能更全面地分析报告政府运行中的资源耗费和产出绩效情况，它要求政府各部门提供的财政报告包括：资源总量汇总表（用来比较资源需要以及现金需要的实际数目和估计数目）、运行成本表（显示用于支出部门自身的行政管理支出以及部门项目支出的资源消耗）、所确认的利得与损失报告、资产负债表（显示部门年终的资产与负债）、现金流量表（反映部门全年的现金流量情况）和按各部门目标分组的资源报表（按部门的各种目的和目标分别分析资源的使用和消耗状况）等等。① 这种政府财政报告除了提供有关政府支出和成本的财务信息和非财务信息外，还及时提供了有关政府产出或政府政策后果的信息，能够有效促使政府加强结果导向绩效管理。

（3）预算会计报告建立在收付实现制的基础上，影响信息的真实性。现行预算会计制度规定：财政总预算会计和行政单位会计以收付实现制为记账基础，事业单位会计原则上使用收付实现制。由于收付实现制按照实际金额确认和记录预算收支，所形成的财务信息失去了一定的相关性和可靠性，无法客观公允地反映政府的整体财政状况和运行效绩。第一，预算会计报告所执行的入账标准是会计期间款项收付，当费用发生与支付不在同一期间时，报告中的支出不能正确反映当期项目活动所支付的代价，因此不能对所有的政府产出进行正确的成本核算，无法对政府行为的合理性作出正确的衡量和评判；第二，预算会计报告存在因跨年度支出而出现年终虚假结余、年度间收支不配比的现象，也影响预算信息和绩效考核的真实性；第三，预算会计报告对使用多年的开支只在现金付出时才予以记录，因此固定资产的购买、使用、折旧、处置等情况都没有得到真实核算和反映，导致公众无法对政府管理的资产作出合理评价，政府部门也无法实现持续、有效的资源管理；第四，预算会计报告所记录的支出只包括当

---

① 王祺扬. 英国资源会计及预算制度的主要内容及借鉴意义[J]. 财会通讯，2004，（8）.

期以现金实际支付的部分,不包括当期已经发生、但未用现金支付的政府隐性债务,这在一定程度上造成各届政府之间的功绩、权责无法得到客观公正的确认和评价。

从国际经验来看,正是考虑到收付实现制与结果导向绩效管理的诸多冲突,许多国家更倾向于选择权责发生制作为政府会计核算基础。权责发生制要求:首先,收入在提供服务时确认,而不是在收取现金时;其次,所有经济资源在资产负债表上确认为资产;最后,政府所有因接受服务或承诺而发生的义务在资产负债表上报告为负债。它无疑能够更为真实地确认特定会计期间政府的资源运行和债务状况。西方国家的政府财务报告大部分都建立在权责发生制或者修正的权责发生制之上,这样的报告就可以真实可靠地反映政府的财政状况和运行成果,帮助信息使用者正确评价其财政受托责任的履行情况[1]。

(4)预算会计报告反映的预算执行情况过于简单,信息质量不高。预算会计报告向信息使用者提供的政府预算收支计划和执行情况,较为简单原始,没有进行进一步的信息加工和处理,所能传达的有用信息十分有限。实际上,对于大多数信息使用者来说,这些原始信息的意义不大,他们更多地希望通过预算信息同实际财务信息与绩效信息之间的联系,得到对计划和实际结果的比较、衡量、分析,以便更好地评价政府是否按照预期目标进行资源管理并取得预期产出和效果。为满足信息使用者的要求,美国 GASB 的第 34 号准则公告规定政府财务报告不仅应包括基本财务报表,还应披露管理当局的讨论和分析(Management's Discussionand Analysis,MD&A)和必要的补充信息(Required Supplementary Information,RSI)。MD&A 主要报告政府财务行为的目标和分析性总结,包括对本财政年度和以前年度政府整体财务状况的比较、政府基金的重大变更和重大预算差异的披露,以及对政府未来财务状况的预测;RSI 包括一系列预算比较表,这些表格以政府的预算为编制基础,列示原始预算、最终预算和实际流入、流出及余额,使用者可据此探究年内的预算修改和预算偏差。MD&A 和 RSI 有效补充了政府财务报告历史本质的不足,提高了政府会计信息质量,对有着十分重要的借鉴意义。

---

[1] 陈纪瑜,陈友莲. 政府预算与会计引入权责发生制的思考[J]. 财经理论与实践,2003(5).

5.4.3 建立结果导向绩效管理框架下的政府财务报告制

1. 构建政府财务报告制的基本设想

结果导向绩效管理框架下的政府财务报告是指能够更好地适应结果导向绩效管理，为信息使用者确认、总结、解释、汇报财政总体运营状况和最终结果及影响的信息管理手段，它代表了我们的改革目标和趋势。我们现在的工作重点即是在这一目标的指引下，进一步扩展和完善预算会计报告①，并在此基础上重新构建绩效导向的政府财务报告制。根据国际会计师联合会（International Federation of Accountants，IFAC）对政府财务报告目标的界定，"管理和守法，财政状况，业绩，经济影响"，构建政府财务报告制需要从以下三个方面来考虑：

第一，需要完善和改进的方面。如遵从预算计划的信息，即主要反映政府是否按照《预算法》规定和公共财政的要求，将财政资金用于预算计划所限定的用途或目的。其完善和改进的目标是使政府财务报告与对应的政府预算组成一个"从目标到结果"的良好的反馈机制。根据实际情况，政府财务报告应在原始信息上，补充预算与实际执行情况间的、较高质量的比较信息②，帮助信息使用者在从结果到目标的反馈中进一步证实政府的受托责任，以促进政府提升效绩。

第二，需要改革和转轨的方面。如财政状况方面的信息，包括收入来源和类型的信息、资源分配和使用信息、现金流动和未来现金需求信息、偿债能力信息及整体财政状况信息。政府财务报告制的重新构建与政府会计改革和收付实现制转轨是密不可分的，只有当政府财务报告建立在一整套改进的收付实现制或权责发生制的基础之上，它才能较为真实、连续地反映政府资金价值运动及结果，帮助信息使用者准确掌握政府筹集资金、使用资金、管理资产和偿付债务的能力以及政府整体的财政需求③。第三，需要增加和强化的方面。由于政府承担的受托责任履行情况、结果和影响不可能完全由财务信息来表达，所以政府财务报告除了提供财务信息外，还应提供业绩和影响等非财务信息。其中，业绩和成本信息将有助于信息使用者获得政府业绩和所耗成本及相关配比情况，得以分析评价政府的努

---

① 李建发. 论改进政府会计与财务报告 [J]. 会计研究，2001（6）
② 裘宗舜，韩洪灵，张思群. 公共受托责任、新公共管理与政府会计改革 [J]. 财务与会计，2004，（4）.
③ 陈纪瑜，陈友莲. 政府预算与会计引入权责发生制的思考 [J]. 财经理论与实践，2003（5）.

力程度、效率和成就等;广泛的影响信息将有助于信息使用者充分理解政府财政活动的性质、范围和程度及其与整个社会、经济、政治的关系,并获得社会、经济、政治环境对政府长期发展造成影响的具体因素。可以说,增设业绩成本信息和影响信息,是新型政府财务报告与传统预算会计报告的最大区别,是结果导向绩效管理框架下成果导向和绩效导向的根本体现,也是我们今后的研究重点。

2. 政府财务报告格式的具体设计

第一,财务业绩总表设计

财务业绩总表提供政府部门在一定会计期间内营运结果的信息,包括所有已确认的收入与费用的详细内容。该报表对政府是否设法使当期收入满足当期费用、净资源状况是否增加或减少、与支出责任相对应的资源消耗情况是否正常,提供了一个有用的度量标准①。其中,总表的每一项费用可根据政府收支分类体系和部门预算的要求,按照部门职能进行初步划分。并且,由于部门职能的实现对应着各项"产出",这些产出都直接或间接地为实现部门职能作出贡献。而产出下又相应设置了多个具体的"活动"和"项目",其中,活动是指为实现预期目标而进行的、不形成具体工程的项目,如所举行的会议、实施的研究课题等;项目是指为实现预期目标而进行的、形成具体工程的项目,如所兴建的基础设施等。"活动"和"项目"描述了一系列为实现产出而制订的可操作计划,也直观地反映了支出的去向和用途,支出可以此为标准进一步细分,直观地反映支出的去向和用途,形成财务业绩明细表。最后,分类还可以经济性质为标准进行下去,形成更为庞大的明细项目,以详细描述支出的使用情况。

第二,资产负债表设计

资产负债表提供关于政府部门所控制的资源和财务状况及其变动的信息,包括所有已确认的资产和负债的详细内容和净资产(权益)状况。报表将有助于使用者评价政府筹集活动资金和偿付负债和承诺的能力。

第三,现金流量表设计

现金流量表提供关于政府部门一定会计期间内现金流入和流出的信息,按照运营活动、投资活动和筹资活动分类列示现金流量的详细情况。可以帮助使用者评估政府从经营活动中产生的现金流量的能力、履行义务

---

① Banks. (1994), "Resources, Outputs and Outcome", Public Finance Foundation Review 4, December

的能力和满足对现金的需求、实现财务目标的能力。

第四,产出与业绩分析表设计

产出与业绩分析表是对政府政策、目标、职能的履行和实现情况的绩效说明,并提供相关的资源耗费状况,如表2。

产出和业绩分析表是整个设计的重点,它可先作为政府财务报告的补充附表之一,与以上主表同时提交,以后条件成熟后再从附表中独立出来,和以上主表并列。具体包括:"产出",记录和反映政府支出项目的直接结果。如果"产出"由若干性质不同的子产出组成,可在产出分项中进行说明,产出分项将和相应的绩效考评指标同时列示①。产出将从数量、质量、时间期限、影响四个方面来进行说明。"数量"是指产出的总量或数目;"质量"是指产出在达到预期目标和满足公共需求方面的情况,一般从准确性、公众满意程度、完整性以及与服务标准的符合性等多方面衡量;"时间期限"是指产出在法律规定期限或其他约定标准内的提供情况;"影响"是指产出对相关环境和社会发展的长远的、潜在的、间接的影响,包括公平、就业、技术进步、国际竞争力等多个方面。

"成本"是指实现各项"产出"所对应的总成本、子"产出"的分项成本和单位成本。"成本"项需要在权责发生制基础上跟踪记录每项产出的资金耗费信息,而那些不能直接列入成本的人力、物力、折旧等资源将分摊至相应的"产出"项目上。并且,如果一个基于项目分类的预算突破了部门之间的界限,则需要打破部门之间的界限来累计该项目的成本。"成本"客观、真实地显示当期发生的、与"产出"对应的实际成本费用,反映为完成特定的绩效目标,在限定的执行方案和业务活动下发生的资源消耗情况。

"比较和分析"是指以一定的绩效目标为导向,以预先确定的绩效指标为基准,来衡量、分析相关目标的完成情况,进而评判政府的产出绩效。当然预算指标与实际成本的比较、分析也包含其中。"比较和分析"提供了有关财政资源是否实现了相应绩效目标的更为明确和有效的信息,使政府的目标、资源和绩效三方面更加紧密联系起来。

---

① Department of Treasury and Finance. A Guide to Output Specification and Performance Measurement:1996,11

5.5 结果导向的财务信息系统

5.5.1 政府财务管理信息系统发展和应用

从一般意义来讲，财务管理信息系统（Finance Management Information system，FMIS）是指利用现代信息技术，结合财务管理理论，建立各种预测、决策、预算与控制以及分析模型，对各种业务和财务信息进行再处理的人—机系统。对政府部门来说，包括预算编制系统、预算执行系统、决策支持系统、统计报告系统、预测分析系统等。由于政府财务管理具有企业所不具备的模糊性和复杂性，具体包括非货币化、成本与收益的非对称性、外溢性影响、不确定性等等，其观察、衡量、验证、报告的难度，信息捕获、存储、处理的复杂程度以及对管理工具、信息技术的要求都远远超过了企业财务管理。

从 20 世纪 80 年代开始，政府财务管理信息系统经历了三个时代的发展，从最初的简单核算型阶段发展到局部管理型阶段，再晋升为与电子政务有机融合的财务管理全面信息化阶段。目前大部分政府部门的财务信息系统还停留在第二代甚至第一代基础上。实际上，国内的相关研究如 GFMIS（政府财政管理信息系统）、GRP（政府资源规划）等有了较大进展。政府财政管理信息系统（GFMIS）是指运用先进的信息技术，综合预算、会计与财务管理应用程序，完整记录财政收支过程；财政管理内部控制和程序实现自动化；及时提供各种准确可靠的财政资金收支余额和流程信息；为预算编制、执行提供全面、综合的管理报告，为宏观经济决策和微观管理控制提供依据的框架体系。主要包括宏观经济分析和预测系统、预算编制与管理系统、预算执行管理系统。政府资源规划（GRP）主要借助信息技术，以集中管理模式为核心，以资源优化配置、资金全程监控和数据全面共享为目标，逐步实现对财政资金全过程监督和管理，建立全面支撑公共财政体系和框架完整的管理信息系统。两者在实现会计电算化、管理信息化、结算网络化方面均表现出强大的优势，并且为政府财务管理控制提供一个有效操作框架，有利于实现自动控制、实时控制和集成控制。而两者的区别在于：前者具有宏观性、整体性、框架性，后者注重微观性、业务性、操作性，特别是 GRP 的概念来源于 ERP，即面向政府领域，提供政府资源规划，合理配置政府资源、优化业务流程、集成信息数据。借鉴 ERP 管理思想，首先，GRP 需要集成政府部门的应用系统，消除应用碎片和信息孤岛;其次,GRP要求在整个政务流程和环节中实现数据的全息采集和共享,并能及时准确地反馈到各个作业部门或环节;再次,实现政府信息资源的市场价值和信息增值,创造社会效益和经济效益。

政府财务管理信息系统发展,无论是GFM IS,还是GRP仍停留在操作自动化的初级阶段,即运用计算机强大的处理能力,模拟手工系统完成信息收集、分类、汇总等繁杂工作,并在此基础上适当增加了预测、计划、控制等功能模块,但在信息处理模式上并没有发生实质性的改变,远未达到全面集成和价值增值的阶段。传统信息系统对政府财务管理的支持是有限的,具体表现在于:

(1) 过滤式采集难以反映政府财务信息"多重"属性。有关政府财务管理的两种一般类型的信息是事件信息和资源信息,前者由政府将做什么和这些活动将达到什么效果的内容所构成,后者则由完成这些活动必须投入的内容构成。目前的信息系统主要采集资源信息,并且管理控制也侧重于对资源投入(包括资金、设备、供应和人员等)的规范,对事件信息(包括目标、需求、业务内容、产出、效果、持续性等)的改善却一直很缓慢。对于资源信息,系统更多采用价值判断维度,仅采集影响要素价值变化的经济事项数据,即将能够合理确认、可靠计量并可用于履责的财务资源纳入管理体系。而那些能够合理确认,但不能可靠计量,并在可预见的将来可用于履责的政府资源,如基础设施等,以及既不能合理确认,又不能可靠计量的政府资源,如人力资本、矿产资源、文物等,排除在管理体系之外,割裂了信息的完整性。这种"过滤式"的信息采集方式会造成一部分政府资源和承载其上的行为由于缺乏价值依据而不能纳入管理体系。另一方面,政府公共事务目标具有多元性,行为具有综合性,结果具有模糊性,业务流与财务流相依相伴、水乳交融,财务信息对业务信息有高度依赖性。这样来看,"泛财务资源"的概念比资金或资本更有意义,许多与业务事件相关的细节信息更具增值价值,更有利于计划、控制和评价。显然,这在目前的管理信息系统中难以反映和揭示。因此,全息再现业务事件的横断截面,有序重建业务事件的纵向流程,成为财务管理信息系统的核心关键。

(2) 分散后台处理难以解决政府财务信息"集成优化"。一是系统研发和建设分散。财政各层级各业务部门往往针对单一业务部门或单一功能，采用了不同的信息分类和标准规范，对数据编码、数据接口、开发技术标准等均未统一。多种异构系统的存在为解决"信息孤岛"问题设置了新的障碍。二是信息存储和应用分散。由于缺少完善的源数据库和数据集成平台，政府财务管理相关的各种数据资源分散存储在各个业务部门的低耦合系统中，无法实现强化集中监控和数据共享衔接。三是信息系统自成体系，与业务系统相对隔绝，融合不够，难以提供强大的财政业务流程优化管理支持。需要重塑财务流程和业务流程，实现财务流、业务流和信息流的高度整合。

（3）统一视图输出难以满足政府财务信息使用者"个性化"需求。

GFM IS处于信息建设的初期，在设计信息供给模式时对个性化需求重视不够，只能提供单一的报表输出和部门内查询，对多用户需求响应能力不足。理论上说，财务管理系统必须提供各个管理层次所需要的财务报表、绩效报告和查询功能，提供易于最终用户使用的财务建模和分析模块，为外部信息用户提供各种视图。从现实需求看，政府财务信息使用者，在范围、类型、层次上比企业财务信息用户更为广泛和复杂。外部管理上，包括立法机构、公众、投资者、债权人和其他的资源提供者等；内部管理上，涉及资源投入—配置—使用—产出和效果全过程的管理者、执行者和监督者，这些使用者的心理类型、偏好函数和决策模型都有较大的差异，需要"处理前"的原始、动态、全面的信息"图景"展示，而非具有"共性"和"处理后"特征的价值输入。信息的供给模式也更倾向于由"被动型"、"单向型"向"自主型"和"参与型"转变，建立以"客户为中心"的政府门户网站与"团队合作式"的共享网络，满足不同的信息用户从不同维度挖掘数据，用不同规则构造视图，从不同需求出发实施管理控制。

5.5.2 新型政府财务管理信息系统：设计构想

长期以来，在公共财政管理与信息科学发展的宏大背景下，政府财务管理和信息技术以及制度规范相互渗透、相互融合，在理论和实践方面都有了突破和发展。但由于该领域缺少清晰的理论指导和系统的架构设计，两者的结合还需经历艰难的磨合。我们认为，要构建一种既着眼长远、又针对现实的新型政府财务管理信息系统，应结合现代管理模式和信息技术发展，明确四点认识。第一，与私人部门相比，政府部门的公共事项和活动纷繁复杂，但每一项都可以理解为：在可选的目标、策略、用途的基础上，按照一定的价值标准，寻找稀缺资源、事项活动、公共需求的最佳结合点，并形成对其中资源使用的控制力，实现效率和取得效果。政府财务管理基于资源的投入—配置—使用—产出和效果的关键价值链，以绩效为基本导向，在整个政府层面实施对政府支出活动的全面管理控制活动。第二，政府财务管理维度既包括对投入资源的价值判断，更涵盖对事件过程和产出的统计描述。"绩"是事件的目标，"效"是事件的结果，同时事件也是价值的现实载体和实现途径。事实上，要构建一种真正有意义的而不仅仅满足于形式的政府财务管理信息系统，必须更重视组成业务流程的基本要素，耗费资源的现实载体，引发成本、驱动价值的根本动因，输出视图的本源——事件，并以事件特征值、过程工作量记录、产出和结果来进行描述，利用绩效这一主线对政府内部各种资源进行反映、评价和控制，从而提高对全部资源的使用效率和管理水平。第三，一般来说，财务管理信息系统的运作过程，就是对财务信息的发掘、处理、存储、披露，从而支持规划、执行、控制和评价的管理活动。而信息系统可细分为两种，一种是按照事先确定的需求进行筛选、过滤、加工，进行结构化的汇总报告；一种是基于各种视图的本源，即业务过程和事件本身，通过构建和查询数据库，根据用户需求输出多视图，支持未知的、不可程式化的个性化管理。如同事件驱动型系统被认为是下一代企业财务信息系统的体系结构，在政府财务管理信息领域，也有"事件驱动"的理念，如前面所分析，它更需要从孤立的、滞后的、缺乏弹性的传统信息系统变革为集成的、实时的、适应性强的事件驱动型系统。第四，随着现代信息技术的发展、信息载体的更新，构建新型的政府财务管理信息系统，要在综合预算、会计与财务管理应用程序的同时，借助信息技术特别是软件和网络技术，以信息集成性、流程一体化、功能多样化、端口交互式为目标，集全息采集、系统处理、个性输出为一体，融合业务流、财务流、控制流和信息流，支持多种决策方案、多组业务流程、多次控制评价，建立多个用户视图。

构建这一绩效导向下的政府财务管理信息系统，需要在以下几个方面努力：一是改善信息处理和控制模式。摒弃通过单维的资金流以折射方式进行间接控制、粗放控制的做法，对政府内部的业务流、财务流进行全方位、多角度、综合立体的直接控制和精细控制；将不同类型、不同主题的数据自动集成到个性化平台上，实现集中控制；对相关信息进行实时量度、更新、提取等，实现连贯控制。二是实现财务、业务的耦合与协同。改变财务、业务相互隔离的、孤岛式的处理模式，促使财务管理系统成为无缝连接、高度集成的整体，实现业务、财务的自动流转、协同处理以及远程传输，进而促成组织内各部门、各层级的深度融合和流程重组，甚至战略重塑、组织重构，为整个组织创造价值。三是优化事前、事中、事后控制。将事前的战略规划和决策建立在全息信息的基础上，从而更具科学性、准确性和适应性；将业务、财务处理与信息处理路径融为一体，使事中控制具有高度灵活性、实时性和自动化；将每项资源的配置和每笔支出明细与产出绩效直接挂钩，使绩效追溯的逻辑线索更加真实清晰，有利于持续自我评价和改善管理，能够实现系统重构和动态优化。四是形成绩效管理循环。借助于信息技术，追踪资源获取、配置、变换、产出和实现价值的全过程，形成绩效目标—绩效管理—绩效评价和报告的闭环，渐次实现管理中各相关层面的平衡到位和各相关要素的全面优化，使稀缺资源在利益流量运行中自然增长到预期的目标团体中，从而增强政府的绩效、责任性、透明度和持续运营能力。

5.5.3 系统的构建路径和实现模块

构建绩效导向下的政府财务管理信息系统，需要对核心数据库进行构造、体系结构进行重建、基础组件和规范标准进行统一，并以标准化、模块化的原则构建整个系统。

1. 重建绩效导向、事件驱动的体系结构

要构建政府财务管理信息系统将触角延伸至政府部门的各个业务环节，将各个业务流程和管理流程"无缝"内嵌于信息系统之中，把相关数据，特别是大量的事件数据、绩效数据甚至外部数据全面纳入收集和处理范围，并利用信息技术实时处理。主要实现路径为：一是分解绩效目标。基于对未来事件的预测，逐层分解绩效目标，形成绩效指标体系，实时确定绩效标准，对多个待选方案进行最优化模拟与比较，使方案遴选和支出决策在信息充分的条件下进行。二是事件触发和响应。当事件发生触发信息系统后，从业务流信息中自动采集、传递、存储业务和财务数据，包括资源投入信息、事件的特征信息、事件过程耗费资源形成的成本、费用信息，产出和结果等等。三是绩效监控。通过一系列业绩指标具体地描述和衡量事件实施进程、具体业务行为表现及资源匹配情况，再结合其执行情况加以分析评价，跟踪监测。四是绩效评价与控制。关注描述和解释事件的结果，分析其与预期目标的差异，再将经过调节、约束、促进的控制信号及时反馈到业务流程中，做出必要的控制和调整。

2. 构造核心数据库

借助 REAL 语义模型，构建面向主题的、集成的、综合的关系数据库和面向对象的信息系统，并在地点、参与者和资源等主题数据库、事件数据库与绩效数据库之间建立映射规则，进行相互链接引用。一是构造主题数据库。地点、参与者、资源等各种主题数据库，分项存储初始数据源。地点主题数据库主要存储：各个地点的编号、名称、分布情况、彼此距离等。对于参与者，应区分政府内部和外部的参与者类型。对于资源数据库，对财政拨款，应区分资金性质、部门代码、项目代码、功能分类、经济分类、具体金额等；对实物资源，应区分性质、名称、主要技术规格、数量；对无形资产，应关注取得成本、有效期限和预计收益。二是构造事件数据库。理解环境与战略目标，识别各业务流程的关键事件，界定其种类、属性和特征。当具体的活动、交易、事件发生时，说明业务事件的序号、类别、性质、流程归属、内容摘要等信息，以及事件之间的串行与并行、选择与分支、迟延与间隔的逻辑联系。三是构造绩效数据库。根据战略规划，沿着业务流程，采集和存储各类绩效信息，用来描述各种类型的业务事件分别对应的绩效目标和绩效指标，事件过程的业务行为表现及资源匹配和耗费情况，事件的产出和结果及其与预期目标的差异，并与资源数据库、事件数据库实现链接共享。

3. 统一基础组件和标准规范

充分考虑各类财政业务应用软件的统一和兼容，建立统一的编码体系、统一的标准数据接口、统一的代码管理组件，设置统一的权限管理模式。主要包括：定义统一的接口标准和数据结构，并以现场和远程方式直接导入业务和财务数据；区分不同的资源、事件和业务处理类型，设计和存储不同的多维复合段位结构；设置数据库表单、数据项、菜单，并在系统内预置目标、环节和方法、指标体系和分析方案等；建立统一的岗位设置、角色定义、用户认证、权限管理机制，存储用户、权限、标准代码等系统共用信息；对数据的名称、类型、口径、提供单位、使用单位、更改原因、更改时间及更改者等进行记录和管理。

政府财务管理信息系统采用模块化的方法进行开发和管理（见图 5.1）。一是信息采集和输入模块。以事件为单元，属性为源码，全息采集、实时传输事件发生点触发产生的所有原始数据，以及绩效管理流程有关的所有信息。二是信息处理、维护和交互通信模块。将业务流程纳入信息流程管理，通过数据处理器，对原始数据进行抽取、清洗、转换、加载等，利用分布式存储技术，生成核心数据库，包括主题数据库、事件数据库、绩效数据库，实现数据的集成、共享、更新和互相调用，同时提供方便的查询和检索。三是信息挖掘、应用和优化模块。根据绩效目标、指标体系和评价分析方案的预设置，建立模型库、方法库和专家系统。方法库主要用于存放信息提取规则，以方便信息用于事前决策、事件监控、事后评价等绩效管理流程，以及神经网络、模糊评价、混合推理等方法技术运用；模型库存放用户求解问题所需的各种模型，如预测模型、决策模型、分析模型、报告模型等；专家系统利用人工智能技术，借助人机交互系统与用户直接"对话"，帮助用户进行智能分析和逻辑推理。四是信息生成和输出模块。按用户需求偏好设计输出模式，开辟多个信息频道，为用户提供编辑、检索、运算、组合、数据导出、打印等功能，在不同语义、规则和格式约束下根据用户需求整合、组配、形成"非固化"和"非综合"信息，生成不同的用户视图和自助式报告。该模块由以下部分组成：检索平台，采用自然语言检索的方式为用户提供所需信息的检索；重组平台，可根据用户个性化需求，将相关信息重新组合；推送平台，通过各种终端随时随地发送用户所需的信息；知识引擎，利用人工智能技术，接受来自用户的访问请求，再将数据库中的相关单元动态连接起来，提交给用户。

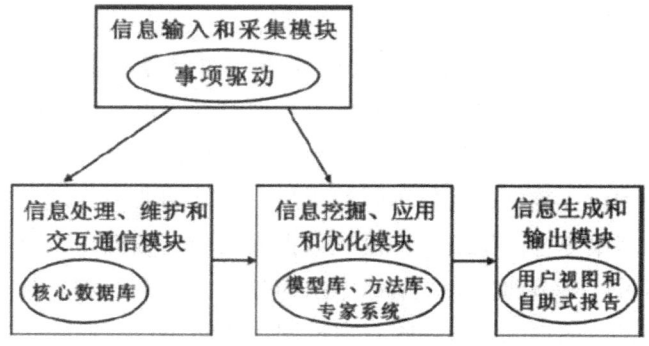

图 5.1　政府财务管理控制信息系统实现模块

第 6 章 结果导向绩效预算方法

6.1 结果导向的绩效预算方法及比较

政府的绩效评定涉及一张复杂的关系网络图，概括了投入与产量（政府或机构范围内的效果）还有结果（与政府政策或计划相联系的广义的外部效果）之间的关系。所以对政府的绩效预算评价是个复杂的、系统的过程，需要用科学的方法来检查和评定其成绩和效益，促进和提高预算绩效。

简单的绩效预算分析方法有定性分析法（文献研究法、德尔菲法、逻辑框架法、成功度评价法）、定量评价法（"3E"评价法、平衡记分卡法、标杆管理法、多目标决策法、主成分分析法），我们不做介绍。我们这里只介绍绩效预算的高级分析方法，它能为遇到各式决策的决策者们提供有用的各种类型信息，这主要体现在以下三个方面：

一是在支出既定的情况下所能获得产出方面的信息，例如，如果额外雇佣了六名警察，各种犯罪行为的犯罪率将会如何变化呢？在支出既定的前提下，可以用各种高级分析方法来帮助判断预算方案实施后的可能结果。这些方法中有许多是各种数学模型，如排队理论模型、项目政策评估模型。

二是可以获得指导解决不同目标之间冲突的信息。例如，如果一个项目投资后可以获得若干个单位的产出，那么这个投资值不值得实行呢？假设，有两个犯罪控制方案 A 和 B，预算成本相同，但 A 方案可以更多地减少杀人行为，B 方案对于抑制盗窃犯罪有更好的效果，现在因为预算限制在两个方案中只能选择一个方案，应该选择哪一个方案呢？解决这些问题的高级分析方法有成本—效益分析法、成本—有效分析法。

三是可以用来评价政府或者组织的效率。这些高级分析方法与我们上面提到的方法不同，这些方法是做一些追溯性的历史评价。应用这些方法是在于区分政府或组织的效率状况，是高效还是低效，同时找出改进的方向。这方面的高级分析方法主要有层次分析法、多目标模糊综合评价法和包络分析法。

6.1.1 由支出估计各种结果的预算分析方法

投入产出是衡量结果导向的绩效预算的重要的一个方面，有几种高级分析方法可以把预算配置决策与其产出联系起来。

1. 排队理论模型

有多种模型可以应用于预算决策，比如已经应用于卫生保健、收入维持和转移支付等政策领域的微观仿真模型（Citro and Hanushek，1991）；依赖于多个不同方程式的流行病传播模型（Mac－Rae and Whittington，1997；Salzberg，Dolins and Sallzberg，1991；Kaplan and Bran－deau，1994）。我们这里介绍一个广泛应用的模型——排队模型。

大多数公共部门的主要职责是提供服务，而提供服务的有效性可以从顾客是否需要等候服务以及等候的时间长短两个方面来衡量。例如，在警察、消防队、紧急医疗服务之类的案例中，对服务呼叫电话回应所需的时间长短是在突发事件中决定生命死亡概率、受伤程度以及财产损失状况等一个最直观的因素（Swersey，1994）；在驾驶执照注册时，市民衡量交通管理部门绩效的一个重要标准就是看花在排队等候注册登记上的时间长度；群众对一家公共图书馆的满意程度与在此图书馆中找到一本书所花费在等候上的时间长短有关（Gleeson，1994）。

提供服务的政府部门可以通过改变自身提供服务的能力来影响为此服务需等候的时间，比如改变公众可得的"服务载体"的数目。在紧急医疗服务中，一个服务载体通常包括一辆救护车、一组医护人员；对于交通管理部门而言，服务载体可能是管理申请驾驶执照考试的人员或是一名办事员；在公共图书馆，那些帮助我们解决检索图书的图书管理员或者计算机就是服务载体；一个服务载体也可能是一块地方，如在市区公共停车场的一个停车位（Laron and Odoni，1981，p. 270）。

改变可用服务载体的数量对预算成本变化有重大的影响。而对于是否要做出改变服务提供能力的决策，很重要的一点是要对这一改变将如何影响等候时间进行可靠评估。排队理论模型可以用来对此做出这种估计，此模型在各种各样的公共部门决策中已得到广泛应用。

要建立排队理论模型，必须明确指出以下几个方面内容：目标顾客模式；服务载体的服务模式；可用服务载体的数目；系统能力，即在任何既定时间对于等候服务的人数，系统是否有限制；排队规则，即一个队列形成时，哪一些顾客先享受服务，是先到先享受服务抑或是别的各种优先方案选择。

在以上规定的基础上，就可以计算出系统运作绩效的各种各样的度量指标。一般，在排队模型中衡量系统运作绩效的指标有：平均等候时间、在任意时间收到呼叫电话后有一个服务载体可用的概率（即排队耽搁）、平均队列长度等。

但是，如果只是简单地估计一个给定的排队系统的运作绩效，对于预算决策是没有多少价值的。因此排队理论的价值就在于提出并回答这样的问题："如果这样将会如何？"交通管理部门的预算决策者可以应用排队理论模型来估计驾驶执照注册时各方案对于平均等候时间的影响。在紧急服务案例中，预算决策者可以应用排队理论模型来估计改变服务小组的数目将如何影响在任意时间收到服务请求呼叫后，某一服务小组能够被调遣立即提供服务的概率。

2. 项目与政策评估

数学模型在预测资源配置预算决策的影响方面非常有用，但在现实许多情况中，仅从数学的角度并不能得到我们所需的足够的关于政府或组织系统的东西。此时，我们可以选择关于预测资源配置预算决策影响的另一种方法：项目与政策评估。

传统意义上，在预算过程中的评估很大程度上被认为是一种稽查或监督的功能。然而，从执行预算的角度看，评估的价值在于它能够回答当评估的项目在另一个地方或时间重新进行时会产生什么影响的问题。在完成此项目之前，首先必须确定这个方案实施的影响，其次，必须确定当我们把此方案根据我们需要的时间和地点复制时是否会产生相同的影响。

估计以前实施的方案造成影响的关键在于对方案实施后发生了什么事和如果方案没有实施会有什么结果进行比较（Mohr，1988，pp. 2~3）。第二种情况因为与事实相反，在比较中也就有更多的困难，因为不可观测。因此，对关于实施以后发生了什么和没有实施会有什么结果的比较，也只能是一个大概的比较。

一般认为，真实的社会试验是估计相关变量的反面结果以及所关注的项目或政策影响的最可靠手段（Burtless，1995）。试验的给定要素是通过将观察个体随机分配到两个或多个不同组中，这些组根据其提供的服务或应用的规则来划分，最简单的是划分成两个组，分别称为处置组和控制组。格林伯格和施罗德（Greenberg and Shroder，1997）用这种社会实验法验证了在1968年至1996年之间实施的145个社会试验，主要关注涉及经济动机、结果或二者兼而有之的项目和政策实验，但许多诸如在政策、公共健康以及教育领域的实验都不在他们的分类范围之内。另外，比较不一定在处置组和控制组织间进行，相反，可以在两个不同的处置组之间进行。例如，一个旨在提高福利受益者收入的试验，有可能把一部分参加者随机地分配到注重找工作技能和工作经验的项目中，另一部分人则分到了关注技能培训和基础教育的项目中。尽管这个实验由于没有提供服务，不会产生任何可用以比较两个项目的信息，但它提供了两种方法之间影响的相关信息。

在社会试验不适于作为评估某一项目或某一政策革新带来的影响的有效手段时，可以采用其他不同的方法，如非对称控制组设计和扰动时间序列分析方法。

6.1.2 经济评估的预算分析方法

分析预算配置决策的影响很重要，这些分析会发现预算决策所面临的各种权衡与协调，但这只是难题的一个部分，预算配置决策的另一项工作是要选择合适的权衡与协调。例如，如果有几种犯罪控制方案，但由于预算限制，只有一个方案能够入选，应该选择哪一个呢？各种经济分析方法，特别是成本—收益分析和成本—效用分析有助于处理这种权衡协调。

1. 成本—收益分析

成本—收益分析给各种各样的相关利益结果赋予了一个简单统一的基准——货币。成本—收益分析的第一步就是估计各方案对我们所关心的各种结果的影响，一般用数学模型（如排队理论模型）或评估研究来得出这方面的估计。对诸如表6.1中所给出的各种犯罪控制方案影响的估计，一般总是从评估研究中得出。

其次，可能也是最困难的，是对每一种影响赋予货币等价。要注意的是，成本—收益分析法并不忽视各种非货币性影响，而是将这类影响转换为货币形式。当市场是有效时，市场价格可以用来作为货币等价。米勒、科恩和罗斯曼（Miller，Cohen and Rossman）在 1993 年对各种犯罪控制方案的实施后果给出了估计，他们曾估计了各种犯罪行为产生的各种有形的和无形的成本。

表 6.1 区域犯罪控制方案的成本—收益分析

方案	年成本（万元）	预期年减少数目				年总收益（万元）	年净收益（万元）
		杀人罪	强奸罪	抢劫罪	袭击		
加强社区治安力度	12.4	1	5	27	16	21.54	9.14
增加巡逻次数	15.6	1	7	20	30	21.78	6.18
增加一个派出所	18.2	2	6	23	25	26.86	8.66

对于诸如伤残、死亡、犯罪等市场不存在或者市场不充分的情况赋予货币等价是一项非常有挑战性的工作。在这些情况下，必须估计出各种影响的影子价格（Board－man，Greenberg，Vining，Weimer，1996，pp. 292～294）。

预算配置决策的各种影响是在不同的时点上发生的。例如，新设施往往需要大量前期费用，而收益和相应的维护成本却要在将来发生。因此，必须将不同时点上发生的收益与成本进行加总，这主要是通过将未来发生的成本和收益贴现来完成的。

最后，把每一种方案所产生的收益汇总为总收益、所产生的成本汇总为总成本，选择就取决于净收益，即总收益与总成本的差额。特别地，当我们在几个相互独立的备选方案中选择时，净现值最大的方案也就是最优方案，另外我们还需要做大量的敏感性分析。

表 6.1 给出了区域犯罪控制方案每一种方案实施后，对杀人罪、强奸罪、抢劫罪、袭击的数目影响的估计，以及给出了每一种方案实施成本的估计（这里的估计是假设的）。根据净收益数据（表 6.1 的最后一列），通过计算比较，采取增加一个派出所的预算方案为最优。

2. 成本—效用分析

在一些现实情况中，有些结果预算分析师可以用货币来衡量，但有些影响后果不能用货币来衡量，例如，我们很难准确地度量等候时间的降低可以带来的价值，我们也很难对各种各样的犯罪行为赋予货币价值。此时，成本—收益分析法就无法对公共项目的投资成果进行准确的评价，就有必要对其进行成本—效用分析。所谓成本—效用分析法就是将投资项目的效用与成本进行比较，用成本效用比率来评价预算决策经济效益的一种方法。成本—效用分析法也是费用效益分析在实际中的具体应用，成本效用比率的计算公式为：成本效用比率＝效用/成本

因为效用一般有效能、质量、使用价值和受益等形式，它们各自的实物计量单位不同，不具有可比性，所以评价效用的标准很难用绝对值来表示，而通常采用利用率、完成概率或可靠度等相对指标来表示。用成本效用比率来表示公共项预算决策的社会经济效益，是表明为获得一定效用所需花费的成本（或费用），即"效用"的单位成本。把"效用"作为成本的计算对象，获得一定效用的单位成本越低，表明公共预算决策经济效益越好。因此，在多方案选优时，应选择效益单位成本最低的方案。一般地说，成本效用分析的标准有三种：当效用相同时，选择成本低的方案为优，也就是效用固定法；当成本相同时，选择效用高的方案为优，也就是成本固定法；当存在追加成本和增量效用时，选择增量效用的单位追加成本（费用）最低的方案为优。

6.1.3 效率衡量的预算分析方法

衡量政府或者一些组织单位诸如学校、警察部门的效率，是预算分析师由来已久的目标之一。然而，效率衡量即使是对最简单的组织来说，也是一件极具挑战性的工作，其中一个重要的原因就在于，在这些公共部门的组织中，通常是投入多种要素，得到多重产出和多种结果。而且，由于这些投入和结果不存在有效的市场，往往没有可计量性和可比性。

1. 层次分析法

层次分析法是由美国著名运筹学家 T. L. Saaty 在 20 世纪 70 年代中期提出的，它是将复杂问题分解为多个组成因素，并将这些因素按支配关系进一步分解，按目标层、准则层、指标层排列起来，形成一个多目标、多层次的模型和有序的递阶层次结构。它的基本思想就是将组成复杂问题的多个元素权重的整体判断转变为对这些元素进行"两两比较"，通过"两两比较"的方式确定层次中诸因素的相对重要性，然后再转为对这些元素的整体权重进行排序判断，最后综合出各方案各自的权重。其基本步骤是：①构造两两比较判断矩阵。即在确定的递阶层次结构中，每一个元素和该元素支配的下一层元素构成一个子区域。对于子区域中各元素的相对重要性，采用专家调查法用数值形式给出判断，并写成矩阵形式。②层次单排序和一致性检验。层次单排序是根据判断矩阵计算，相对于上一层

某个因素而言，本层次与之有联系的因素的重要性次序的权值，它可以归结为计算判断矩阵的特征和特征向量问题，即对判断矩阵 B，计算满足 $BW=\lambda_{max}W$ 的特征根和特征向量，并将特征向量正规化，将正规化后所得到的特征向量 $W=W(\omega_1, \omega_2, A, \omega_n)^T$ 作为本层次元素 b_1, b_2, A, b_n 对于其隶属元素 Ak 的排序权值。③层次总排序和一致性检验。利用同一层次中所有层次单排序的结果，计算针对上一层次而言，本层次所有因素重要性的权值。层次总排序从上到下逐层进行。

层次分析法作为一种定性和定量相结合的工具，目前已在油价规划、教育计划、钢铁工业未来规划、成本—收益分析和资源分配等方面得到了广泛的应用。

2. 多目标模糊综合评价法

有时，衡量政府组织或者公共项目的绩效评价指标体系比较庞杂，此时需要对其进行综合评价，以得到高度集成化的数据。一般的绩效评价指标体系中既含有定量指标又含有定性指标，而且通常包括多个子系统，分为多个层次。另外，对政府组织或公共项目绩效进行评价的实质是要对其效率和优劣做出判断，而这种判断常常存在一定的模糊性。目前的一些综合评价方法并不适用于多个公共组织或者项目之间的绩效评价和比较研究，此时可以采用多目标模糊综合评价法（Multi Target Fuzz Comprehensive Analysis）。

综合评价就是对事物的多种因素进行总的评价，而多目标模糊综合评价法是借助模糊数学的一些概念，对某一多层次、多因素对象进行综合评价和判断的一种方法。其基本原理是：首先确定被评价对象的因素集和评价集；再分别确定各个因素的权重及它们的隶属度向量，获得模糊评价矩阵；最后把模糊评价矩阵与因素的权向量进行模糊运算并进行归一化，得到模糊评价综合结果。其具体步骤如下：

一是建立评价因素集 $U=\{u_1, u_2, A, u_m\}$，即对评价对象的影响因素集合。

二是确定评价集 $V=\{v_1, v_2, A, v_m\}$，如 V＝（很好、较好、一般、较差、很差）。

三是建立模糊评价矩阵 R，它是一个由因素集 U 到评价集 V 的模糊映射。

四是权重分配 $\{A(u_i)\}$，实际上是 U 中各元素 u_i 的权重。用模糊论来解释，人们对 U 中诸元素之间有不同的权衡，这个问题可以表现为 U 上的一个模糊子集 A，U 中元素 u 对 A 的隶属度为 $\{A(u_i)\}$，叫做因素 u 被分配的权重，一般 $\sum_{i=1}^{n} A(u_i) = 1$。

五是建立模糊综合评价模型。如果已经确定了模糊评价矩阵，又给出了权重 A，可对模糊变换进行综合评价：B＝A·R＝(b1, b2, …, bn)

最后根据 B 的结果，可以对某一对象进行综合评判。对于多层次问题，把低层次诸因素看做子问题，先对诸子问题分别进行综合评价，然后对总体因素进行综合评价和判断。

多目标模糊综合评价法可以较好地解决综合绩效评价中的模糊性（如事物类属间的不清晰性，评价专家认识上的模糊性等），因而该方法在许多领域得到了广泛的应用。

3. 包络分析法

包络分析（DEA）是由著名运筹学家 A. Charnes 和 W. W. Cooper 等在"相对效率评价"概念基础上发展起来的一种新系统分析方法，使用数学规划模型比较决策单元（DMU）之间的相对效率，从而对决策单元的绩效做出评价，其特点是无须用特定的函数形式来表示投入与产出的相互关系，而是将测定对象与其邻近的"比较组"中的样本做比较来测定效率。包络分析是衡量效率的一种著名的方法，近几年取得了相当大的发展。

在单位周期内对各政府组织或公共项目进行绩效评价时，可以根据期初标准进行单独的测量，也可以在标准难以确立的时候，进行各政府组织或公共项目之间的相互比较，最终的目的都是评价各主体绩效水平的高低。借用管理决策学派的观点，将每一政府组织或公共项目称为决策单元，再引入经济学中"投入—产出"的观点，将决策单元的"消耗"定为输入项，将"消耗"过后产生的"绩效"定为产出项，我们就可以很容易地得出结论：在相同绩效水平下，人力、物力等资源投入越小，决策单元的有效性越高，反之在相同的投入水平下，绩效产出越大越好。

包络分析的运用步骤如下图：

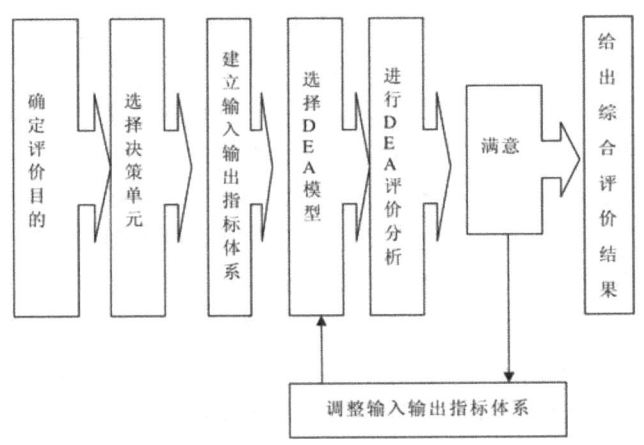

图 6.1 DEA 流程图

6.1.4 常用评价方法的比较

排队模型能够为我们较好地发现绩效预算中政府服务成本和服务水平之间的关系，但有些假设，如对顾客和服务类型假设服从某种随机分布（如泊松分布），不一定与实际相符。项目与政策评估法是运用社会实验的方法进行的，但是，在有些情况下真实的社会实验是不可能的或者不可取的，有些情况下道德反对是无法克服的，试验有时仅对某些问题做出反应，有其局限性。

经济评估分析法多用于经济部门的评价与比较，优点是含义明确，便于不同对象的对比，但不足之处是计算公式或模型不易建立，而且对于涉及较多因素的评价对象来说，往往很难给出一个统一量纲的公式。

层次分析法比较适用于多指标、多层次、多方案的系统综合评价和决策，尤其是对于兼有定性因素和定量因素的系统问题，能较简单地进行综合评价和最佳方案决策，可靠性高、误差小，具有一定实用性，但不足之处是遇到因素众多或规模较大的预算绩效评价时容易出现问题，如判断矩阵难以满足一致性要求，进一步对其分组往往难以进行等，因此它的应用也就基本上限于诸因素子集中的因素不超过九个的对象系统的综合评价。而且在两者的比较和评价中，离不开人的经验，具有较大的随机性。而权重的确定是否合理，直接影响到评价的科学性。因此经常与其他评价方法组合使用，用于评价指标权重的确定。

多目标模糊综合评价法是对受多种因素影响的事物做出全面评价的一种有效的多因素决策方法，优点是可对涉及模糊因素的对象系统进行综合评价，并且更加适宜评价因素多和结构层次多的对象系统，最大优点是不但能处理现象的模糊性，综合各个因素对总体的影响作用，而且能用数字反映人的经验。但不足之处是其过程本身并不能解决评价指标间相关造成的评价信息重复问题，隶属函数的确定还没有系统的方法。

包络分析法的主要优点就在于：它不含有参数变量，即对于生产函数的功能形式没有做任何事先的假设，也不需要对投入和产出赋予一些特殊的权重和价格，能够同时处理多项投入及多项产出的效率评价问题；可以同时处理定性及定量的因素，亦可同时处理比率尺度数据及顺序尺度数据；可以比较业务相同的不同政府部门之间绩效的相对有效性，既可以为上级政府考核和监督下级多个部门工作提供有效参照，又可以作为一种评价结果，为评价对象改进工作状况、调整决策、实现资源配置最优化提供可靠的依据。但包络分析法影响决策单元排序的因素较多，涉及决策单元排序算法、输入输出指标的确定、决策人的偏好等，因此 DEA 方法在有效决策单元的排序问题方面有待研究。另外，DEA 方法对决策单元（DMU）的数量要求较高，对获得模型应用所需的数据获取工作造成一定的困难。其中最大的缺陷可能在于包络分析中不包含误差项，因而不能区分随机干扰和"真实"无效率之间的差别。

小结

高级分析方法对于改进预算配置决策的效果有很大的潜在作用，但是，并不是这种高级分析方法的潜在作用一定会带来有效的预算配置决策，这还要看运用得是否适当，这一点非常重要。我们还必须知道，用这些高级分析方法得到的数据是一种片面的，并非完美的估计，这些数据一定程度上取决于当事人关于内在的、外在的假设，近似值等等。我们应用高级分析方法的目的在于其深层揭示的东西，而不在于关注几个数据。当我们把这些高级分析方法看作是我们预算决策的工具而不是取代预算决策的各种判断和投入时，分析方法的潜在益处才可以得到真正的体现。特别地，高级分析方法的主要益处是使决策者的注意力集中于他们要做出抉择所依赖的关键问题和参数上面。为了实现这一益处，进行深入广泛的敏感性分析是一种很有用的方法，敏感性分析致力于考察各种假设和投入变量的变化将如何影响分析的结论。

另外，对政府组织和公共项目的综合评价，是一个在评价人员维、评价层次维、评价目标维、评价对象维四维空间中进行的，其中涉及大量定性和定量因素的复杂过程。对绩效预算的综合评价理论方法及应用进行研究，将有利于推动绩效评价科学化、政府预算管理现代化进程。随着现代信息技术发展，国内外学者开始尝试将绩效预算评价方法同有关先进技术方法（如人工智能、知识工程、专家系统、人工神经网络、计算机信息处理技术等）综合起来构成集成式智能化评价支持系统。

6.2 数据挖掘技术及其在结果导向的绩效预算中的应用

随着现代数据库和网络技术的迅速发展，人们积累的数据越来越多，大量的数据让人难以消化，无法从表面上看出它们所蕴含的信息，更谈不上能利用这些数据指导实际工作。人们需要更有效的方法对各种大量的数据进行分析、处理并提取真正有用的信息，数据挖掘正是在这样的需求环境下产生并迅速发展起来的。数据挖掘主要运用人工智能、机器学习、数据库技术和统计学等技术，对政府或企业的数据库进行整理、分析、归纳、分类，挖掘出有效信息和潜在的模式，为决策者预测和提高绩效做出正确的决策。它的出现为智能地把大量数据转化为有用的信息和知识提供了新方法，被越来越多的领域所采用，并取得了很好的效果。在世界知名商业企业和西方政府的经营管理中，运用数据挖掘已成为发展趋势。

政府组织在日常运行过程中，形成了各种大量客观信息，包括各种统计年鉴、政府及其各部门的工作计划、方案与记录、实际投入与消耗、解决实际问题的数量、实际取得的工作结果与社会效果、公众意见调查数据、上访记录、网络数据、报纸杂志的热点等。这些信息或直接或间接，或显性或隐性地反映着政府预算绩效的现实情况。如何利用海量信息客观有效地评估政府预算绩效，是一项极富挑战性的事业。这需要引入新思路、新方法。利用数据挖掘技术，可以充分发掘这些信息中所隐含的关键信息，并可以运用关联规则、分类规则、聚类规则等技术找到影响政府绩效的关键因素，从总体上有效评估预算绩效，达到最终提高以结果为导向的政府预算绩效目的。美国联邦机构刚开始运用数据挖掘技术时，只是用来搜寻浪费、欺诈和滥用权力的情况，但后来当这些机构注重结果导向的管理时，发现数据挖掘技术在绩效评估及改进方面的作用非常显著。尤其是当政府机构或部门组织的服务对象数量非常多或服务项目很多的时候，利用数据挖掘技术评估和提高政府绩效是一种很有效的方法。例如，美国教育部在处理每年1300多万学生的借贷申请时，用数据挖掘技术来确认申请人员分布情况和借贷趋势，估算教育借贷项目成本以及坏账比例，从而为教育部修正和优化借贷申请项目提供正确有用的信息，更好地为学生服务；美国卫生福利部通过数据挖掘技术决定要资助的救济项目的质量标准，为卫生福利部提高其服务质量和服务的成本效益做决策；澳大利亚政府也是使用数据挖掘的倡导者，其福利部每年利用数据挖掘系统处理640万多个福利申请者的信息，对需求者进行评估，分析其长期失业的可能性有多大，并决定为长期失业概率高的人提供尽可能多的帮助。①

6.2.1 数据挖掘技术概述

1. 数据挖掘及过程

关于数据挖掘的概念被公认的是w. J. Frawley等给出的定义：数据挖掘就是从大型数据库的数据中提取人们感兴趣的知识，这些知识是隐含的、事先未知的、潜在有用的信息，提取的知识可表示为概念、规则、规律、模式等形式。从技术角度来看，数据挖掘是从大量的、不完全的、有噪声的、模糊的、随机的实际数据中，挖掘出隐含的而又潜在有用的知识②。它不仅可以对历史数据进行查询、分析和辨认，说明"是什么"；而且能够找出数据之间的潜在联系，挖掘出其背后隐藏着的许多重要信息为科学决策服务，解释"为什么"。③

完整的数据挖掘过程包括问题描述、数据选择、数据预处理、数据转换、选择数据挖掘模式和结果评价六个环节④。如下图所示：

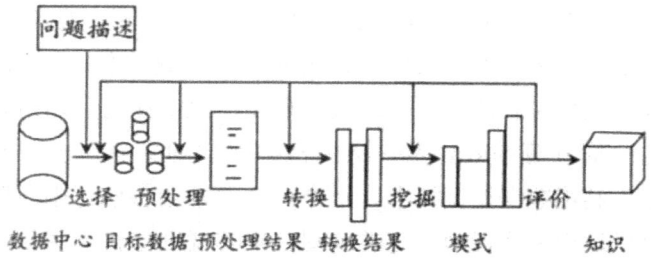

图6.2 数据挖掘过程图

---

① 罗伯特·J·卡瓦佐斯，亨利·约翰·海因兹. 数据挖掘与分析——政府领导力与绩效变革［J］. 朱慧涛，宫经理，译. 中国浦东干部学院学报，2008，(3)：111—115.
② 吴志勇，吴跃. 数据挖掘在电信业中的应用研究［J］. 计算机应用，2005，12 (2)：313—214.
③ 刘典文. 数据挖掘技术在公共管理中领域的应用. 行政论坛，2010，(2)：42—47.
④ HAN Jiawei, KAMBER M. Data Mining Concepts and Techniques［M］. 北京：高等教育出版社，2002：15.

2. 数据挖掘的功能

数据挖掘根据挖掘功能分为两类：描述式数据挖掘和预测式数据挖掘。描述式数据挖掘功能主要是对数据中存在的规则做出一种陈述，或者根据数据间的相似性把数据分组；而预测型功能则能够根据已有的数据集，挖掘出数据所具有的内在模式和趋势模型，以此来对未来结果进行预测。具体有六大功能：概念/类描述功能、关联分析功能、分类和预测功能、聚类分析功能、孤立点分析功能和演变分析功能。

6.2.2 数据挖掘技术在政府绩效预算中的应用

1. 概述

数据挖掘技术在政府绩效评估方面的应用效果非常显著，如果有适当数据和测量标准，我们完全可以对政府项目绩效进行评估。尤其是当政府组织的服务对象众多或服务项目众多时，利用数据挖掘来评估并进而提升政府绩效是非常有用的。[①] 运用数据挖掘技术对政府预算管理绩效进行评估时，可以参照下图的操作技术路线进行。

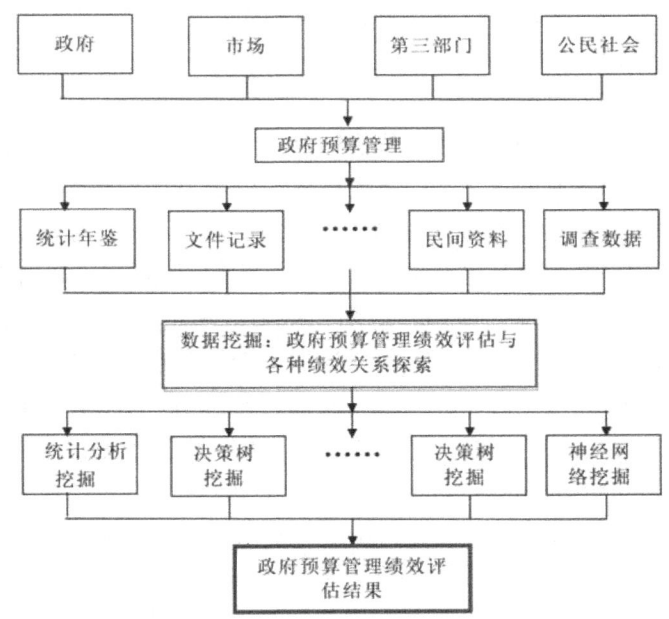

图 6.3 运用数据挖掘进行绩效评估的技术路线

---

① 罗伯特·J·卡瓦佐斯，亨利·约翰·海因兹. 数据挖掘与分析——政府领导力与绩效变革 [J]. 朱慧涛，宫经理，译. 中国浦东干部学院学报，2008，(3)：111—115.

2. 模型及算法的选择

数据挖掘常用的模型和技术很多，主要有决策树模型、神经网络模型、统计分析模型、关联分析模型、逻辑回归模型、遗传算法和粗糙集方法等。其中，决策树模型是以实例为基础的归纳学习算法，从一组无次序、无规则的实例中测算出以决策树表示的分类规则。决策树数据挖掘模型具有训练次数少、速度快、准确度高、导出的规则直观易理解、生成模式简单等优点，在数据挖掘中深受欢迎。而且其最大特点是支持非数值型数据，这对于评价政府行政部门以及公共事业单位预算管理的绩效比较有用，因为其绩效指标采用的描述性数据比较多。所以引入决策树数据挖掘模型对政府的绩效预算结果进行评价是合适的选择。

决策树算法比较多，常用的有著名的 ID3 算法，该方法 1986 年由 Quinlan 提出（1993 年提出了改进的 C4.5 算法）。该算法以信息论为基础，以信息熵和信息增益度为衡量标准，实现对数据的归纳分类并进行预测。该算法不仅理论清晰、方法简单，而且学习能力较强[1]。所以在决策树算法中我们经常采用 ID3 算法进行数据挖掘。

3. 数据的处理及算法

（1）数据的选择及处理

公共事业预算管理的绩效评价指标一般较多，这些指标中有的可以用数值型数据表示，有的只能是描述型指标。由于 ID3 算法不能处理连续型数据，如果碰到连续型数值型数据，需将其离散化；而对于描述型的数据，可以利用格栅法对其进行量化。这里，我们以 2008 年湖南省 11 个州市（长沙、株洲、湘潭、衡阳、益阳、岳阳、郴州、邵阳、娄底、湘西、张家界）的教育事业预算管理为例，选取三个绩效预算指标——教育事业占 GDP 的比重（J）、每百人在校生拥有教师的人数（K）、在校大学生占该市人口的比重（L）来进行简单评价，以说明数据挖掘技术在结果导向的绩效预算评价中的应用。

表 6.2 是根据地方统计年鉴得出的各州市的教育事业管理绩效指标数据，为避免不必要的影响，文中隐去了具体州市的名称而以序号 1、2、3 …11 代替。并将各地区的统计指标进行加权平均统计处理，综合成一个评价指标，命名为政府教育事业预算管理绩效的标准指标，以序号 12 代替。

---

[1] Quinlan J R. C4.5: Programs for Machine Learning [M]. [S. l.]: Morgan Kaufman, 1993.

按照给出三个指标的权重①，我们通过因子分析可以得到三个指标在绩效评价中的比重，分别为 0.54，0.30，0.16；再将实际指标与标准指标相比较，就可以得出综合评价的结果 M。

表 6.2　2008 年湖南省教育事业预算管理绩效指标统计数据

序号	教育事业占 GDP 的比重 J（%）	每百人在校生拥有教师的人数 K（人）	在校大学生占比 L（%）	综合评价 M
1	1.15	6.23	3.90	3.11
2	1.38	5.62	1.04	2.59
3	1.08	5.82	2.95	2.79
4	2.58	6.47	0.23	3.35
5	1.72	5.76	0.84	2.78
6	2.51	6.02	0.28	3.19
7	5.26	5.15	0.84	4.51
8	2.73	5.76	0.43	3.26
9	2.85	5.38	0.14	3.16
10	1.51	6.27	5.55	3.58
11	2.29	5.36	0.17	2.85
12	2.85	5.67	1.46	3.46

在利用决策树数据挖掘时，需要对上述连续型数据进行规范化处理，变为离散型数据。处理方法是：如果州市指标高于标准绩效指标 20% 的就为好，高于 10% 的为较好，在 5% 以内的为一般，低于 10% 的为较差，低于 20% 的为差，对这五档分别用 1～5 这五个离散型数字表示。表 6.2 经过数据预处理后变为表 6.3。

表 6.3　教育事业预算管理绩效指标离散分析表

序号	教育事业占 GDP 的比重 J（%）	每百人在校生拥有教师的人数 K（人）	在校大学生占比 L（%）	综合评价 M
1	差（5）	较好（2）	好（1）	一般（3）
2	差（5）	一般（3）	较差（4）	较差（4）

---

① 彭国甫. 地方政府公共事业管理绩效评价研究［M］. 长沙：湖南人民出版社，2004：219.

续表

序号	教育事业占GDP的比重 J（%）	每百人在校生拥有教师的人数 K（人）	在校大学生占比 L（%）	综合评价 M
3	差（5）	一般（3）	好（1）	一般（3）
4	一般（3）	较好（2）	差（5）	一般（3）
5	差（5）	一般（3）	差（5）	一般（3）
6	一般（3）	一般（3）	差（5）	一般（3）
7	好（1）	一般（3）	差（5）	好（1）
8	一般（3）	一般（3）	差（5）	一般（3）
9	一般（3）	一般（3）	差（5）	一般（3）
10	差（5）	一般（3）	好（1）	一般（3）
11	较差（4）	一般（3）	差（5）	一般（3）

（2）算法

我们采用 ID3 算法中基于信息论中熵的概念，用增益标准来选择需要检验的属性。

设 T 是 t 个数据样本的集合。假定类标号属性具有 n 个不同值，我们定义 n 个不同类别 A_i(i=1，…，n)。设 t_i 是类 A_i 中的样本个数。则对一个给定的样本数据，分类的期望信息量是：

$$I(t_1, t_2, K, t_n) = -\sum_{i=1}^{n} q_i \log_2(q_i) \qquad (1)$$

其中：q_i 是任意一个数据对象属于类别 A_i 的概率：$q_i = \dfrac{t_i}{t}$

设属性 B 具有 p 个不同值{a_1，a_2，…a_p}，用属性 B 将 T 划分为 p 个子集{t_1，t_2，…t_p}，其中 t_i 中的样本在属性 B 上具有相同的值 b_j(j=1，2，…p)。设 t_{ij} 是子集 t_j 中类 A_i 的样本数，由 B 划分成子集的信息期望值或熵由下式计算得到：

$$E(B) = \sum_{j=1}^{p} \frac{t_{1i} + t_{2i} + K + t_{nj}}{t} (t_{1j}, t_{2j}, K, t_{nj}) \qquad (2)$$

利用属性 B 对决策树当前分支节点进行相应样本集合划分，所获得的信息增益就是：

$$Gain(B) = I(T_1, T_2, \cdots, T_n) - E(B) \qquad (3)$$

根据 ID3 算法，我们使用信息增益来进行属性选择，选择具有最高信息增益的属性作为给定集合 T 的测试属性，并创建决策树的一个节点，以该属性标记。再对属性的每个值创建决策树的分支，由此对样本进行划分。

把表 6.3 中的数据训练集根据公式（1）计算，得出信息熵为：

$$I(t_1, t_2, t_3, t_4, t_5) = \frac{1}{11}\log_2\left(\frac{1}{11}\right) + \frac{9}{11}\log_2\left(\frac{9}{11}\right) + \frac{1}{11}\log_2\left(\frac{1}{11}\right) = -0.88$$

按公式（1）计算对应属性的 I 值后，再按公式（2）分别计算每个属性的信息熵：

$$E(J) = \frac{1}{11}I(t_{11}) + \frac{9}{11}I(t_{33}, t_{43}, t_{53}) + \frac{1}{11}I(t_{54}) = -1.15$$

$$E(K) = \frac{1}{11}I(t_{31}) + \frac{9}{11}I(t_{23}, t_{33}) + \frac{1}{11}I(t_{34}) = -0.75$$

$$E(L) = \frac{1}{11}I(t_{51}) + \frac{9}{11}I(t_{13}, t_{53}) + \frac{1}{11}I(t_{44}) = -0.93$$

最后按公式（3）得出每个属性的信息增益为：

$Gain(J) = 0.27; Gain(K) = -0.13; Gain(L) = 0.05$

由（3）式得出的结果可以发现，指标"教育事业占 GDP 的比重 J"这个属性进行训练集分类的信息增益值最大，因此我们可以选取该指标用作划分类的基本属性，然后依次类推生成 J、K、L 三个绩效评价指标构成的决策树。

（3）结论

通过对湖南省教育预算管理绩效的考核，实证性地提出了一种对政府预算管理绩效进行评价的新方法——数据挖掘法。通过决策树数据挖掘模型，代入相应的政府预算管理部门的实例数据，我们就可以得出部门的预算管理绩效结果，本例中我们可以看出是第七个城市的教育事业预算管理效果最好。同时，通过计算各个绩效指标的信息熵和信息增益值，我们就可以利用数据挖掘技术挖掘出影响绩效的关键指标或主要因子（本例中是教育事业占 GDP 的比重 J），从而为政府部门提升绩效找到有针对性的关键措施，比如各州市可以利用财政手段提高教育事业占 GDP 的比重。

6.3 实例：公共事业单位预算绩效评价

随着现代公共事业单位管理制度改革的逐步深化，以及以预算改革为核心的公共财政框架逐步形成，我国预算绩效评价体系的建立正在提上日程，本文拟通过分析高等学校支出的预算绩效评价，来探索我国公共事业单位支出的预算绩效评价问题。

6.3.1 在公共事业单位引入预算绩效评价的现实分析

我国现代公共事业管理制度改革的中心任务之一，就是健全现代财务管理制度、提高资金使用效率和效益、增强公共事业的自我保障能力。要实现这一目标，必须首先解决与支出预算绩效相关的三个问题：（1）如何有效地控制公共事业单位的预算支出总水平，这需要将支出预算置于一个前后衔接对应、具有持续性的中期宏观发展框架中，在较广的选择视野中进行基于总体战略的系统管理；（2）在总资源约束的条件下，如何科学确定资源在单位内部各个项目计划间进行配置的优先顺序，这需要在有一定发展潜力和战略意义的范围内进行集中分析，测算和估计与预期绩效目标相联结的产出效果及成本，并结合总体上的战略优先权进行排序，以提供理性的支出配置；（3）在项目计划确定后，如何保证单位在项目执行中按照目标方向行进，能实现效率并取得效果，这需要在项目执行中和执行后，建立一个将实际成果与预期标准相比较、将实际支出与预算规定支出相比较的制度，以形成对项目执行中资源使用的约束力和控制力。可以说，在现代公共事业单位支出管理改革中，这三个问题及其解决思路组成了一个完整的逻辑系统，要取得改革的成功，就必须采取全局性战略，通盘考虑整个逻辑系统，创新预算管理模式，以整体协调地推进三个问题的解决。

所以，在公共事业单位管理中引入预算绩效评价的最大意义，就在于它是将以上问题的基本解决思路统一纳入公共事业单位支出决策和管理体系的重要手段：引入预算绩效评价将渐次实现支出决策和管理系统中各相关层面的平衡到位和各相关要素的全面优化，使稀缺资源在利益流量分配和运行中自然增长到预期的目标团体中，以从根本上解决以上三大问题。本文将从预算绩效评价的内涵和特点入手，探讨这一模式的现实可行性。

预算绩效评价是以绩效为核心，运用特定的指标体系，通过定量定性对比分析，对预算决策、配置、使用过程中的单位产出水平所做出的综合评价。以高校预算绩效评价为例，其内涵包括三个方面。（1）高校预算绩效评价是以预算绩效为核心的衡量，它关注的核心因素包括：投入，强调财政支出纵向配置（上下级之间）的经济性和横向配置（同级之间）的经济性；效率，指教育产品和服务的产出率和合格率，强调高校的服务效率、服务供给能力、服务行为表现；成果，指满足公众（家长和学生）需要和宏观战略需求的教育产品及服务，强调高校所提供产出产生的实际效果；潜力，强调高等学校各层面的可持续发展能力和品质，尤其是财政支出对高校持续发展战略的支撑能力。由于预算绩效评价的重点放在战略、绩效、投入之间的因果关系上，高等教育发展的目标将更为明确，实现目标的策略和路径更为科学，提供资金支持的依据更为合理，有利于提高高校的支出决策水平和资源配置水平，即有利于第一个问题和第二个问题的解决。（2）高校预算绩效评价是事前、事中、事后相结合的监督评价，具体包括预算编制中的决策评价、预算执行中的过程评价、决算中的结果评价，分别为预算编制和审查、预算执行和调整、决算审查提供信息支持和操作平台。绩效评价将贯穿整个支出预算周期始终，使预算编制、预算执行、决算三个支出管理环节有机地联结起来，综合成为一整套结构严密、整合一致的制度化管理体系，增强了支出管理的完整性、系统性、连续性，有利于全面提高预算资金运行质量，也有利于第一个问题的解决。（3）高校预算绩效评价是通过制订一系列绩效指标，并考察其实际完成情况来实现的。这一系列绩效指标是对预算活动进行多种情景演练和模拟的逻辑结果，具体包括：关键绩效指标系列，用以理性地确定项目计划的优先顺序；业绩表现衡量指标系列，用以监控优化项目的执行；绩效测评指标系列，用以综合评判项目完成效果。预算绩效评价能否产生预期效果，关键就是能否根据评价目的和重点，设计科学、适用、可操作和针对性较强的绩效指标体系。实际上，不同类别、不同层次的高校，可以在规范统一的框架体系基础上，结合单位的具体情况和特性，合理选择、组合不同的指标，并可以由不同的指标权重体现各自的差异性。各高校通过绩效指标，可将本单位的绩效目标及责任层层分解、细化、落实到支出分配和执行的各个环节、要素和个人，并及时获得业务执行效果的反馈信息，和预期标准进行比较、分析、评判，有利于强化预算对支出活动的监督控制效力；并且，预算绩效评价在硬化绩效指标考核的同时，也下放了一定管理权限，目的是让执行者拥有一定机动权，能够因时制宜，因地制宜，做出适度调控，以提高项目执行质量和资源使用效率。这都将有利于第三个问题的解决。在公共事业单位中引入预算绩效评价框架示意图：

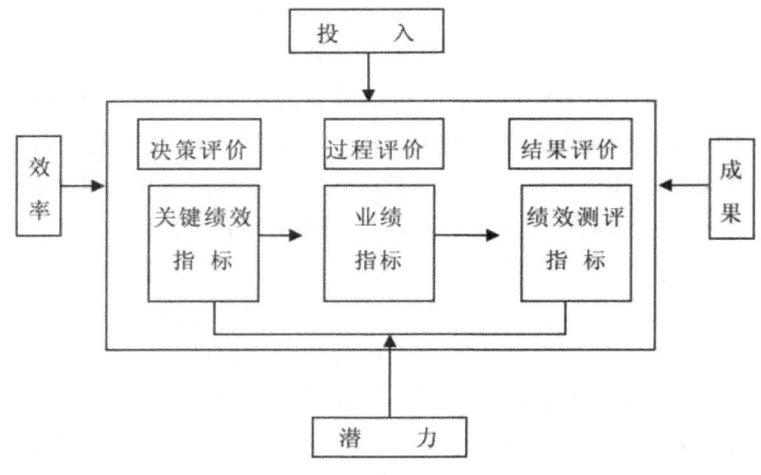

图 6.4　预算绩效评价框架示意图

以上分析表明，在公共事业单位引入预算绩效评价具有现实可行性，它将有助于控制支出总量，实现支出配置的效率和公平，并在技术上有效地使用预算资源，最终在可持续的基础上达到支出效果。预算绩效评价是有效衡量、改善现代公共事业单位绩效的管理工具之一。以下将仍以高等学校为例，详细讨论预算绩效评价在公共事业单位的具体实施问题。

6.3.2　在公共事业单位实施预算绩效评价的基本步骤

预算绩效评价主要集中于公共事业单位支出管理的三个领域：支出方案的制订、方案的贯彻实施、方案完成后的影响，对应于预算管理系统，分别是预算编制、执行、决算的重要组成部分，即预算编制的决策评价、预算执行的过程评价、决算中的结果评价。

1. 实施预算编制中的决策评价

决策评价是预算编制中的一个重要环节。评价的实质是以绩效评价为导向，对财政资金分配决策情况进行的最优化模拟。评价的目的是通过绩效评价，科学掌握各项目计划的轻重缓急和优先次序。评价的结果将成为项目计划成立和预算确定的重要依据。预算编制中的决策评价包括以下几个阶段：

第一阶段：确定绩效目标。

首先，确定高校发展规划。高校发展规划必须与国家宏观战略和教育部发展规划相一致，与社会公众对高等教育产品及服务的需求相一致。其次，确定本校绩效目标。绩效目标包括预算总体目标、优先领域。其中，绩效总体目标是指根据本校发展规划中的战略要点对应确立的、本预算年度预期完成的绩效目标，包括：学校教育、培训力量得到进一步增强，学生素质得到较大提高，学校教育、科研的整体环境得到较大改善，学校学术地位和发展潜力得到提升等；优先领域是指为实现总体目标确定的重点支出领域，例如，优势学科建设和新兴学科建设及学科布局调整、课程体系改革和教学基地建设、高科技产业发展和科技成果转化、师资队伍建设、基础设施建设（网络信息工程、校园环保工程）等。

第二阶段：形成关键绩效指标。

关键绩效指标主要来自于对绩效目标的进一步分解，用来描述实现目标的关键成功要素和预期的综合绩效水平，这种描述是整体性的、粗线条的。一般采用的指标有家长和学生满意率、高校毕业生就业率、科研成果转化率等。

第三阶段：确定绩效优先方案。

首先，建立备选方案库。实现高校教育规划中的每一个预期目标，都有各种可能的方案和路径供选择，这些方案应一并进入备选库。其次，测定成本和绩效。预测成本，即测算各待选方案所相应匹配的投入资源；预测绩效，即衡量各方案对相关关键绩效指标的实现程度。其三，确定最优方案。根据以上预测结果，综合比较所有待选方案的成本与绩效，再通过成本排序或绩效排序，选择对资金供给量最有竞争力的优先方案。需要说明的是，方案的选择除了以成本和绩效为主要依据外，还应考虑相关外部因素，如方案的外溢性影响、风险和不确定性、时间因素等。其四，确定具体的项目计划。每个待选方案都对应着一揽子项目计划，而和确定的优先方案相对应的项目计划就成为财政支出供给对象。这些项目计划具体分为"活动"和"项目"两类。其中，活动是指为实现预期目标而进行的、不形成具体工程的项目，如高校举行的学术会议、实施的研究课题等；项目是指为实现预期目标而进行的、形成具体工程的项目，如高校兴建的实验室、图书馆等。

以高校为例，要提高毕业生的质量，有三种待选方案：一是和企业、社区发展合作伙伴关系，增加学生参与社会实践的机会。二是对专业进行调整和重新设置，以适应市场需求。三是增加校内的技能培训和就业辅导，提高学生综合素质。三个方案各自的侧重点不同，成本和绩效也有很大的差异，应对其进行成本—绩效分析：在毕业生就业率每提高一个百分点下，测算、比较各方案所消耗的预算资金，或者在各方案每多花费一万元下，测算、比较毕业生就业率提高的百分点，进而确定最优方案，并由项目计划产生对应的用款概算。

2. 实施预算执行中的过程评价

过程评价是预算执行中的一个重要环节。评价的实质是通过一系列业绩指标，来跟踪监控支出过程中的项目计划实施进程、具体业务行为表现及资源匹配情况。评价的目的是保证预算支出严格按规定程序运行，及时发现预算执行中的问题，并加以改正。评价的结果将成为优化执行和预算调整的重要依据。预算执行中的过程评价包括以下几个阶段。

第一阶段：建立业务表现衡量（业绩）指标。

项目计划确定后，针对每一项具体的预算支出，结合绩效目标，制订一系列全面、可操作的业务表现衡量（业绩）指标。业绩指标是对各项决策及相应日常业务的绩效说明，它以服务于支出运行监督和业务行为调控为出发点，包括数量、质量、时间期限方面的信息。其中，数量是指产出的总量或数目；质量是指产出对预期目标的满足程度，一般从准确性、公众满意程度、完整性以及与服务标准的符合性等多方面衡量；时间期限是指产出在法律规定期限或其他约定标准内的提供情况。这样，每一项支出科目都有若干业绩指标相对应，也就是说，每一项支出的效果都可以用业务表现来衡量，业务表现衡量指标成为约束资源使用情况的依据和保障。

以高等学校为例，对人员经费，设置人力资源利用效率指标：从事教学、科研的专任教师与在校学生人数的适当比率、专任教师与全体教职工的适当比率、专任教师的人均教学工作量、专任教师的专业素质水平、专任教师的人均科研成果（包括论文、专著、奖励、专利等方面）。对公用经费，设置公用经费使用效率指标：义务费、设备购置费占公用经费支出的比例、教学条件改善情况（生均教学与辅助用房、生均占有图书册数、生均占有实验仪器价值、教学用具和教学设备的更新率等）、科研条件改善指标（专任教师的人均占有科研设施价值、科研设施的更新率等）。对发展性项目支出，设置项目资金使用效果指标：项目对学科建设（博士点、硕士点、重点学科、重点实验室、人文社科重点研究基地建设）的推动情况，重要基础设施改善效果，教学条件和教学环境的改善情况，师资队伍培训情况，对提高学生综合素质所产生的影响，公众（学生、家长）对该项目实施的认可、接受、满意程度等。

第二阶段：进行预算执行业绩指标管理。

预算执行业绩指标管理是指在设定的绩效目标和资源框架内，利用相关指标主动、弹性地控制业务工作流程、具体行为表现及资金匹配情况，保证项目计划按照预定的实际目标或潜在目标的方向进展，并且资源确实产生所承诺的效果。高校管理者通过跟踪监测相关指标，及时获得业务执行的阶段性效果及配套资金投入情况的反馈信息，将其与预期标准进行对比分析，由此评判项目计划和业务活动经营运作的经济性和效率性。在此基础上做出相应改进：优化业务工作流程、增加产出、提高绩效或者优化资金管理，同时为财政部门调整财政资金匹配情况（追加、追减、科目调整）提出合理建议。这种业绩指标和预算指标双轨运行、互相监控的机制，从根本上改变了传统的粗放式财政管理，有效改善了预算支出运行和预算支出分配相互脱节的问题。

3. 实施决算中的结果评价

结果评价是决算中的一个重要环节。评价的实质是通过一系列全方位、多维度的绩效测评指标，对预算执行最终结果和财政资金使用效益进行分析、评价和报告。评价的目的是探寻影响财政支出效益的因素，切实提高财政支出效益。评价的结果将成为决算总结和下年度预算安排的重要依据。决算中的结果评价包括以下几个阶段：

第一阶段：建立绩效测评指标。

根据本年度绩效目标，制订一系列针对预算支出活动最终结果的绩效测评指标，指标要求具有科学性、全面性、可比性。科学性是指绩效测评指标具有精确的内涵和外延，能够科学、准确地反映公共事业单位支出的实际绩效情况。全面性是指绩效测评指标完整、系统地反映公共事业单位支出的绩效情况，兼顾经济效益和社会效益、整体效益和局部效益、短期效益和长远效益、直接效益和间接效益。可比性是指绩效测评指标设计以体现共性为主，又兼顾特性，满足不同时期、不同类型的预算绩效情况进行统一测算、整体评价以及同相关信息的对比分析。以高等学校为例，绩效测评指标的核心内容包括四个方面：产出，反映高校支出项目的直接结果，如万元财政投入所培养的学生数、学生质量水平（英语四六级通过率、计算机应用考试各级通过率、毕业生考研录取率、毕业生一次性就业率、成人教育培训合格率）、学术成果水平（学术声誉、博士点、硕士点、重点学科数、重点实验室数、人文社科重点研究基地数、SCI、SSCI、EI、

ISTP、A&HCI、中国科技论文统计和引文数据库、中国社会科学引文数据库、国家级奖个数、省部级奖个数、发明专利、科研成果转化率等）；效率，反映高校财政资金运行管理质量和业务流程效率，如财政经费支持率、财政经费节余率、项目支出/财政支出、公用支出/财政支出、学校总资产增长率、总资产使用率、总资产更新改造率；效果，反映通过高校支出项目获取的服务供给能力、产生的经济效益和社会效益，如非财政性教育经费/财政性教育经费（反映高校财政支出的社会资本导向能力）、校办产业和社会服务收入/非财政性教育经费（反映高校在财政资金扶植下的自主营利能力）、优秀生录取率（反映高校的社会声誉和品牌效应）、公众满意度；影响，反映高校支出项目对相关环境和社会发展的长远影响、潜在影响、间接影响，包括公平、就业、技术进步、国际竞争力等多个方面。

第二阶段：预算支出绩效的综合评价。

预算支出绩效的综合评价所要达到的目标是经济性、效率性和有效性三者的统一体。经济性是指在高校产出一定下，尽量减少使用资源的成本，节约支出、杜绝浪费；效率性是指高校产出与其所耗费的资源之间的关系及资金本身运行效率，以反映高校内部控制和管理的效能水平；有效性是指高校项目计划的实际效果与预期效益之间的关系，并适当考虑其对环境和发展的长远影响。预算支出绩效的综合评价主要从这三大基本评价要素之间的相互联系出发，考察、衡量预算支出活动的实际结果，并采用一定绩效预算评价方法或评价模型对预算管理的整体情况和绩效目标的实现情况进行综合评判和全面总结。综合评价将展现财政为高等学校运作提供资源和高等学校自身履行职责、实现绩效目标的真实状况，为学校编制决算草案和财政部门审批决算提供重要依据。并且，还将在发现问题、查明原因的基础上，针对整个预算管理，提出改进工作、优化支出、追究相关责任的措施建议。这些建议将进入决算说明书，作为改善下一年度政策调整、工作规划、支出决策、预算安排的重要参考依据。

第7章 结果导向绩效预算在我国的实践：与国外的比较

如果按照结果导向绩效预算管理的要求来评价，与西方国家相比，我国的改革仅停留在粗线条、框架性的水平上[①]。在实务方面，虽然地方政府也进行了一些尝试，却很少从环境动因、控制模式、实现路径、制度框架、绩效信息等多方面进行系统性的总结分析。为此，我们建立了一个可比较的分析框架，将我国的预算管理改革放在一个更现实、更完整的环境中进行解析与对比，刻画国内、外结果导向绩效预算管理改革的清晰轨迹和现实坐标，充分考量我国改革的现实条件、承受能力以及与国际模式的衔接问题，同时吸取和借鉴一些成熟的设计思路、有效的模式和先进的管理办法，为我国的预算管理实务提供良好的参照系，找到差距和努力方向，从而使改革更积极稳妥，也更具有可操作性。

7.1 环境动因

各国政府实行绩效预算管理改革的前奏，是在公共部门中深入持久地展开一场新公共管理改革运动，其改革的内在驱动力来自经济衰退、财政拮据、公共管理危机等现实压力。这一动因也决定了西方国家无论是浅尝辄止的早期绩效预算，还是目前运行稳健、卓有成效的新绩效预算，都具

[①] 我国从20世纪90年代中后期便开始了新一轮的公共预算管理改革，包括部门预算、国库集中支付、政府采购、财政支出绩效评价等，提高了财政管理的科学化、规范化、现代化水平。"十一五"时期，财政部提出要尽快建设"精细"财政、"透明"财政、"绩效"财政、"科技"财政，其中，绩效预算管理将作为公共财政的操作性载体，支撑政府对公共资源的科学决策、合理配置和高效使用。北京、广州、青岛、厦门等地方政府对绩效预算管理的方式和实现手段进行了有益尝试。北京市财政局在2000年明确提出要加强重点支出的管理，对核定预算、拨付资金、安排使用的全过程进行监管和追踪问效。2002年又下发了《教科文部门项目支出绩效考评暂行办法》，率先在全国进行了绩效考评试点工作。2003年初步探索将绩效考评结果作为安排下年度资金的重要参考依据。2007年逐步实现项目绩效和预算安排挂钩，对考评结果比较差的项目不再拨付资金。可见，我国的改革实践和国际潮流体现出强烈的呼应性和清晰的耦合轨迹。

有鲜明而直接的经济目标,即在全球贸易和投资中获得利益,遏制政府开支迅猛增长的势头,同时提高公共服务质量和顾客满意度,改善政府效能。在新公共管理浪潮席卷下,国民认知水平的集体提升,与政府在环境迫使下进行的一系列调整扭结成为一股合力,强有力地推动了良好和有效的公共治理框架的构建。并且,随着私人领域和公共领域之间的游戏规则日益融合,市场机制和竞争机制被借鉴到政府预算管理中,促使预算管理理念、程序和方法发生了一系列重大而有益的变化,政府预算的编制、执行、调整紧紧围绕绩效而展开,目标管理、全面质量管理、成本核算、结果导向管理等现代工具手段被深入引用,进一步提高了财政预算管理的效率、效果和透明度,增强了政府的长远发展能力。

相比之下,我国始于20世纪90年代的公共预算管理改革是为了适应经济体制转轨和更好地保障政府职能,在政府主导推动下展开的。这一改革无疑以西方国家的绩效预算管理改革为重要参照系,力求促使财政从单纯的分配职能向综合的管理职能转变,由注重资金投入向注重产出绩效转变,管理手段也从直接干预向适合市场经济特点的方式转化,以更透明、高效的方式对财政资源进行分配和运用。但是,由于缺乏西方国家改革的经济压力、理念互动和潮流裹挟,我国的改革从态度到步履都是非常谨慎的,走的是一条地方先行探路、倒逼中央改革之路。一些理论和实践领域的专家甚至认为,我国缺乏绩效预算管理改革的现实条件和整体环境,不宜过早引入这一现代管理模式。我们认为:(1)绩效预算管理是以绩效管理控制代替传统的投入和程序控制,从而在公共服务的提供过程中创造价值、增强弹性,推动政府行政管理日益理性化、信息化、精细化的过程。它代表了我国公共财政管理改革的一种未来趋势和努力方向,早启动有利于积累经验,尤其在财政管理较规范、内控机制较完善、绩效评价改革较成功的地方政府先行先试,具有明显的示范激励效应,也易于控制改革风险。(2)绩效预算管理不仅仅包括现代评估技术和信息技术的引入,也不仅仅是某一项局部、具体的支出管理改革,而是全局性、宏观性的理念重塑和流程再造。因此,引入这一管理模式,不存在硬性的实施条件要求,更并非不可为而为之,关键是找到适合我国国情的路径和模式。根据各自的环境不同和条件差异,西方国家改革有的大刀阔斧,有的似庖丁解牛,无论是改革进度、力度和深度、广度,采取的模式、路径、方式、方法,还是绩效与预算分配关联的紧密程度,都有很大的差异。根据来自OECD/

世界银行预算实践和流程数据库2003年的数据，56%的国家不断根据既定目标对绩效进行监督，63%的国家将把项目监测的结果列入系统化的年度报告中，接近50%的国家将绩效成果信息用于设定项目优先顺序和分配资源中。(3)绩效预算必将触动到现代政府管理的方方面面，对于全面改善我国政府管理绩效发挥"四两拨千斤"的作用，有可能成为我国政府公共管理改革的又一次契机，有助于解决传统公共管理中的目标不明、责任不清、透明度低、流程不畅、效率低下、浪费严重等问题，但由于我国的改革更多来自内在动力而非外部压力，改革惰性和利益调整的难度更加突出，因而需要保持改革的启动以及利益相关方的适当平衡。

7.2 控制模式

新公共管理的主要宗旨是实现公共部门的"企业化"管理，即将政府部门划分为以公共产品或服务（产出）为中心的"公司化"管理单位，以产出为导向，对政府机构实施管理控制，而不是依靠上层决策来实施控制。新公共管理改革框架下的绩效预算管理模式是一种典型的产出控制模式，其特点为：(1)对"公司化"管理单位确立计量绩效的量化标准，以最终提供符合需求的产出（公共产品和服务）为导向，对有关资源分配决策的各种信息进行引导；(2)将资源支配权、运作决策权、"效率红利"分配权全部或部分下放给"公司化"管理单位，将规则和制度内生于管理者行为；(3)依托绩效目标来建立合理的因果线索，利用绩效报告搜集成果信息，通过绩效协议规范提供产品和服务的履责行为，以此实现对管理者的监督和控制。非常典型的案例是，新西兰中央政府各部门均设立了一名首席执行官（Chief Executive），责任部长（responsible minister）授予其具体职责。首席执行官通过绩效协议和事后绩效评价的方式向部长负责，执行内阁和责任部长的决策，提供"产出"，输出"产品"，即公共服务，部长再以其所选择的"产出"和"结果"向国会负责。在这一彻底的"公司化"管理模式下，部长负责"结果"（Outcomes），而部门首席执行官负责"产出"（Outputs）；部长负责"掌舵"，确定方向和战略结果领域或关键结果领域，而部门执行官则负责"划桨"（即提供"产出"），以达到部长要求的目标。从某种意义上来讲，绩效预算管理是一种以结果为目标的责任制代替以规则为基础的责任制的预算管理模式，即在总量控制、目标导向的前提下，放松严格的规制、建立灵活的绩效框架、增加自主决策的权力和责任,通过强化"产出"和"结果"控制来加以约束。

　　与西方国家相比,我国的财政支出管理,仍然是一种外部控制模式,重视投入资源,强调财政资源的获取和使用是否符合预算规范性要求,而忽视产出和效果。遵循过程正确的原则,即认为正确的过程必将产生正确的结果,而忽视对结果自身的考量。财政部门要求各部门制定详细周密的预算以及定额体系,并限制部门管理者的权力和灵活度,严格监督和控制其行为,如明确规定预算资金的用途、限制管理者调剂使用、不准结转资金等,但实际上,财政部门无论在信息上还是博弈上都处于弱势,部门往往可以通过隐瞒信息、操纵决策优先权和执行进度、重置预算等减弱这种外部控制力。基于以上分析,我们认为,我国应突破和重构目前的绩效预算管理控制模式,向内部控制和产出控制模式转型。(1)通过一系列制度设计与安排,将绩效信息整合到预算决策、运行和管理过程中,并建立与绩效预算相适应的财务框架。(2)借鉴西方国家的契约式安排,构建政府内部各绩效管理主体之间良好的治理结构和职责体系。部门负责:提交部门战略规划和年度绩效计划,组织实施本部门绩效评价;收集、整理绩效结果信息,撰写并向财政部门报送本部门年度绩效评价报告;根据本部门绩效评价结果及相关信息,制定切实可行、针对性强的改进措施。财政部门负责:制定绩效考评管理办法和工作规范,设计考评指标体系;对部门的绩效考评工作进行指导、监督,审核各部门报送的绩效评价报告;组织实施各部门绩效预算管理情况的总体评价和重大专项项目的绩效评价;综合应用绩效评价信息,并在预算管理流程再造方面进行改进和创新。(3)根据事权和财权匹配、决策和信息对称的原则,将一部分预算审批权和控制权逐渐移交给部门,使部门及其管理人员在运作中获得更大的决策自由和管理授权,同时在部门内部建立归属明确、边界清晰的责任制,如果某些产出和结果属于可控范围,而且可以获得相应的绩效信息,则要求部门及管理者对这些产出和结果承担相应的责任。

7.3　实现路径

　　目前,绩效预算管理已发展成不仅仅是一种微观的、局部的或纯技术性的管理工具,其更多的是借助于宏观性、战略性、结果导向的管理理念和方法,对公共部门进行全方位、系统化的优化和改善。但是,由于政府天然存在垄断性、非市场性和非盈利性等特点,因而实施绩效管理有一定难度，例如，具有多种价值取向，多元目标的权重排序，多维的技术标准，质和量缺乏确定性和可度量性，成本与收益缺少对称性，等等。所以，要在实际工作中衡量政府部门绩效，验证绩效与投入资源之间的关系，其难度和复杂程度以及对管理工具、技术的要求都远远超过了企业。

为了解决这一难题，西方很多国家在实践中建立了目标结果的路径，在部门的结果、产出和预算规划之间形成了透明而清晰的逻辑联系。各国的具体制度因国情或演进历程不同而有差异。以美国为例，无论是"产出导向"的早期绩效预算（Performance budgeting）和计划—项目预算（Planning Programming budgeting），还是着重优先秩序的零基预算（Zero—Based budgeting）以及结果驱动的新绩效预算（New Performance budgeting），都是将理性植入预算管理过程的一种努力。新绩效预算更是集成了多种改革路径的特点和优点，在此基础上建立的绩效管理系统涵盖了从绩效目标设定到绩效报告，以及评价结果在预算决策过程中的应用等各个方面。在1993年美国"政府绩效与结果法案"（the Government Performance Results Act）中，绩效预算被定义为：（1）目标（Target），即部门的总体或长远目标的设定；（2）绩（Performance），即实现这一目标的当年业绩，包括质和量指标；（3）预算（budget），即实现这一业绩所必需的支出或者成本；（4）效（effect），即如何通过相应的考核指标来衡量其业绩。美国的管理实践从注重运营效率全面转变到对服务绩效的考核，要求所有政府部门提交五年战略发展规划、年度绩效计划和年度绩效测量与报告，并将绩效评估与预算配置结合起来，提供促进绩效管理的框架。

从菲利普（Philip. G. Joyce）对绩效和预算相互影响途径的分析[1]，杰克逊和帕尔默提出的基于战略框架的绩效管理循环[2]，以及美国行政学会责任和绩效中心（CAP）开发的基于结果导向的绩效管理战略框架[3]来看，目标结果的路径机理包含五方面的内容。（1）战略规划，用来确定总目标及实现目标所需的资源。各部门使用战略规划来设定、优选计划和活

---

[1] 菲利普认为，绩效评价主要通过资源的分配、管理以及报告三个途径影响预算过程，而预算程序又反过来影响绩效水平。
[2] "基于战略框架的绩效管理循环"：即通过对组织各个领域的整合进行战略聚焦，将战略管理与运作管理有效结合，再通过绩效信息实施持续的反馈，包括内外环境评估、战略管理（使命/价值/目标、方向、组织结构类型、薪酬信息系统、绩效测量）、运作管理（事务/服务计划、活动、实施、产出/结果、依据绩效目标进行比较）。
[3] "基于结果导向的绩效管理战略框架"主要内容包括内外部环境分析、使命和原则、愿景、目标和标的、行动计划绩效测量、监控和跟踪。

动,并据此对资源进行配置,使其与部门的使命和目标相适应。(2)年度绩效计划,用来建立预算需求和绩效目标之间的联系。设定一个财年内完成且可进行绩效测评的目标,并与完成任务所需的资源和费用相匹配,制订每个计划的活动和资助(拨款)进度表。(3)年度绩效报告,可以提供绩效评估结果的基本信息,主要包括实际绩效与确定的绩效目标的比较。(4)绩效评价,重点评估各部门绩效目标的合理性,绩效计划的执行情况、完成结果以及提交的年度绩效报告。(5)绩效评价结果的反馈和应用。由此可见,这一机理的核心在于三个联系:一是将部门使命、目标、活动与预算资源清晰联系起来,部门绩效目标直接来自于战略规划,工作计划和活动与绩效目标相匹配,预算资源的分配格局又和工作计划保持一致;二是将绩效目标与结果联系起来,形成一个从目标到结果的反馈机制,合理追溯投入与产出结果的因果联系,以此进一步验证政府的受托责任;三是将绩效评价结果与预算资源分配结合起来,直接或间接借助绩效信息,制订或调整政策目标或活动计划,引导财政资源的合理流动和运行。

我国很早就开始重视绩效管理,从1990年开始,开展了行政事业单位财务分析评价,制定了文教行政财务管理和经费使用效益考核办法,之后又建立了财政投资项目评价体系。我国各级政府部门都建立了系统、有序的规划体系,为政府绩效与预算资源配置相互联结建立了可靠的制度基础。目前我国政府从中央到地方,在试点探索中发展出了一套财政支出绩效评价体系,为绩效管理的实施提供了操作方法、衡量尺度和制度支撑。有些地区开始将部门战略规划、绩效结果与预算过程相互融合,例如,河北省将绩效预算管理设计为战略规划、绩效规划、绩效预算、绩效评价报告、改进评价报告五部分。其中,年度绩效计划是战略规划的年度实施计划,包括绩效目标、指标体系、评价方法,以及为达到绩效目标所需的工作程序、技术、人力资源、信息、项目管理者对预算资金的适度调剂权与项目结余资金的奖励权等;年度绩效预算是年度绩效计划的预算表现;绩效报告是年度预算绩效完成情况的报告;改进评价报告是部门采取整改措施后预期成果完成情况的评价报告。有的地区以结果导向,再造了财政资金分配流程。例如,广东省佛山市南海区形成了以下模式:申报绩效预算—专家评审确定资金额度和排序财政部门制订具体预算—政府部门批准财政资金下拨财政资金使用绩效评价结果反馈下年度预算分配依据。这无疑是一个很好的尝试，代表了我国绩效预算管理路径优化的开始。

通过比较，我们也发现了我国绩效预算管理在实现路径上和西方国家的差距，下一步的改进应主要从三个方面来进行。(1) 从构建逻辑来看，我国的绩效预算管理改革从绩效评价开始，尚未建立从目标到结果、线索清晰、良性循环的资源管理运行机制，这和西方国家的历程恰好相反。西方国家是从与部门使命紧密相关的战略规划入手，通过对"效"的衡量估测来评判"绩"的实现程度，从而实现从目标到结果的控制。(2) 从预算周期来看，西方国家的绩效预算管理建立在多年规划和中期支出框架的基础上，在3—5年期的战略规划内，编制政府年度预算并确定预算重点及限额。将绩效预算管理置于一个内容相对确定、时间跨度较长的规划内，明晰通向未来"愿景"的途径，确立基于结果的目标和战略，不仅可以提高资源分配秩序的科学性、有效性，还将缓冲绩效评价结果的逆向激励。而我国尚未建立战略规划和预算过程的连接机制，预算仍是一年一定，绩效对预算决策效率的信息揭示价值大打折扣，甚至还会适得其反。(3) 从框架体系来看，西方国家的绩效预算管理是一个系统性、整体性的管理循环，由战略规划、年度绩效计划、年度绩效报告、绩效评价、结果反馈和应用组成。我国的相应改革不均衡，连贯性不强，缺乏广阔视角和整体推进的措施。河北、广东等地虽然也对绩效预算循环进行了尝试，但部门绩效目标操作性不强，难以量化和考证，绩效评价报告内容和形式不够规范，绩效信息的准确性、客观性和实用性有待加强，结果应用缺少制度化规范。

7.4 制度框架

西方国家的绩效预算管理体系，实际上是一套完整的事前、事中、事后相结合的综合性管理系统，并设有与支出相联系的一系列绩效评价指标，涉及公共预算管理的方方面面，包括政府支出分类、预算决策与编制、会计核算与报告、国库管理等。西方国家的实践也证明，科学的经济预测、成果导向型预算、国库集中收付制度、权责发生制政府会计等是绩效预算管理正常运行的基础，而绩效管理更是这些制度发挥其效应的约束和保障。因此，建立这样的绩效管理体系，决不能脱离预算管理改革而孤立地进行，而必须从预算管理运行系统着手，系统运行到指标测评进行全面设计，并和预算管理改革有机结合、科学整合。美国州地方政府预算顾问委员会（NACSLB）在《值得推荐的预算实践：改进的州和地方政府预算的框架》中表明，现代预算管理改革的发展趋势包括：（1）为决策制定提供有用的工具；（2）建立良好的支出管理控制和明确受托责任；（3）以提供对外服务（产出）或取得影响（预计成果）的形式构建一个完整和有效的预算运行系统。在这三者中，绩效管理是不可或缺的核心内容，它不再局限于事后审计式的"鉴证和报告"，而扩展到政府部门的政策制定和执行阶段，使结果导向的管理模式深植于政府预算管理的各项工作中。这样，绩效管理体系自身的建立将置于一个更广阔的公共管理改革的框架之下，并且绩效管理体系也将作为一种主导力量被引入到预算管理的改革和调整中，有助于形成一种全新的、结果导向的财政管理模式。

我国的政府和学术界也认识到，绩效预算管理必须在与现存制度环境相互支持的情况下才能得到有效实施。我国目前推行的一系列公共财政管理改革，明显提高了规范化、法制化、科学化和现代化水平，为绩效预算管理改革奠定了基础。例如，部门预算和国库集中支付制的实施，将现行预算体系下财政资源的分割配置和财政账户的极度分散，集合为统一的财务资源管理机制。其中，部门预算以部门为依托，有利于资源分配格局和部门发展规划的衔接对应，同时有助于累积部门预算投入和产出的详尽信息。国库集中支付制在账户集中、现金余额集中、会计处理集中和交易监管集中的基础上可以清晰地呈现财政资源在各个项目、部门之间流动的路线图。又如，改革政府支出分类体系、实行政府采购、改革政府预算会计及报告，有利于形成区分度较高、逻辑线索清晰的成本核算与绩效分析信息，披露政府受托管理公共事务和公共资源的活动情况，为加强财务资源管理及信息反馈提供技术层面的支持。再如，严格的预算监督和规则导向控制，对各部门的资源分配形成了实际制约和有效保障，也增强了促使部门向预定目标努力的导向功能。

7.5 绩效信息

西方国家正在逐步形成这样的共识，即绩效预算管理的重心（绩效信息）必须拓宽到投入（investment）、目标（target）、产出（outputs）、成果（outcomes）和改进（improvement）等内容，绩效信息还应涵盖各部门的各个方面，并作用于业务处理过程中，落实到预算决策、执行、监督、反馈等各个环节。例如，澳大利亚政府在绩效预算管理中，特别重视关于投入、目标、产出、成果和改进的绩效信息，强调绩效信息能够有效揭示出一个机构使其产出和成果达到预定目标的过程，从而有助于改进和优化财政预算管理。

我国从中央到地方正在探索如何构建财政支出绩效评价体系。从内容来看，绩效评价指标体系一般应由绩效目标、投入与支出、产出与影响、效率、实施与管理指标五个类别构成。以上都是共性指标，而部门可以针对本部门和行业特点设立个性指标。具体的案例是，湖南省株洲市2005年对城市广场维护支出、计划生育经费、科技三项费用、高新技术产业发展资金等开展了绩效评价，并建立了项目、单位、部门、综合评价指标和财政支出功能分类相结合的绩效评价指标体系，涵盖了包括教育、农业、水利、社保、基础设施建设、教育等9个方面的300多个评价指标。主要评价项目包括实施过程是否规范、效益是否满足预期目标、项目决策是否科学、资金的使用是否有效、是否存在损失浪费等，特别考虑了项目对经济、社会以及环境的影响。我国的绩效评价发展有与西方国家融合的趋势。(1)绩效评价从提供审计的事后鉴证和报告，逐渐转变到事前确定目标、事中记录和监控、事后进行评价，评价的结果也广泛用于对资源分配进行更明确的决策，追究各部门的管理责任，以及发现管理中存在的问题，找出原因，提出高质量的工作建议。(2)绩效评价从传统的审查合法性和合规性中独立出来，侧重于对经济性、效率性和效果性进行评价。(3)绩效评价的范围更加广泛，从财政支出的绩效评价扩展到对政府理财活动的综合绩效评价。(4)绩效评价已成为政府预算管理系统的重要组成部分，成为衡量、改善现代政府效能的制度化管理工具之一。我们需要进一步改进的地方是：(1)我国仅仅在项目支出预算中初步引入了绩效评价机制，而很少从部门战略需要与绩效优先的理性角度考虑预算总量，无法对整个预算进行绩效评估、衡量和优化，也就无法对财政支出总量、支出结构和支出方式进行更深入、更系统的调整；(2)目前的项目绩效评价指标缺乏统一性和完整性，绩效评价过程缺少连贯性，各地对评价范围、内容、方法等方面的制度建设发展不平衡；(3)项目绩效评价工作随意性很大，沦于形式化，甚至以简单的竣工验收结算报告取代绩效考评，影响了评价结果的可信度。因此，我们最紧迫的是要建立一整套绩效指标体系和评价制度，在预算编制中明确框定所期望的绩效水平，进行资源分配决策；在预算执行中明晰管理目标的实现过程，并对其进行优化和改善；度量绩效目标的实现程度，并以此作为预算估测和申请的依据。

小结

尽管上述比较是粗线条的和不完全的，或者说是初步的。但通过比较，我们发现，一方面，如果按照结果导向预算改革的要求来评价，我国其实并没有进行真正意义上的结果导向绩效预算改革。因为我们既没有一个改革的整体规划，也没有形成一个较为完整的制度规范，进行的所谓绩效预算改革大都是"零星"的和局部的，或者说，呈现出了"碎片化"特征。另一方面，结果导向绩效预算的许多做法与理念确实在我国进行的许多预算改革中得到了体现或遵循。如果要对这一现象进行总结，那就是，我们仍处于构建与市场经济体制相适应的现代公共预算体系过程中。

从当前我国预算改革所面临的任务来看，自1994年确立构建与社会主义市场经济体制相适应的公共财政体系作为财政预算改革方向以来，尽管我们为构建一个现代公共预算体系进行了近二十年的探索与实践，不但一直没有一个清晰的改革"路线图"，而且作为公共预算体系的根本制度，已经严重脱离了当前预算管理实际的《预算法》的修订问题仍在争论不休而无法出台。出现这一局面的根本原因是，我们不但在如何提高预算分配的经济效率方面一直没有取得令人满意的进展，尽管我们也开始在许多方面（如专项资金管理）开展了绩效管理，而且在如何有效控制支出方面也面临许多的挑战，尽管我们实行了部门预算、国库集中支付和政府采购等改革。这也就是说，较之于在一个有效控制预算体系基础上开展结果导向绩效预算改革的发达国家，我国现代公共预算体系建设不但需要加强支出的有效控制，而且也要提高公共支出的绩效。因此，我国公共预算改革一直存在两种"声音"。一种"声音"是强调要强化人大对政府预算的支出控制功能；另一种"声音"是强调要增强政府预算在优化资源配置，提高财政资金使用效率[①]。

客观地讲，由于我国既未建立过与西方市场经济体制与现代西方政治架构下的预算制度，更未有过社会主义市场经济体制与政治体制相适应的预算制度，因而，要建设我国的现代公共预算体系，除了要充分考虑我国

---

① 这种争论集中体现在《预算法》修订上，全国人大强调《预算法》应该有利于增强人大对政府预算的控制功能，应当是实体法；财政部强调《预算法》应该保障政府在财政资源配置中的地位与作用，应当是程序法。

不同于其他国家的政治、文化和经济发展条件外，我们不但要借鉴、学习发达国家在支出控制方面的成功经验，也要借鉴、学习他们在提高公共部门效率方面的做法①。从上述比较中，我们发现，如果我国要进行结果导向绩效预算改革，无论是在改革动因、控制模式，还是改革路径、制度框架和绩效信息方面，都与西方国家之间存在根本的区别，在实际过程中可能遇到的困难与问题会不同于西方国家，因此，在构建我国现代公共预算体系过程中，不应该也不可能照搬西方国家结果导向绩效预算改革的做法。正是基于这一判断，立足于我国国情，根据我国当前预算管理中面临的现实问题，在充分的理论研究基础上，通过科学的比较分析，合理地借鉴国际经验，统筹考虑，从顶层设计开始，根据我国政治经济体制改革的进程，分步实施，逐步推进。这才是可行的选择。

---

① 吴少龙、牛美丽. 理解中国公共预算改革的方向. 武汉大学学报（哲学社会科学版），Nov. 2010. 836－844，Vol. 63. No. 6.

第 8 章　结果导向绩效分析的难题与策略

8.1　OPA 概述

近 20 年来，伴随着绩效预算改革的复兴，公共服务的结果导向绩效分析（Outcome-oriented Performance Analysis，以下简称 OPA，下同）逐步兴起和不断发展。这主要是源于在新公共管理理论和新公共服务理论的推动下，新一轮的绩效预算改革对政府绩效内涵与评定标准的进一步拓展和深化。目前，绩效已经由过去的投入与产出（对一个部门或机构直接业务所产生的效果的评定）发展到了投入、产出和结果（一个部门或机构业务产出达到预期效果的程度，包括与政府政策或计划相联系的广义外部效果）；绩效的评价也已经由过去的关注内部评定转换成重视外部评定[1]。正是公共服务绩效评定以产出为主要对象的内部评定向以结果为主要对象的外部评定的转变，在"政府必须对结果负责"的号召下[2]，以结果为导向的公共服务绩效分析才得到繁荣发展。

OPA 是用量化的结果绩效指标系统分析组织机构的绩效，以便提高组织机构的绩效和强化其责任机制；是一个提出分析问题、定义和测量绩效、明确影响绩效的因素、设计数据收集模式（包括原因分析、项目评估、业绩监测、绩效审计的选择等）、收集数据、分析和得出结果及提出建议的过程。它是通过系统化使用结果绩效信息来评估一个组织机构服务的提供和责任，从而为提高服务的绩效和改善责任机制提供依据[3]。

由于公共服务包括范围十分广泛，许多私人部门也提供公共服务。为了分析的方便，这里将根据公共服务供给特点，主要以政府部门和机构提供的公共服务为对象。由于政府部门和机构与私人部门在服务目的和目标、决策组织和服务操作以及外部环境上都存在很大的区别，因而，公共服务的 OPA 会遇到许多不同于私人服务 OPA 所特有的困难。这里重点基于公共服务利益相关者讨论公共服务的特点对 OPA 的影响。

8.2 公共服务、利益相关者与 OPA

8.2.1 公共服务的利益相关者

与私人部门不同，政府机构作为以提供公共服务为存在依据的组织，与私人部门一样，也有许多利益相关者（Stakeholder），其行为也要受利益相关者的影响和制约。所谓利益相关者是指组织外部环境中受组织决策和行动影响的任何相关者。它可能是内部的（如雇员等），也可能是外部的（如压力群体等）。利益相关者对组织有重大影响，是做公共服务决策时需要考虑的重要因素[4]。但是，对于某一公共服务，其利益相关者不可能在该公共服务的所有问题上保持一致意见，其中一些人或群体要比另一些人或群体的影响力更大，因而如何平衡各方利益就成为在决策过程中需要考虑的关键问题。此外，对公共服务进行利益相关者分析也是评价公共服务绩效的有力工具。改进绩效的评价可以通过确定持反对意见的部门、单位或个人、团体和他们对一些有争议的问题的影响力来完成。

在公共服务绩效改进目标或方案的确定过程中，很难建立使公共服务利益相关者各方就公共服务改进目标或方案达成一致的根本原因，是由于公共服务无法像私人产品一样通过市场来确认其价值，从而使得提供公共服务的部门或机构的利益相关者利益往往呈现出多样性、多变性特征，且各相关者之间的利益经常出现利益的不一致，甚至彼此相反。正是因为如此，公共服务绩效改进方案或目标在实施过程中经常出现利益相关者之间的相互冲突。

利益相关者分析往往是在待解决的问题已明确的情况下进行的，其目的就是要明确改进绩效所直接或间接涉及或影响到的人和组织。通过利益相关者分析可以识别公共服务绩效改进方案或目标的支持群体和反对群体，也就是解决问题的有利条件和阻碍条件，以便各方协调一致，达成共识，实现改进公共服务绩效的目标。对此，经常采用利益相关者分析矩阵进行分析和讨论。

利益相关者矩阵（见表一）分析涉及公共服务的相关方各自的利益、对问题的看法、拥有的资源和掌握的权力[5]。利益相关者分析的关键在于要让可能对公共服务绩效改进方案或目标持反对意见的利益集团参与，尽可能收集各方的意见，排除他们在方案实施过程中可能产生的干扰。利益相关者分析是一个动态的过程,在整个绩效改进期间要重复进行,并不断更新。利益相关者分析的重点是明确涉及的主要的利益相关者,以及各方对问题主要的分歧和矛盾的地方,这样才能解决问题,为目标的实现创造条件,最终使其满足各利益相关者的利益要求。

表8.1 公共服务的利益相关者矩阵示意图

利益相关者	角色	利益	资源	权限
决策者	制订绩效目标并与公众沟通、批准预算的绩效标准和批准项目预算等	完善的公共服务	资金	审批、监督
消费者(公众)	就公共服务的支付意愿和能力沟通、陈述对服务的质量与水平的设想等	接受优质、高效的公共服务	愿意为服务支付费用	
财政部门	提供与公共服务有关的信息,测量和评价绩效和反馈沟通各方面意见	资金使用效率	资金、技术	控制资金的流动与资金管理
部门或机构(公共服务提供者)	识别公共服务的需求,参与确定服务目标、提供运行数据、社会调查和变更管理等	获得公共资源,扩大部门或机构利益	管理经验和相关资源	负责服务的提供与管理
监督机构和社会力量	提供对公共服务方案的评价、反映各方面对方案的意见,充当其他团体的代言人。		反映、建议和监督	审计、检查

8.2.2 利益相关者达成一致的可能性

不同的利益相关者在利益上的这种特性,使得各利益相关者在公共服务绩效分析中的目标要求各不相同。目标要求的不一致甚至相互矛盾地出现,将导致OPA分析难为继。利益相关者之间在公共服务绩效改进方案或目标问题上达成一致的可能性有多大,虽难以精确估计,但可通过简单的数学推导说明这种可能性是很低的①。

---

① 设在一个公共服务代理机构中存在两个利益相关者(X和Y)、两个公共服务绩效改进方案或目标(A和B),则有如下选择:G={A, B}, A~(0, max), B~(0, max),

利益相关者X或Y(G_X, G_Y)可能的选择可表示为:G_X 或 $G_Y=\begin{cases} A>0, B=0 \\ B>0, A=0 \\ A=B \\ A>B \\ B>A \end{cases}$

X、Y的可能组合共有25种:[$X_A Y_A$, $X_A Y_B$, $X_A Y_{A=B}$, $X_A Y_{A>B}$, $X_A Y_{B>A}$, …]
其中,只有5个组合达到X、Y的一致选择,概率为25%。
参见王晓虎.《以结果为导向的公共服务绩效分析》.第三届中美公共管理国际学术研讨会论文;董克用主编.《构建公共服务型政府》.(中国人民大学出版社,2007).

在一个最简单的两个可能的方案或目标的两个利益相关者模型中，实现利益相关者目标偏好一致的选择都可能超过 OPA 的解释能力（这种计算是利益相关者目标明确、一段时期内偏好选择稳定或者没有变化），同时让两个利益相关者认同同一个目标的可能性就更加不大。一致选择的可能性一方面减少了更多利益相关者或更多目标的可能性；另一方面，大大减少了更多不同目标或更多利益相关者的进入。

8.2.3 利益相关者、绩效改进方案或目标与 OPA

影响 OPA 分析结果的因素很多，如新的数据和可使用测量方法的出现、分析方法的进步等，但更多的是利益相关者改变了 OPA 设定的预期目标。利益相关者的这种影响往往是由于利益相关者在分析的初始阶段没有清楚表达出其对公共服务绩效改进的意愿或要求，从而导致绩效改进方案或目标在设置过程中出现混乱，进而影响 OPA 问题的设计与执行上的延迟。这是影响公共服务 OPA 分析又一个重要因素。

利益相关者对问题的看法或要求不确定或不明确，就会给 OPA 的问题设计带来很大困难。在公共服务绩效分析中，一个分析项目（或程序）被设计来，是为了得到一系列的结果。当利益相关者的变化导致产生两个分析目标，就需要对这种变化产生的影响进行分析研究，识别这两个目标之间是否是有关联的。如果两个目标是有关联的，尽管作用形式是不同的，也能够建立影响两个目标的项目①。

相反，如果两者之间是无关联的，就会导致 OPA 设计和测量中一系列的变化，造成对数据分析的新要求。这不但要求进行新的测量，还可能需要重新设计。

8.2.4 促使利益相关者达成一致的策略

OPA 分析是利益相关者随分析的深入了解他们的组织和提出新问题的

---

① 如果两个分析目标是相关的，一个影响了另一个的计划目标分析。则可以令：Y_1 和 Y_2 分别代表第一和第二个分析目标，b 是每一个目标的相关系数系数估计的参数，P 为计划行为衡量指标。

假设变化对目标的影响可以表示为统计函数 $Y_1 = a_1 + b_1 p$。并假设 Y_1、Y_2 之间关系式可表示成 $Y_2 = (a_1 - a_3)/b_3 = a_2 + b_1/b_3 = b_2 p Y_2 = a_2 + b_2 p$。则有：$a_3 + b_3 Y_2 = a_1 + b_1 p$；$Y_2 = (a_1 - a_3)/b_3 + (b_1/b_3)p$

令 $(a_1 - a_3)/b_3 = a_2$ $b_1/b_3 = b_2$ 则得到：$Y_2 = a_2 + b_2 p$

上述推导说明，如果两个目标是有关联的，规划影响到其中一个目标必然会对另一个目标产生影响。

参见王晓虎.《以结果为导向的公共服务绩效分析》.第三届中美公共管理国际学术研讨会论文；董克用主编.《构建公共服务型政府》.（中国人民大学出版社，2007）.

过程，但一项结果导向分析需要某一阶段内一个不变的分析目标和一段用来完成设计、数据收集和数据分析过程的时间。因而开展公共服务绩效分析的最好办法是在分析初始阶段明确分析问题和使利益相关者达成一致。但是，这往往难以做到。一种可能的办法是在分析开始和设计确定之前，通过不同的方法或途径尽可能地明确不同利益相关者的预期目标，具体讲，主要包括以下几个方面：

首先，明确 OPA 分析的目的。绩效监控是为了改进绩效，这需要观察频率。绩效评估不是一定要经常观察，所强调的是分析设计和测量的完整性。

其次，通过对不同分析重点的透彻的讨论分析，尽可能多地设计出利益相关者喜欢的结果问题。不管是以责任机制的分析为重点，还是以改进管理、分析管理过程中的问题，或者是分析投入、产出和结果之间的内部联系，都是如此。

第三，当存在许多测量方法和大量可供使用数据时，设计一个问题引导程序。这样，利益相关者通过在分析过程中不断提出问题，了解分析评价过程。对于数据挖掘过程，丰富的数据和大量的方法使得分析者能够回答利益相关者在分析过程中所提出的问题，这时，可以将"分析问题—改进方法、收集数据—OPA"的传统步骤修正为"改进方法、收集数据—分析问题—OPA"。

第四，当数据是在多种假设条件下得到的，那么，OPA 将是以假设为基础的，要让利益相关者了解改变假设可能会导致改变分析结果。

第五，演示可能的 OPA 分析结果，当得到分析问题的可能答案时，利益相关者对 OPA 的预期目标可能有更好的想法。这是了解利益相关者真正意图的一个有力的工具。

最后，通过使利益相关者清楚改变分析方向的财政和政治成本及其后果，可能会改变利益相关者改变分析方向的想法。

8.3 结果测量、利益相关者与 OPA

8.3.1 "行为"测量与"成果"测量

公共服务的特点决定了政府提供公共服务的结果（输出）是非货币的，且往往是无形的。这是对公共服务进行结果导向的绩效测量时会经常遇到的一大挑战。

传统成果测量模式的理论基础是现代组织理论，它描述了服务的生产和交换的线性过程，即：输入—系统行为—输出—成果。这种测量方法适合于输入、输出和成果能十分明确地界定的组织。尽管这种测量方法几乎在所有的政府和公司的成果测量中被应用，但大量的实践一再证明，它可能更适合于一个有形的、产品或服务能够计量的生产过程。这是因为，在这一过程中输出能够清楚地从系统行为和结果中区分开来。有形意味着输出是可见的、可触摸的和很容易界定的，但在政府提供的诸多公共服务中，除了很少的公共服务外（对于一些公用事业单位可以用单位"创收"来衡量公共事业运行的成果），大都难以满足这一要求，如国防、公共安全与秩序、公共事业等等。

除了公共服务输出是无形的、非货币的使得对输出的观察和测量存在困难外，政府提供的不同公共服务之间、不同方式供给的公共服务之间往往是相互影响、相互包含的，如果不考虑其他相关联的公共服务对测量对象的输出产生的影响，简单地对测量对象的输出进行测量是不科学和不合理的。这一方面是因为政府提供的公共服务往往具有外溢性；另一方面是因为公共服务大都会产生多种效应，如好的或坏的教育会对国家的政治、经济、社会发展产生广泛而深远的影响。正是因为公共服务结果采用"成果"测量方法面临许多难以克服的难题，"行为"测量法就可能用来作为替代公共服务结果测量的方法。

与"成果"测量法不同，"行为"测量法是对提供公共服务的行为进行测量，如用提供的"课程数"替代"毕业学生人数"，前者属于学校教育的行为测量，后者属于学校教育的成果测量。在开放系统理论中，行为属于系统自己，而输出则是系统的结果。因此，虽然"行为"测量法很接近输出测量，但还不是结果测量，"行为"测量方法仍然不能有效克服"成果"测量方法的不足。两者测量的是提供公共服务的部门或机构在不同阶段的服务。

8.3.2 以个体为基础的测量与以组织为基础的测量

另一种可能的办法是用服务对象范围的大小来测量结果，如用"在校学生人数"替代"'上一本线'的毕业学生人数"测量某中学教育的成果。在许多情况下，这种替换往往是合理的，但是，在这种情况下，按服务对象数量测量是一个按使用公共服务的对象区分大小的输出测量，分析的单位是个体服务对象。用以个体为基础的测量法替代一个以组织为基础的测量法，并通过个别接受者所组成的样本推测组织整体的产出，这个推测是可以实现的。

然而，通过个体样本得到的数据与以组织为基础的绩效测量收集的数据是不同的。当单个数据被加总起来去描述总体特性时，或者说，用单个数据推断组织整体绩效往往存在误差。有时，以个体为基础的数据还可能传递错误的信息或出现解释错误。当数据量小和绩效的改善是渐进的时，这个问题变得明显和严重，并对分析结果影响明显。

8.3.3 克服的办法

克服上述结果测量方法弊端的流行方法是对服务对象说明测量指标的用处。即在输入/输出/结果测量指标的基础上，进一步设置公共服务的消费者从政府提供的公共服务中得到"好处"的程度指标，作为输入/输出/结果测量指标的一种补充机制，以协助选择满足利益相关者需要的测量方法，帮助决策者理解一个方案对于其决策的作用，从而提高对这个测量结果的认同。

表二说明了作为输入/输出/结果测量指标补充机制的一个解决方案。对于学生及其家长来说，至少对学校提供的教育服务的四个方面感兴趣：进入该学校的难易程度；这个学校的教育服务怎么样；这样的教育服务能持续的时间；需要多少钱。根据学生及其家长所关心的这些问题，一个评估学生及其家长所要求的四个方面的学校教育的绩效评估可以设计为：服务的亲和力；服务的质量；服务的持续性；服务的成本。在这个测量方案中，"提供的课程数"和"参加课程学生数"（输出/结果背景下的行为测量）是对教育方案亲和力的测量。"学生的平均成绩"、"毕业率"、"标准化考试的成绩"和"学生或家长的满意程度"是项目的质量测量。资金组成和趋势、财政健康状况和职工的工作能力的测量反映项目的持续和发展能力。每个学生成本和每个班级成本表明了服务成本。

表8.2 经过改进的测量方案

测量方法	定义	例子：一个医疗方案
服务的亲和力	顾客得到这个服务的难易程度？	提供的病床数、住院的人数等
服务的质量	这个服务提供得怎么样？	治愈率、病人满意程度、治疗时间（平均住院天数）等

续表

测量方法	定义	例子：一个医疗方案
服务可持续性	这个服务能维持现有的数量和质量的时间和发展起来的时间？	资金来源和发展趋势的测量、财政健康状况、医生的业务水平和能力等
服务的成本	服务的成本是多少？	患者住院花费（成本）、单个病床的成本等

8.4 结果的敏感性、可控性、可比性与OPA

8.4.1 结果的敏感性与OPA

制订一个包括分年度目标在内的中、长期（通常为三至五年）战略计划或规划，是政府部门或机构承诺改善公共服务绩效的通行做法。与之相适应，政府预算管理系统也发展出了一种多年预算制度或滚动预算制度。这似乎成了推进结果导向的绩效预算改革国家的标准做法和国际经验[6]。但是，政府预算的年度性要求，使得已经开始执行或实施的改善公共服务绩效的战略计划或规划，在每个预算年度的预算审批时要面临或接受一次执行结果的考验。另一方面，为了监控战略计划的执行效果，对公共服务的绩效进行年度考核也是必需的。因此，政府预算周期就成为影响公共服务结果测量的重要因素。

一个以12个月为期限的资金供给周期导致形成快速结果的一种心态。这就要求选择的结果测量指标和方法对绩效改进方案或目标的反应要灵敏。这也是在不同的利益相关者之间达成一致意见的重要因素。事实上，一些结果测量方法在一定的时间里较其他测量方法对方案的影响更敏感些。如对于一个旨在改进教育绩效的方案，由于提高学生考试分数较之于改变其学习行为更难，因而前者较后者对结果的影响要敏感得多。为此，我们可以把对结果影响敏感的结果定义为"中间成果"，对结果影响不敏感的结果定义为"最后成果"。虽然不是所有的中间结果比最后结果都敏感，但这一分类对于根据不同的具体情况和需要选择测量方法具有重要意义。对于旨在改进教育绩效的战略计划来说，使学生养成良好的学习行为比提高考试成绩更重要；对于短期的考核来说，考试成绩可能更能满足测量的需要。正是测量方法敏感度对测量方法的选择和数据收集的这一意义，基于短期决策周期的考虑，利益相关者往往要求选择对结果影响反映敏感的结果测量方法。在其他条件相同的情况下，OPA分析也应该采用敏感度高的测量方法①。

　　影响敏感度的一个关联问题是数据收集的频率。一个敏感度测量方法往往需要较多的数据观测点，如在一年内多次观察"紧急事件的平均反应时间"是有意义的，因为它对方案的变化反应敏感；在同一个频率下收集公众的公共安全满意程度就没有太大意义，因为它对方案的变化反应不敏感。因此，敏感度测量可利用的数据越多，分析的质量就越高，结果就越可靠，预测数据趋势更容易。此外，当要通过多种观测得到的时间序列数据评估一段时期绩效的变化时，确保数据收集时间间隔相同对于绩效比较分析也很重要。

8.4.2 结果的可控性与OPA

　　只有OPA的结果能为利益相关者的决策所用时才有意义。如果利益相关者能够控制影响它，这个方法就是好的。这个测量方法的选择标准被命名为可控测量。一般来说，组织和管理因素比社会经济因素更具有可控性。测量的可控性与敏感性是不同的。前者侧重于考虑影响绩效变量的测量方法的优点（如自变量），而后者在选择绩效测量方法时才被考虑（如分析中的因变量）。如在一个确定教师素质对学生成绩影响的绩效分析中，灵敏度是选择测量学生绩效方法的一个标准，我们确定衡量教师素质和测量灵敏度时要考虑测量方法的可控性。

8.4.3 结果的可比性与OPA

　　政府提供的公共服务不同程度地具有垄断性，许多公共服务在一个地区往往只有一个供给者。这使得许多公共服务的绩效在同一地区进行比较分析困难很大。但是，比较分析是对公共服务绩效改进方案进行选择的过程中说服利益相关者的十分重要的工具。

　　如果简单地将某一公共服务的比较分析扩大到其他领域的服务提供者，但领域差别难以消除。如果在不同地区之间进行比较，但由于不同地域之间在社会经济发展水平和消费者人数等方面的差别往往很大、在一个分析中控制所有的变量也很困难等原因，简单地进行比较，分析的结论很

---

　　① 检测对结果影响是否敏感的方法比较简单。若$\triangle Y$是测量变量的改变量的绝对值，$\triangle X$是测量变量对结果影响的绝对值，敏感度变量（V）的变化范围是从0（不敏感）到无穷大（敏感）。由变量Y和结果影响变量X组成的敏感度测量指标V可以被定义成：$V=|\triangle Y|/|\triangle X|$ $V\in(0,\infty)$，则有：当$V\in(0,1)$时，V是不敏感的；当$V\in(1,\infty)$时，V是敏感的。或者说，当$\triangle Y$的增量量大于$\triangle X$的增长量时，V是敏感的。

　　参见王晓虎，2006，《以结果为导向的公共服务绩效分析》，第三届中美公共管理国际学术研讨会论文，董克用主编《构建公共服务型政府》（中国人民大学出版社，2007）。

难使人信服。如果与过去进行比较，比较也会面临许多的困难。因为虽然数据来自同一个机构，且时间序列比较的数据相对容易获得，但使用时间序列数据分析绩效，不但数据的观测经常受到限制，而且尽管是用统一的方法收集数据，在许多情况下，随着时间的推移，收集方法的改变需要重新整理数据，不能像处理来自整体的样本一样处理数据，这样以抽样手段为基础的统计测量工具不再合适。然而，比较分析是结果导向的公共服务绩效分析的重要方面，运用统计方法来消除和控制因为跨领域、跨地区或时间序列比较分析中所遇到的困难，是增强结果可靠性的基本选择，虽然由于数据观测等受限制，我们要谨慎使用统计工具判定结果的意义。

小　结

公共服务的特点决定了对其进行结果导向的绩效分析会面临许多不同于私人部门的困难。虽然我们分析了运用 OPA 模式进行结果导向的公共服务绩效分析可能遇到的困难，并提出了通过稳定问题询问过程、使用测量方案以弥补传统的产出/结果分类的不足、在选取测量方法中考虑测量方法的灵敏度和可控性，以及进一步利用统计方法增强结果的可比性等克服这些困难可能的方法和途径，但是，如何更好地通过 OPA 分析构建一个有效的结果导向的公共服务绩效分析体系，特别是如何与我国的国情有机地结合起来，还有许多需要解决的理论与技术问题。

第9章 成效与展望

成效

结果导向绩效预算改革起因于20世纪后期新公共管理理论的兴起,这已经成了共识。近三十年的实践表明,在结果导向绩效预算实践过程中,以美国为代表的OECD国家在有效控制政府支出规模的同时,经济社会发展也进入了二战以来最好的发展阶段之一。因此,可以说结果导向绩效预算改革是有成效的。另一方面,二十世纪后期预算改革的预期具体目标大体上可归纳为两个方面:一个是以控制支出或赤字为目标的努力;另一个是以提高结果导向的绩效为目标的改革预算过程的努力。因此,具体评价结果导向绩效预算改革的成效首先面临一个认识问题。

由于控制支出或赤字的努力始于20世纪80年代,其措施主要有支出总额控制、支出上限、编制中期预算等;旨在提高绩效的预算过程的努力始于20世纪90年代,其主要措施有确立自上而下的预算编制程序,坚持按照结果来确定预算优先顺序,下放支出管理权限,扩大官僚机构在支出上的自由裁量权,构建内部控制体系,实行"合同预算"等。这使得许多人对这两个目标之间的关系产生了"疑惑"。如果说前一个努力目标主要是宏观层面和改革目的(结果)意义上的措施,那么,后者则属于评价标准(理念)与技术层面的措施。因此,它们是一个问题的两个方面。一个问题就是通过预算改革来实现"改造政府,提高效率"的目的,两个方面就是将"改造政府,提高效率"目标落实在政府预算方面的两个相互联系、相互补充的具体措施。因为如果没有评价标准的改变和技术手段的跟进,支出控制与赤字削减也难以落到实处;如果评价标准的改变与技术手段的更新,达不到提高财政资源配置效率和公共部门效率的目的,这种改变和更新也就失去了意义,这才是支出控制与削减赤字的最根本的含义。因此,将两者割裂开来的做法显然是不合理和不适当的。这样,结果导向绩效预算成效的评价应该从上述两个方面来进行。

如果从每一具体政策措施来评价,结果导向绩效预算改革成效是有明显差异的。

从支出总额控制和赤字削减方面来看,面对结构性赤字,OECD 国家支出总额控制的做法主要是减少预算赤字,具体指标有赤字、支出或收入占 GDP 比例等。如欧盟的"马斯得里赫特条约"(Maastricht Treaty)中的财政标准就规定债务余额必须控制在 GDP 的 60% 以下,每财政年度预算赤字不得超过 GDP 的 3%。新西兰的"财政责任法"(Fiscal Responsibility Act)也有一系列的减少债务的责任;美国则有 1985 年的"平衡预算与紧急赤字控制法"(The Balanced Budget and Emergency Deficit Control Act)等。为了实现总额控制,OECD 国家还采取了削减包括国防和社会保障等在内的支出、制定支出上限等一系列措施。从执行效果来看,除支出上限等具体方法产生较好效果,总体上讲,控制措施的约束力相对较差。这是因为这些措施都是针对政府预算规模的,并没有从源头上解决预算过程中固有的内在矛盾——追求预算最大化行为的发生机制。因此,继美国 1985 年的"平衡预算与紧急赤字控制法"宣告失败后,2005 年 3 月在德国的压力下,欧盟宣布在经济不景气年度可以不遵守"马斯得里赫特条约"的约束等。

从预算过程来看,根据 OECD 出版的 Budgeting for Results: Perspectives on Public Expenditure Management(1995)所概括的,OECD 国家的做法主要有:在改变传统的以外部控制为主的做法,建立内部控制机制方面,为加强支出管理责任,各国设计的激励机制主要包括:允许部门单位保留年度预算结余、扩大部门单位在资金使用或投入上的自由裁量权、允许部门单位根据项目需要在计划和项目执行过程中对资金进行重新分配和建立绩效评价指标等。在强化结果导向绩效预算过程方面,要求建立绩效报告、绩效目标、绩效审计、绩效契约以及预算按绩效编制等。从实施效果来看,内部控制机制的建立改变了过去单纯依赖于外部控制的做法,一方面,实现了立法机关与政府行政之间、政府与各官僚机构之间的委托—代理关系,由过去以重视行为或过程的控制为基础,转变为以结果和绩效为基础,从而改变了官僚追求预算最大化的文化环境和部门单位在预算申请过程中的预算策略。另一方面，激励约束机制的形成既有利于加强政府和预算申请与执行部门和单位的财政责任，又利于调动这些部门单位的积极性，增强了这些部门单位改善其工作计划和节约行政成本的积极性。结果导向的绩效预算过程实现了以投入控制和产出评价为基础的预算模式向以结果为评价基础的预算模式的转变，特别是确立的对绩效分析（原因分析）的重视，尽可能将绩效与预算决策挂钩的努力，以及增强财务透明度和简明、迅速、准确的绩效报告等相关制度建设的跟进，对于公共支出优先顺序的确定和财政资源配置效率的提高，都产生了积极作用。如Willoughby & Melkers（2001）对美国各州政府预算官员的问卷调查显示，结果导向绩效预算制度的实施，提升了部门单位的效率、改善了政府的决策，促进了政府与立法机关的合作，降低了行政成本。其中，政府部门的预算官员较之于立法部门更为支持结果导向的绩效预算改革[1]。Wang（2000）的问卷调查也显示出了同样的结果，65%的受访者都肯定结果导向绩效预算能够提高公共服务的效率、增强提供公共服务的部门的责任[2]。

展望

结果导向绩效预算作为20世纪50年代绩效预算运动的继续和预算理性主义实践的重要成果，经过近30年的探索实践，一方面，结果导向绩效预算已经初步显示出在控制支出和优化财政资源配置中的重要作用和不可替代的地位；另一方面，在改革与实践中也发现和提出许多需要研究的新问题，正是如此，结果导向绩效预算仍处于不断发展过程之中。

方向一：

目前，关于结果导向绩效预算改革的评价与质疑主要集中于绩效评价及其作用这一技术层面。概括起来主要有三：一是绩效指标多大程度上被用于预算决策。大多数OECD国家的经验发现，他们并未能将绩效指标与预算编制紧密地联系起来，也没有一个国家将量化绩效指标作为预算资源配置的基础。Megan和Hackart（1999）发现，结果导向绩效预算在美国不同州的应用程度差异很大，44个州开展了绩效评价，但只有13个州可

---

[1] Melkers, J. E. and K. G. Willoughby. 2001. "Budgeters' Views of State Performance—Budgeting Systems: Distinctions across Branches," Public Administration Review, 61 (1): 54—64.

[2] Wang, X. 2000. "Performance measurement in Budgeting: A Study of County Government," Public Budgeting & Finance, 20 (3): 103—118.

以称得上是将绩效评价用于影响预算资源配置①。二是绩效能在多大程度上影响和改变预算的决策。Broom（1991）对美国 5 个州的研究（Florida，Minnesota，Oregon，Texas，Virginia）表明，她虽然对这种努力的发展前景比较乐观，但认为至少目前量化绩效信息不会改变预算决策②。Melkers 与 Willoughby（2005）对美国各州约 300 个都市政府的问卷调查显示，目前，绩效评价制度已经普遍使用，虽然持续与积极的绩效评价对于决策过程与沟通是有效的，但多数受访者对于绩效信息用于预算资源配置决策都不乐观③。三是绩效评价是作为预算工具还是管理工具为好。Joyce（1993）认为，较之于绩效评价被联邦政府机关管理者用于预算编制，以及获得预算拨款后的资源管理，绩效评价较少被用于资源拨款。进而建议绩效评价当作管理工具较之于作为预算工具更为有效④。因此，进一步完善绩效评价，充分发挥其在结果导向绩效预算中的作用，是深化结果导向绩效预算改革的最现实、最迫切的任务。

方向二：

然而，结果导向绩效预算取得成效的关键不在于这些技术细节，而在于其在传统预算运行体制机制上取得了一定的突破。因此，对结果导向绩效预算的总结与反思，更多的应体现在其在多大程度上解决了传统预算运行体制机制中所固有的矛盾与问题。

现代公共财政体系中以追求预算最大化为目的的预算机会主义行为，不但存在于官僚体制之中，而且也存在于立法机关或议会之中。从上述关于支出总额控制和提高公共部门效率的成效分析中，可以肯定结果导向绩效预算在解决这一问题上取得了明显的进展。究其原因是，这些成效的取得是因为结果导向绩效预算在政府预算运行的体制机制上的突破，抑制或改变了传统预算体系中长期以来存在的预算机会主义行为。预算机会主义行为之所以产生，主要是因为政府预算作为分配公共资源的机制，在无需

---

① Megan M. Jordan and Merl M. Hackbart. 1999，"Performance Budgeting and performance Funding in the States: A Status Assessment," Public Budgeting & Finance，19（1）：68—88.
② Broom，Cheryle A. 1991 "Performance—Based Government Models: Building A Track record," Public Budgeting & Finance，11（4）：3—17.
③ Melkers，J. E. and K. G.，Willoughby. 2005 "Models of Performance—Measurement Use in Local Governments: Understanding Budgeting，Communication，and Lasting Effects," Public Administration Review，65（2）：180—190.
④ Joyce，Philip G. 1993，"Using Performance Measures for federal Budgeting: Proposals and prospects," Public Budgeting & Finance，13（4）：3—17.

对资源使用结果承担责任的条件下①，无论是对于官僚机构，还是议会议员，尽可能从中争取更多的公共资源都是谋取政治资本的机会。结果导向绩效预算通过将公共资源使用的结果与公共资源的分配挂钩，较好地对预算机会主义行为产生了抑制作用。第一，如果传统预算运行体制机制下的政府预算是一个"共同地"，那么，结果导向绩效预算则通过一套不同于以往的预算编制程序和过程形成了一个具有约束效能的机制，从而找到了一个能较好地解决"共同地"难题的途径。这套机制就是：通过绩效（战略目标与计划）的事先拟定和支出指标的分配，在此基础上的部门单位的预算编制和事后的绩效评价等过程，订立了一个由支出（预算）使用单位、预算管理机关、政府行政与议会组成的具有法律约束效能或四方需共同遵守的规则或"合同"②。第二，按照代理人理论，议会议员、官僚机构的官员都是代理人。如果将预算资源的分配、预算执行与绩效评价，看作一场代理人之间的"游戏"，那么，结果导向绩效预算则通过考核评价标准的改变，较好地从管理机制上找到了一个抑制预算机会主义行为的办法。那就是，结果导向绩效预算将传统预算模式中的以行为控制为基础（Behavior－based contracts）改变为以结果考核评价为基础（Outcome－based contracts），使得预算过程中的代理人隐瞒其投机动机的行为往往难以实现③。

Cowart 的研究表明，结果导向绩效预算过程中，完全的机会主义策略和完全的诚实策略选择，往往不是最好的策略④。因此，尽管结果导向绩效预算在抑制预算机会主义行为方面取得了进展，但仍然面临挑战，这无疑是结果导向绩效预算在体制机制建设上需要深化的重要方面。

方向三：

现代政府预算呈现出了许多新的特征。一个重要的发展方向是建立在新公共服务理论基础上的"参与式预算"模式的形成与发展。这一模式对改造传统代议制民主下的预算决策机制提供了新思路，而且在克服传统预

---

① 以行为控制为主要任务的传统预算机制下就是如此。
② 解决"共同地"难题的办法有二，一是订立"私有财产权"制度；二是约束使用权也能克服"共同地"问题，约束使用权的方式包括由政府制定具有强制作用的规则，或订立共同遵守的约定和承诺也可以达到目的。
③ 代理人理论解决代理人问题的办法是如何使代理人追求自身利益的行为与委托人利益保持一致。
④ Cowart, Andrew, Tore Hansen & Karl－Eril Brofoss. 1975, Budgtary Strategies and Success at Multiple Decision Levels in The Norwegian Urban Setting. American Political Science Review, LX－IX：543—557

算模式下的机会主义行为方面展现了其重要意义。这无疑是对遵循预算理性主义思路的结果导向绩效预算模式的挑战。另一方面，根据 Caiden 的研究①，现代政府预算也发生了一系列新的变化：一是年度预算的非弹性（Budgetary Inflexibility），即预算越来越具有连续性，许多预算决策变成了自动的而非年度性的；二是预算的不可预测性（Budgetary Unpredictability），即每一年度的支出由于往往取决于很难改变的长期承诺与过去的决策而每年都在变化，加之经济波动、受益范围的变化，使得年度支出更加难以控制；三是预算的零碎化（Budgetary Fragmentation），即完整性原则与全面性原则已经在 20 世纪 70 年代被部分破坏，预算以外的资金的形成使得传统的依靠政府预算来控制公共部门行为的努力不断弱化；四是预算的私有化（Budgetary Privatization），即激励机制的运用导致私人部门在公共服务供给中作用的加强，打破了政府提供公共服务的垄断地位，有利于提高公共服务的效率，但也弱化了政府预算的控制力。

无论是新的模式的出现，还是政府预算发生新的变化，都使得结果导向绩效预算面临一系列需要研究的新问题。如参与式预算下，准确而及时的绩效信息可能既有利于充分发挥结果导向绩效预算作用，也对于参与式预算模式具有更为重大的理论与现实意义；在时间概念上预算年度之间的边界越来越模糊，多年预算越来越发挥出重要影响，以财政年度为基础的预算模式已经面临挑战，这对结果导向绩效预算也提出了新的要求。

---

① Caiden, Naomi. 1989. A New Perspective on Budgetary Reform. Australia Journal of PublicAdministyation Vol. 48, No. 1: 51—58

参考文献

[1] Aaron Wildavsky, A. Political Implications of Budgetary Reform [A]. Hyde, A. C. Government Budgeting: Theory, Process, Politics [C]. Belmont, C-A: Brooks/Cole Publishing Company, 1992: 39—42.

[2] Accrual Accounting & Financial Reporting: Benefits and Challenges for the Public Sector, International Conference on Budgetary Process and Public Expenditure Management: 2000 (5).

[3] Albert Gore, From Red Tape to Results Creating a Government That Works Better and Costs Less: Report of the National Performance Review (Washington, D-C: U. S. Government Printing Office, 1993).

[4] Allison, Graham, 1996. Public and Private Management: Are They Fundamentally Alike in All Uimportant Respects? In Richard J. Stillman (ed): Public Administration: Concepts and Cases. Princeton, New Jersey: Houghton Mifflin.

[5] Anthony, R. N., and Young, D. W. 1995. Management Control in Nonprofit Organizations. (5th ed.) Burr ridge, lll: Irwin.

[6] Anton, Thomas. 1966. The Politics of State Expenditure in Illinois. Urbana: University of Illinois Press. p. 122.

[7] Asian Development Bank. Managing for Development Results in ADB: Revised Action Plan [Z].

[8] Axelrod, Donald. 1988. Budgeting for Modern Government. New York: St. Martins Press. pp. 72—74.

[9] Banks. (1994), "Resources, Outputs and Outcome", Public Finance Foundation Review 4, December.

[10] Beckett-Camarata, Jane, 2003. Capital Budgeting. In Jack Rabin. Eds. Encyclopedia of Public Administration and Public Policy.

[11] Berman, Evan, and XiaoHu Wang, 2000. Performance Measurement in U. S. Counties: Capacity for Reform. Public Administration Review 60 (5): 409—420.

[12] Bowsher, C. A. 1987. "Federal Financial Management: Evolution, Challenges

and the Role of the Accounting Profession" Journal of Accountancy (May).

[13] Broom, Cheryle A. 1991. "Performance—Based Government Models: Building A Track record," Public Budgeting & Finance, 11 (4): 3—17.

[14] Caiden, Naomi. 1989. A New Perspective on Budgetary Reform. Australia Journal of Public Administration Vol. 48, No. 1: 51—58.

[15] Caiden, Naomi. 1989. A New Perspective on Budgetary Reform. Australia Journal of PublicAdministyation Vol. 48, No. 1: 51—58.

[16] Cheryle A. Broom. Performance based Government Models: building a Track Record— Public Budgeting and Finance/Winter 1995.

[17] Commonwealth Secretariat (1996), Current Good Practices and New Developments in Public Service Management: The Commonwealth Portfolio [R]. London.

[18] Cothran, D. A. 1993. Entrepreneurial Budgeting: An Emerging Reform?. Public Administration Review, 53 (5), 445—454.

[19] Cowart, Andrew, Tore Hansen & Karl—Eril Brofoss. 1975. Budgtary Strategies and Success at Multiple Decision Levels in The Norwegian Urban Setting. American Political Science Review, LX—IX: 543—557.

[20] Cowart, Andrew, Tore Hansen & Karl—Eril Brofoss. 1975. Budgtary Strategies and Success at Multiple Decision Levels in the Norwegian Urban Setting. American Political Science Review, LX—IX: 543—557.

[21] Damian, Gadzinowski. 2009. How to Value for Money Really Happens: From Control to Performanec Auditing. Working Paper. EIPA: European Institute of Public Administration.

[22] David N. Ammons, 2000. Benchmarking as a Performance Management Tool: Experiences among Municipalities in North Carolina, Journal of Public Budgeting, Accounting and Financial Management 12: 106—24.

[23] David Swindell and Janet M. Kelly, "Linking Citizen Satisfaction Data to Performance Measures: A Preliminary Evaluation," Public Productivity and Management Review 24 (2000): 30—52.

[24] Department of Treasury and Finance. A Guide to Output Specification and Performance Measurement: 1996, 11.

[25] Dixit, A. 1996. The Making of Economic Policy. Cambridge: The MIT Press. pp. 119—120.

[26] Dunlevy, P. 1991Democracy, Bureaucracy and Public Choice. New York: Prentice Hall. pp. 181—185.

[27] Dunlevy, P. 1991Democracy, Bureaucracy and Public Choice. New York: Prentice Hall. pp. 181—185.

[28] Forrester, J. P. and Mullins, D. R. 1992. Rebudgeting: The Serial Nature of Municipal Budgetary Procesese. Public Administration Review, 52 (5), 467—

473.

[29] Gary M. Cunninghan and Jean E. Harris, Toward a Theory of Performance Reporting to Achieve Public Sector Accountability: A Field Study, Public Budgeting and Finance/Summer 2005.

[30] HAN Jiawei, KAMBER M. Data Mining Concepts and Techniques [M]. 北京：高等教育出版社，2002：15.

[31] Hana. polackova. Brixi, 1998. Contingent Government Liabilities: A Hidden Risk for Fiscal Stability. Policy Research Working Paper, World Bank, Washington D. C.

[32] Ho, Alfred Tat—kei, and Pual Coates, 2004. Citizen—Initiated Performance Assessment — the Initial Iowa Experience, Public Performance & Management Review, 27 (3): 29—50.

[33] Jon Pierre, The Marketization of the State: Citizens, Consumers, and Emergence of Public Market, M. C. Gill—Queens Press, 1994, P55.

[34] Jones, L. R, and Thompson, F. 1986. Reform of Budget Execution Control, Public Budgeting and Finance, (6), 33—49.

[35] Joyce, Philip G. 1993. "Using Performance Measures for federal Budgeting: Proposals and prospects," Public Budgeting & Finance, 13 (4): 3—17.

[36] Julnes, Patria De Lancer, and Marc Holzer, 2001. Promoting the Utilization of Performance Measure in Public Organization: An Empirical Study of Factors Affecting Adoption and Implementation. Public Administration Review 61 (6): 693—708.

[37] Laurence E. Lynn, Jr. Carolyn J. Heinrich, and Carolyn J. Hill, "Studying Governance and Public Management: Challenges and Prospects," Journal of Public Administration Research and Theory 10 (2000): 233—61.

[38] Leak Andrew. Government and markets. London. Basingstoke: Macmillan Education. c 1983.

[39] Lee, Robert, Johnson, Ronald W. & Philip G. Joyee. 2004. Public budgeting systems (7th). Jones and Bartlett Publisher, Inc. p. 435.

[40] Megan M. Jordan and Merl M. Hackbart. 1999. "Performance Budgeting and performance Funding in the States: A Status Assessment," Public Budgeting & Finance, 19 (1): 68—88.

[41] Melkers, J. E. and K. G. Willoughby. 2001. "Budgeters' Views of State Performance—Budgeting Systems: Distinctions across Branches," Public Administration Review, 61 (1): 54—64.

[42] Melkers, J. E. and K. G. Willoughby. 2005. "Models of Performance—Measurement Use in Local Governments: Understanding Budgeting, Communication, and Lasting Effects," Public Administration Review, 65 (2): 180—190.

[43] Meyers, R. T. Is There a Key to the Normative Budgeting Lock? [J]. Policy Sciences, 1996, 29: 171—188.

[44] OECD, 1997. In Search of Results: Performance Management Practice, Copyright OECD.

[45] Petrei, Humbrto. 1998. Budget and Control: Reforming The Public Sector in Latin American. Washington, D. C.: Inter — American Development Bank. p. 192.

[46] Pitsvada, B. & Lostracco, F. Performance Budgeting—The Next Budgetary Answer, But What Is the Question? [J] Journal of Public Budgeting, Accounting and Financial Management, 2002, 14: 53—74.

[47] Poister, Theodore and Gregory Streib. 1999. Performance Measurement in Municipal Government: Assessing the State of the Practice. Public Administration Review 59 (4): 325—335.

[48] Quinlan J. R. C4. 5: Programs forMachine Learning [M]. [S. 1.]: Morgan Kaufman, 1993.

[49] Rubin, I. S. 1997. The Politics of Budgeting: Getting and Spending, Borrowing and Balancing. (3rd ed.) Chatham, N. J.: Chatham House, 224.

[50] Schick, A. 1964. Control Patterns in State Budget Execution. Public Administration Review, 24 (3), 97—106.

[51] Sorenson, Rune. 1994. Improving Government Resource Allocation: The Impact of Alternative Budgetary Methods. International Review of Administrative Science. Vol. 60: 5—22. p. 20.

[52] Thomas P. Lauth, "Zero—Based Budgeting in Georgia: Myth and Reality." In Perspectives on Budgeting, ed. Allen Shick (Washington, DC: American Society for Public Administration, 1980), 114—32; Arnold, "Reform 's Changing Role."

[53] Thompson, F. 1993. Matching Responsibilities with Tactics: Administrative Control and Modern Government. Public Administration Review, 53 (4), 303—314.

[54] Thurmaier, Kurt & K. Willoughby. 2001. Policy and politics in State Budgeting. New York: M. E. Sharpe. pp. 270—271. Thurmaier, Kurt, & James Golsing. 1997. The Shifting Roles of Budget Offices in The Midwest: Gosling Revisted. Public Budgeting and Finance Vol. 17. No. 4: 48—70.

[55] Thurmaier, Kurt & K. Willoughby. 2001. Policy and politics in State Budgeting. New York: M. E. Sharpe. pp. 63—130.

[56] Tomkin, Shelly Lynne. 1998. Inside OMB. Armonk, NY: M. E. Share.

[57] V. O. Key, "The Lack of a Budgetary Theory," American Political Science Review 34 (1940): 11—37.

［58］Vogt, A. John. 1996. Budgeting Capital Outlays and Implementation. In jack Rabin, W. Bartley Hildreth & Gerald Miller. Eds. Budgeting: Formulation and Execution. Athens: Carl Vinson Institute of Government, The University of Georgia.

［59］Von Hagen, Jorgen. 1992. Budgeting Procedures and Fiscal Performance in The European Community. Economic Paper 96, Commission of The European Communities.

［60］Waldo, D. The Administrative State, Holmes and Meier Publishers, 1984, P159—191.

［61］Wang, X. 2000. "Performance measurement in Budgeting: A Study of County Government," Public Budgeting & Finance, 20 (3): 103—118.

［62］William C. Rivenbark and Carla M. Pizzarella, 2002. Auditing Performance Data in Local Government, Public Performance and Management Review 25: 414—421.

［63］Xiaohu Wang, Performance Measurement In Budgeting: A Study of County Governments—Public Budgeting and Finance/Fall 2000.

［64］OECD国家预算改革新进展及泰国预算改革. http://finance.sina.com.cn/roll/20081029/10452487899.shtml.

［65］Claes Fornell, 刘金兰. 顾客满意与ACSI. 天津大学出版社, 2006.

［66］Marc Holzer. 公共部门业绩评估与改善［J］. 中国行政管理, 2000, (03).

［67］Janet M. Kelly, William C. Rivenbark, 地方政府绩效管理, 上海财经大学出版社, 2007, 160—162.

［68］Janet M. Kelly, William C. Rivenbark, 地方政府绩效管理, 上海财经大学出版社, 2007, 73—75.

［69］Janet M. Kelly, William C. Rivenbark, 地方政府绩效管理, 上海财经大学出版社, 2007, 1—3.

［70］Janet M. Kelly, William C. Rivenbark, 地方政府绩效管理, 上海财经大学出版社, 2007, 191—193.

［71］Finkler, S. A. 财务管理——公共、医疗卫生和非盈利性机构组织［M］. 上海：上海财经大学出版社, 2004.

［72］C·B·维萨, P·W·艾瑞斯莫斯, 公共财政管理学, 经济学科出版社, 2002.

［73］B. J. Reed, John W. Swain, 公共财政管理, 中国财政经济出版社, 2001, 151—155.

［74］Aaron Wildavsky, 预算与治理. 上海财经大学出版社, 2010.

［75］Willoughby, Katherine G. 和Julia E. Melkers. . 实施PBB：对于成功的矛盾看法. 政府预算编制和财政, 2000.

［76］Schick, Allen. 绩效现状：时机已经成熟但尚未付诸实践的理念综述. OECD预算编制学报, 2003, (2—3): 71—104.

[77] Robert. N. Anthony. 管理控制系统［M］. 北京：机械工业出版社，2004.

[78] ［美］罗伯特·D·李，罗纳德·约翰逊. 公共预算系统.［M］. 北京：清华大学出版社，2002.

[79] ［美］桑贾伊·普拉丹. 公共支出分析的基本方法.［M］. 北京：中国财政经济出版社，2000.

[80] ［美］罗伯特·丹哈特著. 公共组织理论教程. 项龙，刘俊生译. 北京：华夏出版社，2002，23.

[81] 王晓虎.《以结果为导向的公共服务绩效分析》. 第三届中美公共管理国际学术研讨会论文，2006.

[82] 白景明等. 绩效预算与政府绩效评价体系的要点. 研究报告，2005，(27).

[83] 毕瑞祥. 金财工程的信息化应用. 中国信息界，2005，(8).

[84] 财政部财政科学研究所《绩效预算》课题组. 美国政府绩效评价体系. 经济管理出版社，2004.

[85] 财政部国际司. 财政新视角——外国财政管理与改革［M］. 北京：经济科学出版社，2003.

[86] 财政部教科文司. 国外绩效考评制度研究——美国《政府绩效与结果法案》的主要内容［J］. 预算管理与会计，2003，(12).

[87] 财政部预算司. 绩效预算国际研讨会观点综述. 预算管理与会计，2004，11.

[88] 财政透明度. 国际货币基金组织. 人民出版社，2001.

[89] 蔡红英. 政府绩效评估与绩效预算. 中南财经政法大学，2007，02.

[90] 蔡立辉. 西方国家政府绩效评估的理念及其启示［J］. 清华大学学报（哲学社会科学版），2003，(1).

[91] 陈纪瑜，陈友莲. 政府预算与会计引入权责发生制的思考［J］. 财经理论与实践，2003，(5).

[92] 陈纪瑜. 政府预算管理.［M］. 长沙：湖南大学出版社，2003.

[93] 陈天祥. 论治理范式转型中的政府绩效评估. 广东行政学院学报，2007，(4).

[94] 陈小悦，陈璇. 政府会计目标及其相关问题的理论探讨. 会计研究，2005，(11).

[95] 陈旭东. 绩效预算的理论基础探源. 财会月刊，2005，(8)：3—4.

[96] 戴维·罗伊斯，布鲁斯·A·赛义等. 公共项目评估导论. 北京：中国人民大学出版社，2007.

[97] 戴维·奥斯本，特德·盖布勒. 改革政府——企业精神如何改革公营部门. 上海译文出版社（中文），1996.

[98] 戴维·奥斯本，特德·盖布勒. 改革政府——企业精神如何改革着公营部门［M］. 上海：上海译文出版.

[99] 戴维·马希尔森. 新公共管理及其批评家. 北京行政学院学报，2001，(1).

[100] 德鲁克. 管理的实践. 机械工业出版社，2009－09.

[101] 邓毅. 绩效预算制度研究. 华中科技大学博士论文，2007.

[102] 珍妮特·M·凯丽等著. 地方政府绩效管理. 上海财经大学出版社, 2007.

[103] 杜栋. 管理控制学 [M]. 北京: 清华大学出版社, 2006.

[104] 范柏乃, 余有贤. 澳大利亚的政府绩效评估及对我国的启示. 行政与法, 2005, (11).

[105] 方振邦, 王国良, 余小亚. 关键绩效指标与平衡计分卡的比较研究. 中国行政管理, 2005, (5): 82—85.

[106] 弗里曼. 战略管理——利益相关者方法 [M]. 上海译文出版社, 2006.

[107] 甘行琼. 公共经济与私人经济的比较分析——从公共经济学的形成谈起 [J]. 财政研究, 2004, (2).

[108] 罗伊·T·梅耶斯等著. 公共预算经典——面向绩效的新发展. 上海财经大学出版社, 2005.

[109] 何俊志. 官僚体制的内在缺陷: 新公共管理视角的分析. 背景行政学院学报, 2000, (05).

[110] 卡普兰, 诺顿. 平衡计分卡战略实践. 中国人民大学出版社, 2006.

[111] 李建发, 肖华. 公共财务管理与政府财务报告改革 [J]. 会计研究, 2004, (9).

[112] 李建发. 论改进政府会计与财务报告 [J]. 会计研究, 2001 (6).

[113] 李书锋, 张靖. 新公共管理对政府财务报告的影响 [J]. 经济研究参考, 2005, (86).

[114] 李贻良, 张建营. 中小企业 OPA 模式: 目标、过程、绩效管理 [M]. 中华工商联合出版, 2009.

[115] 李银珠. 西方新公共管理理论的契约框架: 借鉴与启示 [J]. 当代财经, 2005, (12).

[116] 刘典文. 数据挖掘技术在公共管理中领域的应用. 行政论坛, 2010, (2): 42—47.

[117] 刘继东. 美国联邦政府推行绩效预算的历程及启示 [J]. 管理现代化, 2004, (5).

[118] 刘昆. 绩效预算: 国外经验与借鉴 [M]. 北京: 中国财政经济出版社, 2007.

[119] 刘伟. 西方政府改革运动实践模式演变的回溯分析——基于新公共管理运动演进视角的考察. 理论与现代化, 2008. 01.

[120] 刘谊, 廖莹毅. 权责发生制预算会计改革: OECD 国家的经验及启示 [J]. 会计研究, 2004, (7).

[121] 刘用铨. 政府治理与公司治理中委托代理问题比较及其启示 [J]. 行政论坛, 2007, (1).

[122] 陆建桥. 关于加强政府会计理论研究的几个问题 [J]. 会计研究, 2004, (7).

[123] 罗伯特·D·李等. 公共预算系统, 清华大学出版社, 2002, 109—111.

[124] 罗伯特·B·登哈特. 公共组织理论 (第三版) [M]. 北京: 中国人民大学出版社, 2003.

[125] 罗伯特·J·卡瓦佐斯,亨利·约翰·海因兹.数据挖掘与分析——政府领导力与绩效变革[J].朱慧涛,宫经理,译.中国浦东干部学院学报,2008,(3):111—115.

[126] 罗伯特·J·卡瓦佐斯,亨利·约翰·海因兹.数据挖掘与分析——政府领导力与绩效变革[J].朱慧涛,宫经理,译.中国浦东干部学院学报,2008,(3):111—115.

[127] 罗伊·T·梅耶斯等,公共预算经典——面向绩效的新发展[M],上海财经大学出版社,2005.

[128] 罗伊·T·梅耶斯等著,公共预算经典——面向绩效的新发展,上海财经大学出版社,2005,573—591.

[129] 罗伊·T·梅耶斯等.苟燕楠.公共预算经典——面向绩效的新发展[M].董静译.上海:上海财经大学出版社,2005.

[130] 马蔡琛.政府会计确认基础与权责发生制预算改革的思考[J].财会通讯,2006,(7).

[131] 马洪范,王伟华.用信息技术推动财政管理创新:坚持整合与统筹的发展方向.经济研究参考,2007,(50).

[132] 马洪范.政府财政管理信息系统与政府资源规划———兼论财政信息化中正确处理政府和市场的关系.管理信息化,2002,(6).

[133] 美国政府绩效评价体系.经济管理出版社,2004.

[134] 张志超著.美国政府绩效预算的理论与实践.中国财经出版社,2006.

[135] 欧文·E·休斯.新公共管理的现状[J].中国人民大学学报,2002,(6).

[136] 彭国甫.地方政府公共事业管理绩效评价研究[M].长沙:湖南人民出版社,2004,219.

[137] 彭健.政府预算理论演进与制度创新.中国财政经济出版社,2006.

[138] 强韶华等.一种基于知识仓库的会计控制过程化管理模型[J].生产力研究,2007,(10).

[139] 裘宗舜,韩洪灵,张思群.公共受托责任、新公共管理与政府会计改革[J].财务与会计,2004,(4).

[140] 申书海主编.财政支出效益评价[M].北京:中国财政经济出版社,2002.

[141] 石道元.事件驱动会计信息系统的设计.财会月刊,2006,(14).

[142] 世界银行.公共支出管理手册.1998,46.

[143] 宋效中.公共组织财务管理[M].北京:机械工业出版社,2006.

[144] 孙柏瑛.当代政府治理变革中的制度设计与选择,载于《中国行政管理》,2002—02.

[145] 托马斯·D·林奇.美国公共预算[M].北京:中国财政经济出版社,2001.

[146] 王进杰.政府绩效预算管理改革研究.中国财政经济出版社,2009.

[147] 王祺扬.英国资源会计及预算制度的主要内容及借鉴意义[J].财会通讯,2004,(8).

［148］王淑杰．改革我国政府会计基础的思考［J］．财会月刊，2004，(4)．

［149］王玉春，程昔武．试论 ERP 环境下的财务管理信息系统．财贸研究，2004，(3)．

［150］吴少龙、牛美丽．理解中国公共预算改革的方向．武汉大学学报（哲学社会科学版），2010，63 (6)：836—844．

［151］吴志勇，吴跃．数据挖掘在电信业中的应用研究［J］．计算机应用，2005，12 (2)：313—214．

［152］希克．当代公共支出管理方法．经济管理出版社，2000，25．

［153］谢诗芬．公允价值：国际会计前沿问题研究．长沙：湖南人民出版社，2004．

［154］徐仁辉．当代预算改革的成效——新制度经济学的观点，http：//eppm．shu．edu．tw/file/hsu/a0601．doc．

［155］亚洲开发银行．政府支出管理［M］．人民出版社，2001．

［156］亚洲开发银行．政府支出管理［M］．人民出版社，2001．

［157］闫晓燕等．OECD 国家预算编制新模式．中国财政，2009．06．

［158］杨发勇，瞿曲．试论公共财政与政府会计的关系．武汉大学学报，2005 (1)．

［159］杨占营，黄健荣．不完全公共契约与民主国家政府的责任制困境［J］．中国软科学，2006，(1)．

［160］袁皓，张静远．基于事件的网络财务报告披露模式研究．上海立信会计学院学报，2006，(3)．

［161］张纯．突破转型时期非营利组织发展瓶颈的良药［J］．财政研究，2006，(12)．

［162］张晋武．欧美发达国家的多年期预算及其借鉴．财政研究，2001，(10)．

［163］张琦．论绩效评价导向政府会计体系的构建．会计研究．2006 (4)．

［164］张琦．新西兰政府会计改革及启示［J］．http：//www．51lunwen．com/accountingauditing/财会通讯，2007，(8)．

［165］张瑞君．网络环境下会计实时控制［M］．北京：中国人民大学出版社．2004．

［166］张馨．财政公共化变革：新公共管理的启迪［J］．财政研究，2007，(4)．

［167］张馨等，绩效预算的改革探析，财政研究，2005，(10)．

［168］张志超．美国政府绩效预算改革的理论与实践．中国财政经济出版社，2006，4．

［169］刘寒波．政府预算经济学．中南工业大学出版社，2001．

亚洲开发银行．政府支出管理．人民出版社，2001．

［171］朱柏铭，李春燕．部门预算改革的一个新思路［J］．浙江学刊，2004，(6)．

［172］朱火弟，蒲勇健．政府绩效评估研究［J］．改革，2003，(6)：18．

丁煌：当代西方公共行政理论的新发展：从新公共管理到新公共服务．广东行政学院学报，2005，(06)．

［174］卓越．政府绩效评估指标设计的类型和方法［J］．中国行政管理．2007，(02)．

［175］卓越．公共部门绩效评估［M］．中国人民大学出版社，2004．

［176］董克用主编．《构建公共服务型政府》［M］．中国人民大学出版社，2007．

后　　记

　　本书是国家社科基金项目《结果导向的绩效预算改革研究》(05BJY096) 的最终成果。在完成课题研究工作近五年的时间里，课题组成员的紧密合作，特别是张宇蕊博士完成的第 5、7 章，肖燕飞博士和阳敏博士完成的第 6 章，为课题研究任务得以顺利完成提供了保证。王建成教授、吴金光教授和胡舜副教授为成果的最终完成付出了大量劳动和无私的支持。

　　在成果即将出版之际，特别要感谢国家社科规划办、湖南省社科规划办的专家和领导所给予的指导和帮助，感谢课题成果评审专家给予的评价和指导。在编辑出版过程中，湖南人民出版社的莫金莲主任给予了大力支持，责任编辑洪江水老师工作极为细致，在此一并表示衷心感谢。

　　由于作者水平有限，本书难免存在缺陷，请予以批评指正。

作者

二〇一四年五月十八日